AFFAIRE ARDISSON.

(Extrait de l'Observateur des Tribunaux , *journal des documents judiciaires*, tome XI.)

PARIS. — IMPRIMERIE DE DEZAUCHE,
RUE DU FAUB.-MONTMARTRE, N. 11.

PROCÈS CRIMINEL

INTENTÉ PAR LA COMPAGNIE D'ASSURANCES GÉNÉRALES

CONTRE

M. ARDISSON,

MEMBRE DE PLUSIEURS ACADÉMIES DES SCIENCES ET DES LETTRES ;

PROCÈS EN DÉNONCIATION CALOMNIEUSE

INTENTÉ PAR M. ARDISSON

Contre les Compagnies d'Assurances générales et du Phénix ;

PROCÈS CIVIL

EN APPEL D'UNE SENTENCE ARBITRALE

Qui condamne les deux Compagnies à rembourser à M. Ardisson
le montant des pertes éprouvées par lui dans la nuit
du 27 au 28 décembre 1833.

———•———

PARIS.

BUREAU DE L'OBSERVATEUR DES TRIBUNAUX,

RUE DU FAUBOURG-MONTMARTRE, N° 13.

—

1836.

Extrait de l'Observateur des Tribunaux,

JOURNAL DES DOCUMENTS JUDICIAIRES, TOME XI, N° I.

AFFAIRE ARDISSON.

PROCÈS EN DÉNONCIATION CALOMNIEUSE

INTENTÉ PAR M. ARDISSON CONTRE LES COMPAGNIES D'ASSURANCES
GÉNÉRALES ET DU PHÉNIX,

ET

PROCÈS CIVIL

EN MATIÈRES D'ASSURANCES MOBILIÈRES.

CONSIDÉRATIONS PRÉLIMINAIRES.

Nous nous proposons de reproduire avec étendue les éléments d'un double procès, l'un des plus graves qui puissent
surgir dans une matière dont l'importance est désormais de
premier ordre.

L'assurance, en effet, est devenue depuis quelques années
inhérente à tous les genres de propriété, et l'on peut dire
qu'une cause entre un assuré quelconque et son assureur est
à présent la cause de tout le monde.

Il y a environ vingt ans qu'une première compagnie (1) se
forma pour garantir les propriétaires d'immeubles contre
les risques de l'incendie, au moyen d'une légère prime. Ce
petit nombre d'années a suffi pour que l'action des compagnies,
qui se multiplièrent rapidement, et se ramifièrent sous
toutes les formes possibles, en comprenant tous les risques
imaginables, s'étendît sur la France entière. A Paris, pas une

---

(1) La plus ancienne compagnie est la *compagnie d'Assurances mutuelles pour la ville de Paris.* Ordonnance du 4 septembre 1816.

rue, pas une maison ; dans les départements, pas une ville, un bourg, un hameau, une chaumière même isolée, où les plaques symboliques ne viennent attester la visite, le zèle et le succès des agents de ces compagnies. Bientôt le réseau fiscal de l'administration des contributions directes ne comprendra pas de cotes plus nombreuses.

C'est un progrès, nous l'avouons ; l'assurance, appelée à neutraliser la plus grande partie des chances funestes du hasard, nous paraît une des plus heureuses créations de l'esprit industriel, voué de nos jours à tant de combinaisons diverses. Le grand nombre des compagnies est encore un bien, de même que le grand nombre des souscriptions. L'affluence des primes, les tributs énormes qu'elles rapportent aux assureurs, en créant des ressources bien au-delà des évaluations de sinistres qu'on peut prévoir, doivent nécessairement amener encore une plus grande baisse de prix, dont au surplus la concurrence seule détermine en toutes choses le mouvement.

C'est un progrès, nous le répétons ; mais l'accroissement, l'invasion, pour ainsi dire, subite et immense de ce progrès a établi une lacune dans la législation, qui n'avait eu à s'occuper, lors de la confection du Code de commerce, que des assurances maritimes, de sorte que les polices adoptées par les compagnies servent seules de lois aux parties; de là l'importance toute spéciale de la jurisprudence sur les questions auxquelles chaque éventualité nouvelle vient donner lieu.

On comprend aisément que les difficultés naissent principalement des assurances mobilières, à cause de la nature, de l'usage, de la fragilité des objets assurés, de la facilité de leur déplacement, de leur détournement même, et, d'autre part, de l'impossibilité de prouver d'une manière rigoureuse la présence, au moment de l'incendie des meubles, des objets que l'incendie a dévorés. La bonne foi doit être la base de toute présomption, et former ainsi la règle générale ; la mauvaise foi fait l'exception, et doit être prouvée par la partie qui l'articule. Mais on ne saurait se dissimuler que l'embarras de la preuve n'est pas moindre d'un côté que de l'autre, et que l'obligation imposée à l'assuré par les polices de prouver, au moins par *tous les moyens en son pouvoir,* ne soit une clause indispensable.

Mais quelle sera la légitime interprétation de cette clause ? Quelles seront raisonnablement ses limites ?

Quelles démarches seront autorisées de la part des compagnies ? Jusqu'où leurs soupçons, leurs investigations pourront-ils s'étendre ? Dans des matières aussi délicates que celles de l'honneur, de la fortune et de la vie des citoyens, quels seront les points qu'il ne devra pas même être permis d'effleurer ? et où pourra commencer à s'alarmer la susceptibilité d'un honnête homme ?

Les éléments de la bonne foi devenus complets, quels seront les caractères de l'imprudence grave de la part de l'incendié, relativement à la cause de l'incendie ? et l'imprudence écartée, la libre disposition des objets assurés sera-t-elle regardée ou non comme facultative, soit que l'assuré ait voulu les répartir dans un grand nombre de pièces ou les réunir en quelques-unes, ou bien tous les objets seront-ils subitement voués à l'immobilité par le coup de baguette de l'assurance ?

Lorsqu'on aura triomphé de ces obstacles préliminaires, et que l'obligation de payer ne fera plus question, les expertises établies contradictoirement par les compagnies lors du contrat d'assurance seront-elles décisives pour le montant des évaluations, ou bien les assureurs pourront-ils revenir contre les prix débattus dont ils ont touché les primes, pour cause de fausse estimation, d'erreur, ou pour tout autre motif? Enfin les conditions écrites, ajoutées aux polices d'assurances, comme devant être la règle souveraine des parties en cas de sinistre, auront-elles une valeur absolue, ou bien pourra-t-on pour une cause quelconque en contester les effets?

Toutes ces questions vitales, qui constituent l'essence de la matière, ont été vivement soulevées dans les deux procès criminel et civil intentés, le premier par M. Ardisson accusant les compagnies des manœuvres les plus odieuses, l'autre par les compagnies contestant à M. Ardisson le remboursement du sinistre réclamé, procès que M. Ardisson a gagnés tous les deux (1).

Aucune autre cause ne pourrait présenter les mêmes éléments avec un aussi haut degré d'intérêt. Il n'est pas rare en effet de rencontrer des hommes passionnés pour tel ou tel art, mais où en trouver un autre qui étende aussi loin que M. Ardisson cette passion, et une passion active, persévérante, éclairée, à tous les objets d'art, à tous ceux du moins que leur mérite, leur réputation ou leur antiquité plaçait hors de ligne ; tableaux, statues, livres, manuscrits, partitions, instruments de musique, médailles, objets précieux de toute nature, attiraient également l'attention de M. Ardisson, irritaient ses désirs, excitaient ses recherches, ses soins, ses travaux, et devenaient ses conquêtes.

Aussi la description de ces richesses fruits de quinze ans de voyage, de ces richesses, qui, à la différence de l'or et de l'argent, semblent, par un privilége attaché aux œuvres des beaux-arts, appartenir un peu à tout le monde et n'être pour ainsi dire qu'en dépôt entre les mains du propriétaire, répand-elle le plus haut intérêt sur la lecture de cette cause qui mérite de rester célèbre.

Le charme que nous signalons fait regretter vivement la destruction par les flammes de manuscrits prêts à voir le jour, et sans doute moins précieux encore par les souvenirs et les anecdotes dont M. Ardisson, long-temps premier chambellan de la princesse Elisa, avait dû les semer, que par l'indication des lieux, des personnes, des circonstances qu'amenaient en scène les recherches, la découverte et l'acquisition de la plupart des objets de ses collections. Ici nous l'aurions vu

(1) La compagnie d'assurances générales a été seule condamnée dans l'instance criminelle.

sortir des bibliothèques tellement poudreux, qu'on lui donnait le nom pittoresque d'*il molinaro* (le meunier); là nous aurions joui avec lui de l'étonnement naïf de ce paysan de Sicile, auquel il achetait son champ couvert de vignes et d'oliviers, pour y pratiquer des fouilles sur l'emplacement d'un vieux temple. « *Celui-là n'a pas besoin d'être un Anglais pour être fou* », s'écriait dans son patois le bon Sicilien en voyant jeter bas les arbres et les ceps pour creuser la terre ; et son étonnement se manifestait bien davantage lorsque M. Ardisson, après avoir retiré des fouilles les bustes, les objets antiques qu'il avait espéré y découvrir, rendait *gratis* au vendeur son terrain en y joignant encore une récompense.

On trouverait dans les journaux du temps avant cette époque un récit sur un Anglais qui ambitionna d'avoir, comme Pline, le Vésuve pour tombeau! On y parlait d'un jeune Français qui s'était fait compagnon du gentleman pour cette périlleuse partie de plaisir, car c'est ainsi que l'avait proposé l'insensé, résolu au suicide. Curieux d'explorer les abords du volcan jusqu'au cratère, le Français suivait de près son compagnon, lorsqu'enfin leur guide se mit à crier que l'Anglais voulait périr, puisqu'il s'obstinait à aller plus avant, et qu'il voulait sans doute avoir quelqu'un pour mourir avec lui. Les avertissements et les supplications du guide déterminèrent, non sans peine, le Français à s'arrêter, et il vit bientôt qu'il lui devait son salut. Ce jeune Français si ardent pour l'étude des grands phénomènes de la nature, c'était M. Ardisson. Cette anecdote se plaçait au début de ses voyages en Italie, qu'il parcourut en tous sens pendant de longues années.

Ce n'était pas tout d'avoir acheté et réuni à si grands frais de si précieuses dépouilles de la terre classique des arts, il s'agissait encore de les transporter sur le sol de la patrie, et de leur frayer un passage sur la mer Méditerranée, alors couverte de vaisseaux ennemis. Un bâtiment italien pouvait devenir la proie des barbaresques, un navire français semblait offrir une capture as-

surée aux Anglais. Ce n'était rien moins que l'embarras de Bonaparte pour revenir d'Égypte ; il fallait avoir l'audace de
s'aventurer dans une position critique, et l'adresse d'échapper
en traversant les escadres redoutées. M. Ardisson ne fut pas
moins heureux que Bonaparte, et il est douteux que Bonaparte ait éprouvé une joie aussi vive que la sienne en touchant
au port, lorsqu'il put se dire que cette cargaison, à laquelle
avaient travaillé tant de siècles et tant d'hommes de génie,
était sauvée ! qu'elle était en France...! heureux de rapporter à
son pays les fruits d'une obscure, mais glorieuse expédition !

Voilà par quels moyens, avec quels frais, au milieu de
quels obstacles M. Ardisson avait acquis les neuf collections
que l'incendie a presque tout entières dévorées. Elles se trouvaient entassées depuis long-temps dans l'appartement, parce
que des travaux considérables, entrepris par M. Ardisson à
sa campagne de Marly-la-Ville, ne lui permettaient que des
séjours de passage à Paris. Une lettre produite aux débats,
dans un mémoire de la cause, montre quelle utile et honorable
destination leur préparait M. Ardisson :

« Une fois les travaux de la campagne terminés, je voulais,
écrivait-il, reprendre mes habitudes, passer tous les hivers
« à Paris, et fixer un jour par semaine pour recevoir, dans ce
« sanctuaire des arts, les savants, les antiquaires, les peintres,
« les compositeurs, les archéologues, les membres des diver-
« ses académies auxquelles j'ai l'honneur d'appartenir, et gé-
« néralement toutes les personnes instruites qui auraient dé-
« siré connaître mes neuf collections d'objets d'art.

« Ce projet si doux, cet appel à tous ceux qui cultivent les
« sciences et les arts, eussent été la plus flatteuse récompense
« de tant de voyages, *de trente années de travaux et de sacrifices*
« *faits* dans l'unique intention d'enrichir ma patrie de manus-
« crits précieux en tous genres, dont plusieurs même pou-
« vaient servir de flambeaux à l'histoire.

« Une pensée utile suivait ce projet, je me disais : Si je ve-

« nais à mourir sans progéniture, pour ne pas laisser dissémi-
« ner par des héritiers avides des collections qu'ils ne seraient
« pas sans doute en état d'apprécier, je léguerais tous les *ma-*
« *nuscrits anciens et modernes, sur les sciences, les lettres et*
« *l'histoire, à la Bibliothèque nationale,* et ma grande biblio-
« thèque musicale, la plus riche d'Europe *en autographes*
« *et en partitions manuscrites, au Conservatoire de musique de*
« *France.*

« Il est doux, en mourant, d'emporter l'idée que, dans le
« court passage de la vie, on ne l'a pas franchi tout-à-fait ina-
« perçu, et qu'après les vertus privées, on pourrait peut-être
« ajouter à mon nom : *Du moins il fut utile.* »

Si l'incendie a empêché la réalisation de tels projets, il est
juste du moins d'en consacrer le souvenir et de recommander
ainsi le nom de M. Ardisson parmi les hommes que la reconnaissance des artistes ne doit point oublier. C'est dans de telles
occasions que nous devons nous féliciter que notre recueil ait
conquis dans les bibliothèques une place pour les documents
judiciaires.

Eugène Roch.

JUSTICE CRIMINELLE.

1. FAITS DE LA PLAINTE.

Le 8 juillet 1828, M. Ardisson, propriétaire à Paris, fit assurer son mobilier par la compagnie du Phénix, qui, le lendemain, partagea l'assurance avec la compagnie d'Assurances générales.

Après une estimation contradictoire, le détail et la valeur des objets assurés étaient portés dans la police ainsi qu'il suit :

Mobilier personnel.	58,000 fr.
Argenterie.	6,000
Bibliothèque de six mille volumes, éditions rares et de luxe.	60,000
Galerie de tableaux de maîtres.	153,360
Bibliothèque musicale, composée d'un grand nombre de partitions des grands maîtres, originales et inédites.	206,470
Instruments de musique des meilleurs maîtres, tels que Stradivarius, Guarnerius, Amati, etc., etc.	46,520
Objets de curiosité, antiquités, mosaïques, colonnes en améthyste, etc., etc.	138,650
Total.	669,000 fr.

M. Ardisson, qui d'abord demeurait rue de Cléry, avait transféré son domicile rue du Temple, n° 102, et les objets ci-dessus désignés furent placés dans deux vastes pièces de son appartement. Les objets les plus précieux étaient amoncelés dans une chambre à coucher que n'habitait pas M. Ardisson.

Dans la nuit du 27 au 28 décembre 1833, M. Ardisson est réveillé par une épaisse fumée; il se lève à la hâte, appelle du secours. Les pompiers arrivent. Une chaleur étouffante régnait dans tout l'appartement; les murs étaient brûlants. On vit bientôt que le foyer de l'incendie était dans la chambre à coucher, où se trouvaient les livres, les tableaux, les partitions, etc. On ne devint maître du feu qu'après deux heures de travail et d'efforts. Mais tout avait été consumé. De tous les trésors que, dans sa longue vie d'artiste, M. Ardisson avait si péniblement amassés, il ne restait plus que quelques-uns des objets placés dans les pièces de l'appartement. Le sinistre s'élevait à 560,000 fr.

M. Ardisson forma une demande en indemnité contre les compagnies d'assurance.

Celles-ci refusèrent de payer le montant du sinistre, et après des incidents nombreux, les parties vinrent en instance devant un tribunal arbitral.

Pendant ces contestations, les compagnies d'assurances furent représentées par le sieur Arragon, homme d'affaires, agent du contentieux de la *Compagnie générale*, et agissant aussi pour cette affaire dans l'intérêt de la compagnie du Phénix.

Le 8 juillet 1834, le sieur Arragon, en vertu d'un pouvoir spécial à lui donné par M. de Gourcuff, directeur de la Compagnie générale, déposa au parquet du procureur du roi une plainte dans laquelle il annonçait que les compagnies d'assurances avaient tout lieu de croire que M. Ardisson était lui-même l'auteur de l'incendie qui avait éclaté chez lui, et qu'il appelait les investigations du ministère public sur la conduite de M. Ardisson.

L'instruction commença, et M. Dieudonné, juge qui était chargé de la poursuivre, reçut, peu de temps après, un écrit émané de M. Arragon, mais non signé de lui. Cet écrit, intitulé : *Note provisoire*, commençait ainsi :

« Ardisson, qui n'a pas un sou vaillant, a mis le feu chez « lui pour se faire 30,000 fr. de rente. »

Puis, l'auteur de la note énumérait dans le plus grand détail toutes les circonstances du crime.

« Depuis plusieurs années, disait-il, M. Ardisson méditait
« l'incendie. Il avait transporté dans un logement secret les
« objets les plus précieux de sa collection. Le 27 décembre, on le
« vit rentrer pâle et abattu ; il pénétra dans sa chambre à
« coucher, plaça un bougeoir allumé sous un monceau de
« papiers qu'il enflamma, se retira après avoir vu les pre-
« miers progrès du feu. Il n'appela les secours que lorsque
« déjà tout était consumé. »

A l'appui de ces faits, le sieur Arragon invoquait le témoignage des domestiques de M. Ardisson.

Cependant l'instruction eut lieu, de nombreux témoins furent entendus, et la chambre du conseil déclara qu'il n'y avait
contre M. Ardisson *aucune charge, aucun indice.*

L'instruction établit en outre que le sieur Arragon avait
tenté de suborner des témoins pour faire accuser M. Ardisson ;
mais comme la loi ne punit la subornation de témoins que
lorsqu'il s'agit de témoins entendus devant les tribunaux et
non dans le cours de l'instruction, il fut également déclaré
que si la conduite du sieur Arragon était répréhensible aux
yeux de la morale, il n'y avait lieu à suivre contre lui.

C'est par suite de ces faits que M. Ardisson a porté plainte
en *dénonciation calomnieuse* contre le sieur Arragon et contre
les sieurs de Gourcuff et Pallard, directeurs des compagnies
d'assurances.

II. OUVERTURE DES DÉBATS.

*(Tribunal de police correctionnelle de Paris. — Prési-
dence de M. Roussigné.)*

AUDIENCE DU 2 AVRIL 1835.

M. le président procède à l'interrogatoire des prévenus.

M. *Pallard* déclare avoir été étranger à tout ce qui a été fait
par le sieur Arragon.

M. *de Gourcuff* déclare qu'il a eu connaissance de la première plainte déposée, mais non de la *note provisoire.*

M. le président à M. Arragon : Quel était le but de cette note provisoire ?

M. Arragon : Cette note avait été rédigée pour le procès arbitral : je l'ai remise au juge d'instruction à titre de renseignements. Mon intention n'était pas d'aggraver la position de M. Ardisson.

M. le président : Reconnaissez-vous avoir remis 200 fr. à la cuisinière de M. Ardisson pour obtenir d'elle contre son maître un faux témoignage ?

M. Arragon : C'est moi qui ai fait remettre les 200 fr. Voici pourquoi. On m'avait dit que cette fille pouvait déposer de faits importants, mais que M. Ardisson la tenait pour ainsi dire en charte-privée ; qu'elle se trouverait sans place si elle sortait de chez lui, et qu'elle ne déposerait pas tant qu'elle serait à son service. J'ai voulu la mettre hors du besoin, afin qu'elle pût obéir à sa conscience et faire connaître la vérité.

M. le président : L'instruction a établi que vous aviez organisé contre M. Ardisson un système d'espionnage, à la tête duquel se trouve un homme renvoyé de la brigade de sûreté. Vous avez donné de l'argent à cet homme ?

M. Arragon : Il est venu spontanément m'offrir des renseignements. Je lui dis, ainsi qu'aux autres, que les compagnies donnaient 10 pour 100 de remise sur le montant des découvertes que l'on pouvait faire en leur faveur.

M. le président : Dans un gouvernement régulier, il ne peut y avoir qu'une seule police ; toute autre police organisée par une administration ou par un particulier est contraire aux lois.

M° Chaix-d'Est-Ange, avocat de M. Ardisson : Cet homme était votre agent habituel ; il l'a déclaré.

M. le président : Après les événements d'avril, M. le préfet de police a reçu une lettre anonyme dans laquelle on lui disait que M. Ardisson avait un dépôt d'armes dans sa maison de campagne de Marly-la-Ville. Une perquisition eut lieu ; et peu de temps après, vous avez demandé au commissaire de police si

dans sa perquisition il n'avait pas découvert quelques tableaux
ou d'autres objets d'art. Savez-vous quel est l'auteur de cette
lettre anonyme?

M. Arragon : Je l'ignore.

M. l'avocat du roi : Marly-la-Ville n'est pas dans la juridiction du préfet de police, comment a-t-il pu y ordonner une
perquisition?

Me Chaix-d'Est-Ange : M. le préfet de police a été trompé
sans doute.

M. Dupré, capitaine des pompiers, est entendu comme témoin : il déclare que l'incendie était si considérable, qu'il a
pu consumer tous les objets indiqués par M. Ardisson. Sur
l'interpellation de M. le président, il ajoute que pendant l'incendie M. Ardisson avait l'attitude d'un homme désespéré,
que des larmes s'échappaient de ses yeux, et qu'il faisait tous ses
efforts pour porter des secours malheureusement inutiles.

M. le commissaire de police Haymonet dépose dans le même
sens.

III. PLAIDOYER POUR M. ARDISSON.

Me Chaix-d'Est-Ange, avocat de la partie civile, prend la
parole ; après avoir conclu en 150,000 fr. de dommages-intérêts, il s'exprime en ces termes :

« MESSIEURS,

« Il y a quinze mois environ, dans la nuit du 27 au 28 décembre, à cinq heures du matin, M. Ardisson se sent tout-
à-coup réveillé par une épaisse fumée qui remplissait sa chambre : il se jette précipitamment hors de son lit, et quoique
privé de lumière, parcourt le vaste appartement qu'il occupe,
en trouvant une fumée de plus en plus épaisse à mesure qu'il
approchait de son salon. Arrivé à la porte de ce salon, sur laquelle il pose les mains, il sent une chaleur ardente; le bruissement des flammes frappe son oreille ; c'est alors que ses cris se

font entendre. Il court dans l'antichambre, réveille sa cuisinière, et s'écrie: « Vite, avertissez le portier et mon cocher, qu'ils « courent chercher les pompiers, le feu est dans la maison... » Et bientôt toute la maison, rue du Temple, n° 102, est en alarmes..... Cependant, du dehors, on ne voyait alors que les torrents de fumée enflammée sortir de la cheminée, seule issue que la flamme eût encore pu trouver. Le domestique croit qu'il ne s'agit que d'un feu de cheminée, et dans cette conviction, court avertir les sapeurs-pompiers. Ceux-ci, avec leur zèle et leur courage accoutumés, arrivent sur le lieu de l'incendie pourvus des moyens nécessaires pour éteindre un feu de cheminée, et impuissants pour combattre un incendie dont ils ignoraient toute la violence. Le temps se perd en préparatifs inutiles, le feu continue ses ravages et prend une telle intensité, que les glaces se fondent, que des médailles, des bustes en bronze sont à demi consumés, et que le chef des sapeurs-pompiers déclare qu'il n'a jamais ressenti une chaleur pareille. Enfin, des secours plus efficaces arrivent, de nouvelles pompes sont mises en activité; on combat le feu d'après des indications données par M. Ardisson lui-même, et après une heure un quart, une heure et demie d'efforts employés depuis le moment de leur arrivée, les sapeurs-pompiers parviennent à se rendre maîtres du feu.

« Comment ce feu si violent a-t-il commencé? Là, comme dans presque toutes les circonstances de ce genre, il est impossible de rien dire de précis, de rien trouver de positif, de certain. Toutefois, avec leur expérience en pareille matière, les chefs de sapeurs-pompiers ont indiqué comment il leur avait paru que l'incendie avait dû se propager. Ils ont pensé qu'une étincelle était sortie de la cheminée où l'on avait l'habitude d'allumer du feu pour combattre l'humidité de l'appartement; qu'un éclat de bois enflammé avait pu communiquer le feu au tapis; que le feu avait ensuite propagé son action; que sa marche avait été lente et progressive; qu'il avait d'abord commencé par dessécher les objets qui étaient sur son chemin ; qu'ensuite, se faisant jour avec éclat, il avait envahi les meubles, les livres, les tableaux, les partitions de musique, qui se trouvaient en si grand nombre entassés autour de cette chambre.

« Quelle était l'étendue du désastre, du sinistre? Quelle valeur devait-on lui attribuer? Pour quiconque connaît la vie antérieure, les habitudes surtout de M. Ardisson; pour quiconque a pu voir ses immenses collections, ce désastre était immense.

« M. Ardisson était venu se loger rue du Temple; il avait conservé dans cette maison quelques pièces pour son usage personnel, une chambre à coucher, un cabinet de travail, une antichambre qu'on traversait sans cesse, et une salle à manger. Dans toutes ces pièces étaient çà et là des meubles curieux, des tableaux, des objets d'art. Au fond de cette partie de l'appartement se trouvaient un salon et une pièce inhabités d'une grande étendue dans lesquels étaient amoncelés les trésors, les richesses qu'il avait amassés depuis longues années. On ne faisait jamais de feu dans le salon à cause de la proximité des objets déposés près de la cheminée; on en faisait seulement dans la grande pièce pour l'humidité.

« M. Ardisson, dont il faut que je vous explique la vie et les habitudes, est un homme de la famille la plus honorable. A seize ans, il eut le malheur de perdre son père, et fut à seize ans possesseur d'une fortune considérable, sans tuteur, sans contrôleur aucun de sa conduite et de sa fortune. Il aurait pu sans doute, à cet âge et avec cette liberté, se laisser entraîner à quelques écarts; mais grâces à l'éducation qu'il avait reçue et au goût des arts qui était né chez lui et qu'avait religieusement cultivé son père, c'est à ce goût pour les arts que M. Ardisson se livra tout entier. A seize ans, il fit un voyage en Italie, vivant modestement, donnant peu à ses dépenses personnelles, mais consacrant son temps, sa fortune, à pré-

parer cette collection d'objets d'art qu'il était enfin parvenu à
réunir immense, et telle que quelques-unes de ses parties
étaient sans aucune concurrence possible en Europe. Il passait
alors des journées entières dans les bibliothèques, s'enfermant
dans de vieux couvents, secouant la poussière des manuscrits,
rassemblant d'anciens livres, de précieuses éditions, et en
sortait pour chercher partout des tableaux peut-être plus
précieux encore. Les circonstances alors favorisaient mer-
veilleusement ses goûts ; quoique déjà conquise entièrement,
l'Italie avait été désolée par la guerre ; le goût des arts, aujourd'hui si ranimé chez elle, était amorti ; la guerre avait
brisé, disséminé les collections, de manière qu'un amateur étranger qui arrivait là calme, à l'abri de toutes ces
bruyantes préoccupations des armes, pouvait utilement pour
lui se dévouer au culte des arts, et se procurer des trésors
dont les possesseurs ne se fussent peut-être jamais dessaisis sans
la crainte d'une nouvelle guerre qui aurait pu les détruire ou
les enlever.

« Ce fut au milieu de ces circonstances, et avec cette passion pour les chefs-d'œuvre que vous pouvez déjà apprécier,
que M. Ardisson commença ce voyage d'Italie qu'il continua
pendant de longues années. Une grande partie de sa fortune
fut employée à préparer et à acquérir de précieuses collections.
Elles étaient son culte ; c'était à elles seules qu'il sacrifiait.
Leur valeur d'ailleurs était immense ; mais sous le rapport de
l'art leur perte eût été irréparable.

« Cependant M. Ardisson s'était fait assurer par la compagnie. Autrefois, il y a quinze ans de cela, la compagnie du
Phénix l'avait fait tourmenter par ses agents pour qu'il fît assurer son cabinet. Il y a quinze ans, au mois de mai 1820, il
avait cédé aux instances de la compagnie. Il avait fait assurer
une partie de son cabinet et avait reçu une police d'assurance
qui devait expirer au bout de sept ans. A l'expiration on lui
avait demandé s'il voulait renouveler sa police. On l'avait fait

inviter à donner plus d'extension à son assurance, à faire assurer son cabinet tout entier qu'on estimait 15 à 1,800,000 fr.
Il n'en fit assurer qu'une portion, et cette portion se compo-
sait d'une immense collection de musique, sans égale en
Europe, contenant entre autres choses sept cents partitions
manuscrites, écrites de la main même des auteurs; de sa collection de tableaux magnifiques, de sa bibliothèque, d'une
partie de son cabinet d'objets rares et précieux, de ses meubles et de son argenterie. Le total de l'assurance s'élevait à
669,000 fr. Sur ces valeurs assurées il a été sauvé 105,000 fr.,
tandis que la partie bien plus considérable des objets non assurés a péri en presque totalité. Par suite de ce désastre M. Ardisson demanda à la compagnie de lui rembourser environ
560,000 fr., c'est-à-dire, d'après les expertises, le montant des
objets perdus. A la compagnie du Phénix, qui avait fait l'assurance, s'était adjointe, par suite de je ne sais quels arrangements, la compagnie d'Assurances générales. Ce fut à ces
deux compagnies que M. Ardisson dut s'adresser pour obtenir
la réparation du préjudice causé.

« Mais les compagnies, si ardentes, si empressées, quand il
s'agit d'obtenir des primes, quand il s'agit d'aller de porte en
porte pour demander des assurances et obtenir des signatures
au bas des polices, ne mettent pas à beaucoup près le même
empressement quand il s'agit de réparer les sinistres, de payer
les dommages. Si quelque chose commence à devenir un objet de notoriété publique, c'est l'esprit de chicane et de tra-
casserie qui s'est emparé de l'esprit des compagnies. Malheur
à vous, si vous avez changé un meuble de place, si, même
avec leur consentement, vous avez transporté votre mobilier
dans un appartement différent de celui où la police aura été
faite ! C'est fait de vous; c'est une lutte à soutenir avec ces
compagnies toutes-puissantes qu'elles sont. Bien des gens se
découragent devant des chicanes incessantes et multipliées.
Ils arrivent à composition, consentent à des tempéraments,
et finissent par ne recevoir que moitié, si ce n'est moins, de la
somme qui leur était due.

« Cependant, lorsque je dis qu'aujourd'hui cette conduite
est habituelle de la part des compagnies d'assurances, lorsque
j'invoque à cet égard la notoriété publique que chacun connaît, il est nécessaire et juste de faire une distinction. Il en
est d'honorables, qui comprennent que leur devoir est de réparer les dommages causés par l'incendie, qu'elles ne reçoivent pas chaque année une prime pour rien. Ainsi M. Ardisson
s'était fait assurer pour ses risques locatifs. La Compagnie
royale, dirigée par un homme honorablement connu (1), s'empressa d'envoyer un expert sur les lieux. Le dommage causé
par le feu, les poutres brûlées, les boiseries consumées, les
glaces brisées ou fondues, en un mot tout le dommage causé
au bâtiment fut évalué 6,000 fr., et la Compagnie royale,
fidèle à ses loyales habitudes, paya 6,000 fr., malgré les doutes élevés et le procès soutenu par les autres compagnies. Il
n'en a pas été de même pour celles-ci : ce que la Compagnie
royale a fait avec empressement, les autres n'ont pas voulu le
faire.

« A cet égard je pourrais, dans un procès de moralité, dans
un procès ou la moralité est tout, invoquer les habitudes de
nos adversaires, faire connaître leurs antécédents et citer ici
le procès Voiron. Les agents de l'une de ces compagnies
avaient long-temps parcouru le Midi et envoyé de nombreuses
primes à la compagnie; lorsque des sinistres arrivèrent, on vit
cette compagnie plaider contre les assurés et dire : « Ces agents
« n'ont reçu de nous aucune mission; nous les désavouons. »
La compagnie perdit honteusement son procès.

« Je pourrais encore vous citer un procès où la compagnie
d'Assurances générales ne craignit pas de s'engager, et qui était
peut-être non moins inique que celui qu'elle soutient en ce
moment. Elle avait, le croirait-on? suborné les agents de la
compagnie d'Assurances mutuelles, de telle sorte que l'agent
payé par cette compagnie d'Assurances mutuelles allait de

_____

(1) M. Fleury de Chaboulon.

porte en porte, disant, lui employé de cette compagnie, qu'elle faisait de mauvaises affaires, qu'elle était sur le point de tomber en faillite. Il fut déclaré que Genin, l'employé en question, avait fait usage de manœuvres frauduleuses et dolosives (ce sont les termes du jugement) envers la compagnie d'Assurances mutuelles qui l'employait, que ces manœuvres avaient été par lui employées pour nuire à la compagnie qui le payait, et dans l'intérêt de la compagnie dont il était l'espion. Il fut condamné à 6,000 fr. de dommages-intérêts, payables par corps.

« Voilà quels sont les antécédents de nos adversaires, voilà quels sont leurs moyens de réussir !

« Ce qu'ils font dans toutes les affaires, ils l'ont essayé dans celle-ci. Ils n'ont pas commencé par le procès criminel ; c'est là leur dernier moyen, le moyen de réserve : c'est celui auquel ils ont recours à la dernière extrémité. C'est par des incidents continuels qu'ils ont débuté, par des délais, des chicanes élevées pendant les expertises, par des actes enfin dont tous les témoins déposent, qui sont attestés par M. Lacoste, par M. Chevalier, qu'un affreux malheur a empêché de venir aujourd'hui nous apporter son témoignage (1), par des actes enfin dont le commissaire de police et son secrétaire étaient indignés, par des incidents sans cesse renaissants, par des chicanes continuellement reproduites contre M. Ardisson.

« Cependant M. Ardisson est un homme ferme et courageux. Il n'attend pas tellement après son argent qu'il lui faille accepter forcément les conditions de ses adversaires. Le procès qu'on veut engager, M. Ardisson peut le soutenir, et après tous ces incidents, toutes ces lenteurs, le jour est enfin pris pour paraître devant les arbitres si honorables qui ont été nommés ; les plaidoiries vont commencer : il faudra bien que les compagnies paient, elles le comprennent, et c'est alors que, à la date du 28 juillet 1834, elles portent cette plainte dont

(1) M. Chevalier venait de faire une perte cruelle dans sa famille.

M. le président a donné lecture. A l'appui de la plainte officielle, les compagnies envoient une note plus précise encore et plus détaillée.

« De quoi s'agit-il dans ce nouveau procès? De quoi donc est accusé M. Ardisson? A cet égard aucun détail n'est épargné, et vous vous rappelez, messieurs, sans que j'aie besoin de les remettre sous vos yeux, les termes de ces deux pièces si importantes sur lesquelles repose notre demande. Elles accusent M. Ardisson d'avoir de longue main organisé un complot pour réaliser la valeur des objets en sa possession. Ce complot a deux objets : il avait estimé d'abord à une valeur exagérée les objets composant sa collection; il avait ensuite détourné ces objets et les avait placés depuis quatre ans dans un appartement ignoré. C'est alors, selon les plaintes, qu'il a mis le feu. En résumé, d'après la plainte, M. Ardisson est un voleur, un incendiaire. Vous connaissez les détails de ces plaintes; elles ne contiennent pas seulement des suppositions qu'on peut concevoir et tolérer de la part de personnes obligées de payer; ce sont des preuves positives et certaines.

« Ainsi, le 27 décembre au soir, M. Ardisson est rentré à neuf heures; il était pâle et tremblant, sa figure était altérée; il a pris sa bougie chez le portier, est entré chez lui, a traversé telle pièce; il est entré dans la chambre où tant de richesses étaient accumulées, et sur un panier il a placé la mèche incendiaire, la bougie qui devait communiquer le feu; puis il est sorti à telle heure. Voilà la manière exacte dont le feu a été mis. Il n'y a plus de doute, voilà les détails précis. La sollicitude du ministère public est invoquée; on le provoque à veiller sur M. Ardisson comme sur un voleur, un incendiaire.....

« Et cependant, messieurs, n'y avait-il pas dans l'affaire des considérations générales qui devaient arrêter, soit la plainte des parties intéressées, soit les poursuites du ministère public? Qu'était-ce donc que M. Ardisson? Était-ce un

homme nouveau et inconnu ? Etait-ce un homme ignoré ou
suspect? Non pas ; c'était un homme qui jouissait de la considération générale , un homme issu d'une famille à laquelle
tout le monde rend hommage; c'était l'homme du monde le
plus honorable dans sa vie privée , dans sa vie d'artiste ; c'é-
tait l'homme connu pour son devoûment aux artistes : celui-
là il le recueillait chez lui , celui-ci il le faisait habiller, à cet
autre il assurait 40 sous par jour. Jamais un homme (de
nombreux témoins pourraient en déposer), jamais un homme
n'était venu réclamer en vain son assistance; et lui, cet homme
qu'on veut présenter comme ruiné , comme ayant dépensé sa
fortune entière dans l'achat de ses collections, avait toujours
quelque argent lorsqu'il s'agissait de soutenir les artistes ou de
protéger un malheureux. Voilà l'homme qu'on a accusé ,
voilà la réputation qui lui est acquise, et, remarquez-le bien,
malgré tous les moyens qu'on a mis en œuvre , les agents de
la compagnie d'assurance ont vainement traversé dans tous
les sens la vie de M. Ardisson ; ils n'ont jamais pu trouver
une seule action , une seule parole digne de blâme. Eux qui
ont toujours la calomnie à la bouche , ils n'ont pu trouver
dans ses antécédents quoi que ce soit qui pût flétrir la réputation de l'homme de bien qu'ils accusaient cependant, et qu'ils
accusaient d'être un voleur et un incendiaire.

« Un voleur et un incendiaire ! Mais dans quel intérêt ? La
totalité de ce qu'il possédait était-elle donc assurée ? Non, sans
doute. Au milieu de ce désastre irréparable pour les arts qu'il
a éprouvé , M. Ardisson a perdu un tableau du Corrège et
un de Claude Lorrain qui n'étaient pas assurés, et pour lesquels il n'a droit à aucun dédommagement.

« Il a mis le feu, disent les adversaires, et il a fait préalablement disparaître les objets les plus importants. Consultez les
dépositions de M. le capitaine des sapeurs-pompiers , des
hommes qui étaient sous ses ordres, du commissaire de police.
Lorsque les flammes éclatent et brûlent tous les objets qui
remplissent la salle, lorsqu'on entend le pétillement du feu,

quelle est la conduite de M. Ardisson, de ce misérable qui en est encore à son premier crime, mais qui vient de commettre un crime énorme ? Il est attéré par la douleur : « Il faisait « mal à voir, » a dit le commissaire. On le voit multiplier les ordres, et des ordres impuissants. C'est lui qui dans son trouble indique par où il faut attaquer le feu, qui montre aux sapeurs-pompiers quelle trouée il faut pratiquer pour se rendre maître de l'incendie ; puis, quand ces ordres sont donnés, il retombe dans son trouble, dans son affaissement. Sa douleur ne s'exprime pas par des larmes, des sanglots, des éclats de voix qu'on peut feindre ; il manifeste une douleur vraie, une douleur à laquelle tout le monde s'est laissé prendre. Lorsque enfin l'incendie est éteint, lorsque la perte est connue, lorsqu'on le tire de sa stupeur et qu'on lui demande la valeur de sa perte, c'est alors que sa douleur comprimée éclate, se réveille plus vive ; il faut entendre ses sanglots étouffés ! De grosses larmes tombent de ses yeux peu habitués à en répandre, et inondent son visage.

« Enfin, quelle a été sa conduite ? A-t-il cherché à soustraire quelques objets ? Il y en avait de faciles à cacher à tous les yeux ; il y en avait de si petite dimension, qu'ils pouvaient tenir dans le creux de la main. De ce nombre était une tabatière en améthyste, enrichie de pierres précieuses. Elle était assurée pour 25,000 francs. Cette tabatière pouvait tenir dans le creux de la main. Cette tabatière a été retrouvée. Il a été le déclarer tout triomphant, heureux dans son désastre d'avoir sauvé un objet de prix : c'était là 25,000 francs de moins à réclamer des compagnies d'assurances. D'autres objets retrouvés ont été également signalés et rapportés par lui.

« La position de M. Ardisson n'était cependant pas sans périls. Il se trouvait sous le poids d'une plainte grave, atroce. La plainte était soutenue par deux compagnies puissantes dans le monde, ayant autour d'elles une clientèle nombreuse, ayant elles-mêmes des richesses et un crédit immense. Le pre-

mier moyen de ces compagnies contre lesquelles, nous, faibles
que nous sommes, nous avons une lutte à soutenir, c'était d'a-
bord de déshonorer M. Ardisson ; c'était par tous leurs agents,
par tous leurs clients, leurs actionnaires, de répandre dans le
monde que M. Ardisson était un incendiaire, que le feu avait
été mis par lui, et qu'il avait préalablement détourné tous les
objets dont il se présentait ensuite pour réclamer le prix. Ces
bruits étaient colportés et se répandaient par l'entremise de
ceux qui y avaient intérêt, par d'autres personnes encore, gens
aveugles qui secondaient ces derniers parce qu'ils avaient eux-
mêmes ajouté foi à ce qui se disait. De proche en proche ces
bruits prenaient de la consistance ; l'opinion générale grossis-
sait contre lui. C'est ainsi que la calomnie monte souvent de la
rue au salon, et gagne quelquefois nos salles d'audience sans
qu'il soit toujours facile de s'en défendre. Et puis d'ailleurs,
vous le savez déjà, à eux, tous les moyens sont bons. Aussi,
dans un procès civil, pas une chicane devant laquelle ils recu-
lent ; dans les procès criminels, pas une corruption qui leur
fasse honte, pas une subornation de témoins à laquelle ils ne
soient préparés.

« Aussi, que disait-on à l'appui de la plainte ? Les objets estimés dans la police d'assurance l'avaient été pour beaucoup
au-dessus de leur valeur ; c'était une estimation fausse, estimation qui cependant avait duré quinze ans.

« Ardisson se préparait à l'incendie qui est venu plus tard
dévorer ses collections. — Eh bien ! sur ce point j'ai un exemple
tout prêt qui pourra servir de réponse. Les tableaux, dans les
inventaires qui avaient été faits avec un très-grand soin, car
ils avaient été débattus pendant plus de quatorze mois, les tableaux étaient toujours portés à un prix au-dessus de leur valeur par la compagnie qui voulait toucher une prime plus
forte. Sur soixante-dix-sept de ces tableaux attribués tous à de
grands maîtres, on en a sauvé dix-neuf. On a fait estimer ces
dix-neuf tableaux. Eh bien ! messieurs, si l'estimation des premiers tableaux a été fausse, si on a attribué à de grands maî-

très de misérables productions, alors la vérité va se faire connaître : voilà dix-neuf tableaux qui vont protester contre l'estimation mensongère qui en a été faite. On estime les dix-neuf
tableaux. A qui la compagnie s'adresse-t-elle pour cette estimation ? Est-ce à un expert sans garantie ? Non, sans doute.
La compagnie s'adresse au plus habile et au plus sévère de
tous les experts. C'est une chose reconnue en fait que M. Henry,
qui a une si grande expérience dans cette matière, ne se laisse
jamais effaroucher par rien, et quel que soit le culte d'un amateur pour ses tableaux, quelque chère que lui soit son illusion, M. Henry, avec une brutalité que rien n'arrête, mais
avec un esprit de vérité que rien ne peut faire céder, détruit
cette illusion et déclare que ce n'est qu'une copie. M. Henry
est enfin, sans contredit, le plus habile, le plus sévère et le
plus impitoyable de tous les experts. La compagnie s'adresse à
M. Henry, lui fait examiner les dix-neuf tableaux qui restent :
il affirme qu'ils sont tous des maîtres auxquels ils ont été
attribués. La valeur de ces tableaux a peut-être été trop élevée
dans l'estimation qu'on en a faite ? Non, messieurs ; si quelques-uns ont peut-être été estimés à une valeur trop élevée,
les autres sont estimés beaucoup au-dessous de leur valeur
réelle. L'arbitrage de M. Henry se résume en disant que les
dix-neuf tableaux valent plus que l'estimation qui en a été
faite et qui a été portée dans l'inventaire lors de la confection
des polices d'assurance. La compagnie hésite à cet égard, elle
lutte avec l'expert. « Vous ne me croyez pas, dit celui-ci ; je
« me fais fort de vendre les dix-neuf tableaux, si vous voulez
« accepter le marché, à 25 pour 100 au-dessus de l'estima-
« tion. » Je n'ai pas besoin de vous dire qu'après ce résultat,
qui devait les rendre honteux, si les agents de ces compagnies
savaient rougir, elles ont abandonné M. Henry, homme honorable et loyal, et ont choisi un autre expert, espérant qu'il
aurait plus de facilité, de complaisance, ou moins de connaissances.

« Puis on fait à M. Ardisson une objection d'une toute autre
nature. Tant d'objets ne pouvaient pas tenir dans une seule

chambre, dans celle que vous indiquez. On demande à M. Ardisson la place de chacun des objets qui ont été dévorés par
l'incendie. — Eh bien ! sur le plan dressé, rappelant ses souvenirs et faisant le tour de la chambre, M. Ardisson indique
la place de chaque objet brûlé. Il indique telle embrasure de
fenêtre dans laquelle il aurait pu mettre pour 260,000 francs
de tableaux et d'objets d'art. Quand on lui fait une objection
et qu'on lui dit que tel objet n'a pas pu être placé dans l'endroit qu'il indique, il prouve la vérité de son allégation par la
démonstration qu'il en fait.

« Il y a six mille volumes d'assurés. Ces six mille volumes
étaient en grande partie composés de livres rares et précieux,
d'éditions magnifiques, de collections du plus grand prix.
Parmi ces six mille volumes, il y en avait quelques-uns sans
grande valeur, des ouvrages de moindre prix, au nombre de
quatorze cents environ, placés dans une autre pièce. La bibliothèque contenant les quatre mille six cents volumes a été complètement dévorée. Cette bibliothèque, qui était là au vu et
su de tout le monde, il n'en est resté aucune trace ; le meuble
a été brûlé, réduit en cendres, sans qu'on en retrouvât un vestige ; les quatre mille six cents volumes qu'il contenait ont
été brûlés également.

« Non, dit la compagnie, les quatre mille six cents volumes
ne pouvaient pas tenir dans la bibliothèque. — On a fait venir
un libraire habitué à de pareilles expertises, homme fort habile, connaissant bien les éditions détruites. La bibliothèque
dont voici la dimension pouvait-elle contenir cinq mille volumes? lui demande-t-on. Sans contredit, répond-il; on en aurait mis dedans plus de six mille. On veut chicaner sur la valeur des livres, M. Ardisson fait venir l'homme qui avait
dressé son catalogue, homme fort habile et connaisseur; il
déclare que les livres de M. Ardisson étaient des livres magnifiques, qu'ils étaient contenus dans la bibliothèque en question, et que tout cela était d'une immense valeur. Voilà encore sur ce point la compagnie d'assurances confondue !

« Autre objection : Il est impossible que tant d'objets aient

été brûlés en si peu de temps. Quelques livres auraient dû
rester sans être entièrement consumés ; on aurait dû en trouver des traces. Des traces, on en a trouvé ; on a trouvé des reliures de toute espèce, des fermoirs en vermeil et en argent,
des vestiges de meubles, des morceaux de cadres, d'armures.
Interrogez les hommes qui s'y connaissent, et dont l'expérience
vaut mieux que les soupçons, ils vous diront qu'après un incendie dont on ne pouvait déterminer la durée et qui avait
eu une aussi grande force, il ne devait rien rester. Je me
trompe, il est resté quelque chose. La flamme était entraînée
par le courant d'air qui venait de la cheminée vers la façade
de la maison ; vers le fond de la chambre à coucher est resté
un débris du tapis : tableaux, livres, tout ce qui était sur le
lit a été consumé. L'incendie ne s'est arrêté qu'à la laine du
dernier matelas. Là n'était pas toute la force de l'incendie,
elle était au milieu de la chambre où se trouvaient amoncelées
en partie ces richesses si lentement amassées par M. Ardisson.
En cet endroit le parquet était brûlé, les poutres étaient en
charbon. Dans un coin également le parquet était brûlé et les
poutres consumées ; c'est que là des tableaux avaient été posés
les uns sur les autres et avaient donné un aliment à l'activité
de l'incendie ; on conçoit en effet avec quelle facilité brûlent
de vieux cadres et des toiles couvertes de vernis. Là, le feu
avait non-seulement dévoré les tableaux, mais brûlé le parquet et calciné les poutres.

« Mais voilà qu'une chose se découvre ; on apprend que
M. Ardisson a loué un appartement dans le voisinage du Jardin-des-Plantes. Cet appartement, M. Ardisson l'a loué seulement sous son prénom d'Amédée. Que veut dire ceci ? C'est
sans doute une cachette qu'il a destinée aux objets qu'il a
soustraits de l'incendie. On lui en demande compte, et il le
donne. Le prénom d'Amédée, il a habitude de le prendre :
« Je suis membre, ajoute-t-il, d'une société d'horticulture.
« Je voulais suivre les cours au Jardin-des-Plantes ; j'avais be-

« soin d'un pied à terre, et alors (il y a trois ans de cela)
« j'ai loué une chambre dans les environs (1). Ce projet de
« suivre des cours, je l'ai abandonné, je n'en ai pas suivi;
« mais la chambre m'est restée. J'avais acheté une maison de
« campagne à Marly; j'ai acheté des meubles, voici les factu-
« res des marchands; j'en ai acheté d'autres dans des ventes,
« en voici des bordereaux. Ces meubles encombraient mon
« vestibule; au bout de quatre ou cinq mois, le propriétaire
« m'a dit qu'ils ne pouvaient pas rester là; alors j'ai donné
« congé de ma chambre, j'ai loué en place un petit apparte-
« ment où j'ai déposé ces meubles en attendant. » — Parmi
tous les objets trouvés dans cet appartement, y en a-t-il un seul
qui fasse partie des objets assurés? Il y avait des tableaux dans
cet appartement, y en a-t-il un seul qui fasse partie des tableaux assurés? M. Henry déclare qu'il n'y en a pas un seul;
un autre expert déclare qu'il y en a un qui offre une grande
analogie avec un des tableaux décrits dans le catalogue des tableaux assurés. Il y a dans le catalogue une fête flamande,
et dans le petit appartement on a trouvé une fête flamande.
Mais est-ce qu'il n'y a pas mille tableaux représentant des
fêtes flamandes! On interroge des experts sur la valeur des tableaux trouvés dans le petit appartement. Ils valent, répon-
dent-ils, 3 fr. les uns, 15, 20, 30 fr. les autres; les tableaux
assurés valaient 1,500 fr., 3,000 fr., quelques-uns même d'entre eux étaient évalués 10,000 fr. On interroge les personnes
qui connaissaient la collection de tableaux de M. Ardisson. On
leur dit que des tableaux ont été retrouvés dans un appartement secret, que ces tableaux faisaient partie de ceux qu'on
avait assurés. Ces personnes les examinent, et répondent :
« Non, jamais M. Ardisson n'a eu chez lui de pareilles croû-
« tes; il n'a jamais eu que de bons tableaux. » Personne né peut
s'y tromper, et accepter pour les tableaux assurés 3,000 fr.,

(1) L'assurance avait été faite en 1826, et l'appartement avait été loué
en 1831.

4,000 fr., 10,000 fr., cette fête flamande d'une valeur de 30 fr., ces tableaux de 10 fr., de 3 fr.

« Ainsi, vous le voyez, les compagnies d'assurance ont vainement employé tous les moyens. En dépit de tous leurs efforts, malgré leurs investigations, les recherches des agents de leur police, elles ont été dans l'impuissance de prouver un seul des faits qu'elles avaient articulés, une seule des soustractions dont elles avaient accusé M. Ardisson.

« C'est alors, messieurs, que, à la date du 9 janvier dernier, est intervenue une ordonnance de non-lieu dont je lis seulement le dispositif :

« Attendu que de l'instruction ne résultent aucunes charges
« contre le sieur Ardisson d'avoir incendié, en décembre mil
« huit cent trente-trois, les collections de tableaux, objets
« d'art, d'ouvrages littéraires, d'ouvrages et d'instruments de
« musique, et les autres valeurs mobilières comprises dans le
« contrat d'assurance qu'il a passé en mil huit cent vingt-huit
« avec la compagnie du Phénix, ni d'avoir détourné aucune
« partie des dites collections ou valeurs avant l'incendie qui les
« a détruites dans la nuit du 27 au 28 du dit mois de décembre ;

« Attendu que *les manœuvres pratiquées envers les domesti-*
« *ques du sieur Ardisson et d'autres personnes*, par le sieur Ar-
« ragon et ses agents, et *les fausses déclarations faites par l'un*
« *des domestiques du sieur Ardisson dans le cours de la présente*
« *instruction criminelle*, ne constituent pas les crimes de faux té-
« moignages et de subornation de témoins, tels qu'ils sont
« qualifiés et punis par la loi pénale ;

« Disons n'y avoir lieu à suivre sur les plaintes respectives
« des sus nommés et ordonnons que les tableaux saisis seront
« restitués au sieur Ardisson.

« Fait à la chambre du conseil, le 9 janvier 1835.

« *Signé :* Theurier, juge, Dieudonné, juge d'instruction, et
« Vanin de Courselle, juge suppléant. »

« Je n'ai pas besoin d'entrer dans tous les détails de l'instruction. Les compagnies d'assurance ont été forcées d'accepter la chose jugée. L'affaire a été terminée à leur honte ; elle l'a été, non faute de preuves et d'indices suffisants, mais parce que, à l'appui de leur plainte, elles n'avaient fourni aucun indice de culpabilité.

« Cependant, messieurs, une plainte portée par M. Ardisson avait devancé la plainte des compagnies : c'était une plainte en subornation de témoins. La subornation de témoins est constante ; elle est avouée, reconnue par les magistrats, par l'ordonnance de la chambre du conseil. Pourquoi donc ceux qui ont suborné ne sont-ils pas punis ? Eh quoi ! des déclarations fausses, mensongères, auront été arrachées à des témoins ; la subornation sera reconnue, et l'accusation demeurera impuissante ! Il faut gémir s'il en est ainsi, et cependant il en est ainsi : il est passé en jurisprudence qu'il n'y a de témoignage que ceux qui sont apportés à l'audience au dernier acte d'un procès criminel, lorsque la condamnation de l'accusé devient imminente devant des juges ou des jurés : c'est là seulement que le crime de faux témoignage peut être commis. Aussi la plainte en subornation de témoins a-t-elle été écartée.

« Il restait une ressource à M. Ardisson. Il est impossible que la loi laisse ainsi un homme exposé aux coups de ses ennemis sans lui offrir une satisfaction, et cette satisfaction, elle se trouve dans l'article 372 du Code pénal. M. Ardisson a assigné devant vous les compagnies d'assurance, conformément à cet article, en dénonciation calomnieuse.

« Je sais qu'il y a dans cette matière une distinction à faire. Je reconnais moi-même qu'un homme peut s'être trompé en en accusant un autre. Il a pu être abusé par des indices graves, sérieux et de nature à tromper les personnes les plus honorables. L'accusateur, dans ce cas, doit être dégagé de toute poursuite. Il peut encore se présenter une seconde classe de dénonciateurs, c'est celle des dénonciateurs qui agissent trop légèrement, trop témérairement. Leur dénonciation examinée est reconnue n'avoir pas été appuyée de preuves : il n'y a pas d'indices suffisants, un homme raisonnable ne devait pas s'y laisser prendre ; mais enfin il n'y avait pas mauvaise foi. Le dénonciateur, dans ce cas, devra supporter la responsabilité de sa légèreté, de sa témérité. Il y aura contre lui ouverture à une action civile et non à une action correctionnelle.

« Il est une troisième classe de dénonciateurs, et celle-là est soumise à la juridiction correctionnelle : c'est celle des hommes qui, lâchement, de mauvaise foi, dans le dessein bien arrêté de nuire, ont porté une dénonciation qu'ils savaient mal fondée ; qui, pour satisfaire aux intérêts de leur haine, de leur vengeance et surtout de leur cupidité, ont cherché à perdre un homme. Ceux-là ont commis un crime effroyable qui ne peut rester impuni, que nos lois n'ont pas laissé impuni.

« Faudrait-il maintenant nous arrêter dans notre juste plainte devant le singulier moyen bégayé aujourd'hui en faveur des compagnies à votre audience même? Que dites-vous! Vous n'avez accusé un homme d'être un voleur, un incendiaire, que dans une note confidentielle faite pour un procès civil, tandis que votre main a rayé ce mot *arbitrage* qui déterminait la nature du procès! Vous dites que vous ne l'avez pas fait pour aggraver sa position! Et c'est vous qui l'avez traîné en justice sous le poids de votre plainte! et c'est au procureur du roi que vous, ses accusateurs, vous remettez cette note confidentielle…! Misérable excuse, qui doit disparaître du procès! Conséquentes avec leurs déplorables habitudes de chicanes et de tracasseries, les compagnies d'assurance se sont déterminées aux dernières extrémités : dans l'espoir de se soustraire à l'obligation de payer 560,000 francs, elles se sont condamnées à un scandale inouï jusqu'à présent, et qui heureusement, j'en ai la conviction, amènera pour nos adversaires de sévères leçons et une réparation éclatante.

« Il y a au monde un homme d'une nature indélicate et grossière, auquel la science du bien et du mal est complètement inconnue, qui commet une mauvaise action sans le savoir, sans remords, sans en rougir ensuite, car il ne comprend pas la portée de ce qu'il fait. Cet homme, c'est M. Arragon, agent d'affaires. Eh bien! cet Arragon est l'agent de la compagnie d'Assurances générales, son agent immédiat, son homme de confiance, chargé de suivre toutes ses affaires. C'est à ses mains (quelles mains, grand Dieu!), c'est à ses mains qu'on a confié le sort de tous les malheureux assurés qui ont eu foi dans la probité de la compagnie d'Assurances générales S'agit-il d'apporter des primes à la compagnie, ou de toucher des dividendes, cela regarde six ou huit personnes honorablement connues, ayant un nom en crédit ; s'agit-il de sinistres à réparer, d'assurances à réaliser, la compagnie disparaît ; ces hommes, dont le nom seul était une garantie, disparaissent aussitôt : ces hommes ne sont plus là ; mais, tout au fond des bureaux, dans le coin le plus obscur des bureaux, se trouve un homme qu'on appelle l'agent du contentieux. C'est cet homme qu'on met en rapport avec l'assuré ; c'est avec cet homme que désormais l'assuré aura à se débattre ; c'est désormais cet homme qui, avec tous les moyens possibles, bons ou mauvais, qui, avec des moyens de bonne ou de mauvaise police, va tracasser sa vie, empoisonner son existence, lui susciter chicanes sur chicanes, le mettre sous le poids d'odieuses préventions, le diffamer en tous lieux, et le perdre, s'il peut y parvenir.

« Cet homme est donc intimement lié à la compagnie d'Assurances générales. Il est son mandataire, son homme de confiance. La compagnie n'en a pas d'autre. C'est sur lui que repose l'avenir de la compagnie, sur ce bon M. Arragon, avec ses chicanes, ses procès, ses infamies. La compagnie du Phénix n'est pas aussi intimement liée avec ce bon M. Arragon ; mais, dans la circonstance actuelle, il est spécialement chargé par la compagnie du Phénix de suivre le procès contre M. Ardisson.

« La compagnie du Phénix se tiendra désormais pour avertie. Elle saura à qui elle a affaire, quel est l'homme qu'elle a employé, mis en avant, qu'elle a chargé de ses pouvoirs. Elle ne les lui remettra jamais à l'avenir, alors que la compagnie d'Assurances générales sera toujours heureuse et fière d'approuver tout ce qu'a fait M. Arragon, le plus intime de ses amis, le plus cher de ses employés.

« Que va faire M. Arragon ? Le voilà chargé d'avoir raison de M. Ardisson ; il faut qu'il obtienne quelque chose de ce procès. Que va-t-il faire ? Il commencera par faire circuler le bruit que M. Ardisson est un voleur, un incendiaire. Ce sera bientôt le bruit public. Il le répand partout, il le nourrit, le fait grossir, le colporte, et le fait colporter non-seulement chez tous ceux qui connaissent M. Ardisson, chez tous ceux avec qui il a eu des rapports et qu'il a employés, mais dans tout Paris, et, par des correspondants, dans la France entière. Voilà comme il fait et prépare la notoriété publique ; voilà comment l'opinion de la rue montera jusqu'aux salons, montera encore plus haut et viendra frapper les oreilles de la justice. Ce n'est pas tout : des experts sont nommés, ce sont des gens honorables. Arragon n'espère pas frapper leurs esprits par le mensonge ; mais il espère que des préventions adroitement semées prépareront quelques faiblesses. Ainsi M. Chevalier, célèbre chimiste, apprendra de lui que M. Ardisson a brûlé sa propriété trois mois seulement après s'être fait assurer. L'expertise est faite, et M. Chevalier, que je regrette beaucoup que vous n'ayez pu entendre à votre audience, demande à M. Ardisson : « Depuis combien de « temps êtes-vous assuré ? — Depuis treize ans, répond celui-ci. « —Depuis treize ans, est-il possible ? Vous vous trompez, « vous n'êtes assuré que depuis trois mois. La compagnie m'a- « vait dit que vous ne l'étiez que depuis trois mois. » Vous comprenez comment le mensonge avait frappé l'esprit de l'expert, comment il s'était dit : Voilà un homme qui n'est

assuré que depuis trois mois et qui a été brûlé, et qui réclame
600,000 fr. Il y a là une apparence de fraude, et l'esprit prévenu de l'expert, on l'espère du moins, verra tout en faveur
de la prévention, expliquera tout en faveur de la prévention.

« Ce n'est pas tout : les témoins sont circonvenus, et c'est
ici que se signale cette subornation que la loi ne peut punir,
mais qui démontre hautement la mauvaise foi de la dénonciation. M. Ardisson était servi par une cuisinière; ah ! mon
Dieu, j'aurais voulu, pour repousser des insinuations ignobles
faites à cette audience, qu'elle fût entendue devant vous.
Que fait-on ? on entoure cette femme d'agents inconnus ; on
l'invite à se rendre chez une femme Jeannette où elle trouvera
la sœur de cette femme qu'on lui dit récemment arrivée du
pays, et qui a des nouvelles à lui donner. « Venez ce soir
« même, » lui dit-on. Elle ne peut y aller, elle envoie à sa
place le domestique Casset, et celui-ci rapporte 200 francs.
Ces 200 francs, d'où viennent-ils ? C'est un inconnu qui les a
remis, répond-il, et il ajoute qu'elle en recevra bien d'autres.
Le premier mouvement de cette honnête fille, dont la probité
dans ce procès est hors de toute atteinte, est de refuser la
somme; mais elle fait réflexion qu'on lui doit de l'argent au
pays, qu'il est possible que cet argent en vienne; elle le reçoit.
Le lendemain cependant, elle va trouver Mme Jeannette et
s'en explique avec elle. Que lui dit-on ? « Votre maître a mis
« lui-même le feu. On veut avoir de vous des renseignements.
« Votre sort est assuré, vous n'aurez plus besoin de servir per-
« sonne. Vous devez savoir que tout n'a pas été brûlé, et qu'a-
« vant l'incendie votre maître a fait sortir un grand nombre
« d'objets de son logement. » On ajoute : « Si vous dites la
« vérité, c'est-à-dire cette vérité que je viens de dire, votre
« sort sera assuré, on vous donnera 10,000 francs, cela fait
« 500 francs de rentes; vous n'aurez plus besoin de servir per-
« sonne. » Voilà comme on procède, et ensuite, lorsqu'on se
présente devant la justice, on a le courage de dire : « Je n'ai
« demandé à cette fille que la vérité. » La vérité ! c'était celle

pendant, qu'il a 150 francs, qu'il va acheter un fonds de frui-
terie. D'où lui vient cet argent? Il lui est impossible de l'indiquer. Arragon, interrogé à son tour, répond que par les
agents de la compagnie il a fait toucher les loyers de cet
homme qui a une maison à la Ferté. Il déclare qu'il a reçu
des renseignements de ce domestique, que c'est lui qui lui a
indiqué la demeure secrète du Jardin-des-Plantes. Arragon
déclare qu'il tient ces renseignements de Casset. Ainsi voilà
un homme qui, de son aveu, a trahi son maître ; qui, réduit
à la misère et se faisant avancer un mois de gages, a 150 fr.,
et dont la femme doit en outre acheter un fonds de commerce. Est-ce la vérité que lui a demandée M. Arragon, ainsi
qu'il ose le prétendre? Non, c'est le mensonge, c'est la calomnie. Quand un homme se laisse ébranler, quand la vue de
l'or le trouble et l'égare, ce n'est pas la vérité qu'on attend de
lui, c'est le mensonge, le mensonge pour perdre son maître.
Malheur à nous si la pauvre servante avait cédé comme Casset,
si son témoignage était venu corroborer le sien ! Peut-être la
justice, égarée par vos manœuvres, aurait-elle prononcé une
fatale condamnation !

« Cependant cet homme a démenti tout ce qu'il avait dit :
« J'ai été, a-t-il dit, obsédé par les mouchards. »

« Il existe un sieur Aubry, autrefois artiste peintre, neveu
de Bouton, et qui est aujourd'hui pâtissier (mon adversaire
qui sourit pourra faire là-dessus toutes sortes de plaisanteries);
cet Aubry avait été chez M. Ardisson, il connaissait avec détail toutes ses collections. On va trouver cet Aubry, et qui
lui dépêche-t-on? C'est un sieur Bonnet, chassé de la police,
dont il était autrefois agent, et qui a été jugé indigne de l'être.
Cet homme, M. Arragon prétend aujourd'hui qu'il ne le connaît pas. « Je ne saurais pas, nous dit-il, mettre ce nom sur
« une figure. » Cependant, dans l'instruction, il a déclaré qu'il
avait plus d'une fois employé cet homme : c'est évidemment
un de ses agents, de ses employés, de ses affidés. M. Bonnet va

dire à Aubry que les compagnies d'assurances savent que
M. Ardisson a détourné une grande partie des objets qui
composaient ses collections, et que si on peut avoir des renseignements, si on peut le prouver, il y a 25,000 fr. à gagner.
Que voulait-on dire par là? Quel genre de subornation es-
sayait-on sur Aubry? Il est facile de l'apprécier. Godschal,
autre agent de police, également chassé, également passé au
service des compagnies, tenait aussi le même langage.

« Le 21 avril, un autre fait non moins important se passe,
et je n'ai voulu le signaler qu'après avoir énuméré ces preuves
sur la moralité des compagnies d'assurances. M. le préfet de
police reçoit une lettre anonyme ainsi conçue :

« Monsieur le préfet,

« Je ne puis me dispenser, dans le bien public, de vous in-
« former que dans la maison de M. Ardisson, à Marly-la-
« Ville, au-dessous de Louvres, il y a une assez grande quan-
« tité de fusils et pistolets *resserrés dans des caisses, et qui ont*
« *été amenés depuis plusieurs mois.* Pardon, monsieur le préfet,
« si je garde l'anonyme, ma position l'exige. »

« On sortait des troubles d'avril, la position était délicate.
M. le préfet reçoit cette dénonciation. S'éloignant des règles
de la légalité, que, dans certains moments, on ne peut pas
respecter toujours, il donne un mandat de perquisition. On
envahit la maison de M. Ardisson, à Marly-la-Ville. On la
saccage en son absence, les portes sont brisées; on cherche
partout : je ne puis vous dire jusqu'où l'on cherche. Que cher-
chait-on? Des caisses d'armes, on cherchait en même temps
des tableaux. Il s'était glissé là des agents à mission secrète,
avec les agents chargés d'une mission officielle. Qui, en effet,
aurait pensé à dénoncer M. Ardisson, l'homme le plus inoffen-
sif du monde, qui, dans toute sa vie, ne s'est pas mêlé un instant de politique? Qui avait songé à le dénoncer? Les compagnies! Elles seules y avaient intérêt.

« Voyez ce qui se passe ensuite de la part des compagnies :
la fille Eugénie, cette cuisinière qu'on n'a pu corrompre,
retourne chez sa compatriote, la femme Jeannette, pour
leur annoncer qu'elle porte les 200 fr. chez le commissaire de
police ; elle y retrouve Désy et lui reproche ce fait, qui consiste à avoir dénoncé M. Ardisson comme ayant des caisses
d'armes cachées à Marly. « Il n'y a rien d'étonnant ; tous les
« jours on dénonce une chose pour en découvrir une autre.
« C'est en cherchant qu'on trouve, répond celui-ci. » Vous
voilà pris sur le fait. Vous l'aviez dénoncé, vous saviez qu'il
était innocent, et cependant vous l'exposiez à des poursuites
pour en venir à vos fins. Lorsque la perquisition est terminée,
que fait M. Arragon ? Il va chez le commissaire qui en a été
chargé, et lui demande des nouvelles : « Qu'a-t-on trouvé ?
« lui dit-il, a-t-on trouvé quelque chose ? » Ah ! voilà bien
l'auteur de la dénonciation! Voilà bien l'homme qui, par
cette indigne dénonciation, a sollicité des ordres, des ordres
trop sévères sans doute, qui a fait saccager la maison, afin
de faire triompher sa dénonciation.

« Ces manœuvres-là ont été flétries par de nobles et éloquentes paroles ; je ne veux point rivaliser avec elles ; je me
bornerai donc à vous lire un passage du réquisitoire de l'organe du ministère public chargé de suivre contre nous. Ce
magistrat l'a fait après avoir examiné l'instruction si longue,
si consciencieuse. Voici le passage dans lequel il exprime les
inspirations qu'il en a reçues :

« Ceux des témoins qui l'ont approché (dit le réquisitoire
« en parlant de M. Ardisson), ceux qui ont vécu dans son
« intimité, rendent hommage à la bonté de son cœur, à la
« régularité de ses mœurs, à son désintéressement personnel,
« à la générosité de ses actions et à la noblesse de ses sen-
« timents.

« Ceux des témoins qui l'ont vu aux prises avec les agents
« des compagnies, dans les contestations que le règlement des

« dommages a fait naître, ont été touchés de sa franchise
« et de sa bonne foi. Leurs suffrages sont aussi honorables
« pour lui que sévères pour ses adversaires.

« Les accusateurs du sieur Ardisson paraissent avoir été
« constamment dominés par l'idée d'une responsabilité per-
« sonnelle qui devait mettre obstacle à ses réclamations con-
« tre les compagnies. Ils n'en pouvaient saisir les éléments
« nulle part; aucun fait, aucun indice ne la manifestait. Au
« lieu de reconnaître son innocence en l'absence de toutes
« preuves, de toutes présomptions de culpabilité, ils l'ont
« mis *dans leur propre imagination* en prévention de détourne-
« ment et d'incendie. Sous l'influence de ce préjugé, ils ont
« cherché des preuves, ils se sont adressés à ses domestiques,
« *ils ont organisé autour de lui, non l'espionnage, mais la déla-*
« *tion, la corruption des témoignages.*

« Le signataire de la plainte, le sieur Arragon, a été l'agent
« principal de cette combinaison.....

« Le sieur Arragon a entrepris de justifier *ses honteuses ma-*
« *nœuvres* par la nécessité où se trouvent les compagnies d'as-
« surances de se défendre contre des spéculations criminelles
« dont elles sont les victimes. *Il s'est fait un système de ce mode*
« *d'investigations intéressées et dangereuses qui usurpent les pré-*
« *rogatives des pouvoirs publics,* et, sous prétexte de l'insuffi-
« sance des garanties du droit commun, *substituent à l'action*
« *vigilante et impartiale des officiers de police judiciaire, une in-*
« *quisition outrageuse, vexatoire et sans responsabilité.*

« Les auteurs de ce système peuvent dire qu'ils ne cherchent
« que la vérité, mais *l'immoralité des moyens autorise à douter*
« *de la moralité du but,* et quand même les intentions seraient
« pures, *les moyens ne conduiraient le plus souvent qu'au men-*
« *songe, aux délations calomnieuses et aux faux témoignages.*

« La loi a des peines sévères contre les faux témoins et les
« suborneurs; mais *la jurisprudence ne considère pas comme de*
« *faux témoignages les déclarations faites dans une instruction*

« *criminelle*, et le crime de subornation n'existe qu'autant
« qu'il y a faux témoignage.

   « *Le ministère public est désarmé* contre les désordres que
« nous avons signalés, *il les abandonne à l'improbation des ma-*
« *gistrats et aux flétrissures de l'opinion* (1) ! »

   « Après de si éloquentes paroles, reprend Mᵉ Chaix-d'Est-
Ange, je n'ai plus rien à ajouter. De pareils excès ne resteront
pas sans réparation. Si la loi est impuissante à punir la subornation dont nous nous plaignons, cette subornation, demeurée
constante au procès, servira à démontrer l'odieuse mauvaise
foi des hommes que nous poursuivons aujourd'hui. Elle dé-
montrera que leur dénonciation, appuyée d'aussi infâmes manœuvres, est une dénonciation calomnieuse, faite méchamment, de mauvaise foi ; qu'elle a été faite pour ne pas payer la
somme qu'on devait ; que, pour arriver à ce but, on n'a pas
craint de mendier de faux témoignages en risquant de faire
périr un innocent.

   « Je vous en supplie, messieurs, saisissez le cas qui se présente, et qu'un éclatant exemple vienne mettre un terme à ces
honteuses manœuvres. Je vous en supplie, messieurs, ne laissez
pas cette ignoble police d'agents chassés de la police de Vidocq
et trouvés indignes de figurer dans ses bandes, ne laissez pas
cette infâme police envahir nos maisons, circonvenir nos ser-
viteurs, souiller la foi du serment et corrompre les témoignages. Ne laissez pas la calomnie, usurpant vos fonctions,
prenant nos formes judiciaires, instruire à elle seule, instruire
à prix d'or les accusations criminelles, dresser des échafauds
peut-être ; ne laissez pas étendre sa main impie jusque sur le
glaive de la justice ! »

---

   (1) Le réquisitoire dont ce passage est extrait a été rédigé par M. le
substitut Poinsot.   (*Note du rédacteur.*)

IV. PLAIDOYER DE Mᵉ BERRYER.

Mᵉ Berryer, avocat de M. de Gourcuff, directeur de la compagnie d'Assurances générales, prend la parole en ces termes :

« MESSIEURS,

« Si je suivais la direction qui a été donnée à cette discussion par le défenseur de M. Ardisson, je m'exposerais, je crois, à plaider devant vous une ou deux causes que vous ne devez juger ni l'une ni l'autre. C'est ainsi qu'on vous a assez largement occupés de détails qui ne peuvent avoir qu'un objet, qui n'ont d'autre intérêt dans la discussion que de savoir quelle peut être l'étendue du dommage qui a été éprouvé par le sieur Ardisson, et par conséquent la quotité des sommes qui doivent être payées par les deux compagnies.

« Je ne chercherai point à répondre aux articulations si positives, si solennelles qui ont été données sur ces évaluations, sur la composition de ce superbe mobilier, sur les recherches savantes et intelligentes de M. Ardisson. Je laisse à son avocat le plaisir d'avoir saisi une occasion de faire de lui un magnifique éloge ; je ne veux pas le troubler dans ce moment de triomphe.

« Quant à l'autre partie de la cause, qu'on a fait reposer sur certains faits, sur la manière dont quelques renseignements ont été sollicités, obtenus, discutés, produits, je m'abstiendrai encore de son examen. Il s'agirait ici de faits qui ont été l'objet d'une plainte portée par M. Ardisson avant qu'aucune plainte ne fût portée contre lui par les compagnies, plainte sur laquelle la chambre du conseil a statué. C'est une branche parasite qu'il faut écarter de la contestation actuelle. Mon adversaire me pardonnera de ne pas répondre à tout ce qu'il a dit sur ce chapitre étranger à notre cause.

« J'arrive à la seule question du procès, à celle de savoir s'il y a ou s'il n'y a pas une dénonciation calomnieuse que l'on puisse imputer à la compagnie d'Assurances générales, et qui puisse motiver une condamnation dans les termes de l'article 373 du Code pénal.

« Mon adversaire, bien certainement, n'a pas fait confusion entre les différentes causes qui peuvent être pendantes entre les parties et celle que vous devez juger. Il ne s'est embarrassé de ces différents procès, il n'en a paru confondre l'intérêt et les faits, il ne s'est attaché à toutes ces allégations diverses, que pour saisir heureusement dans quelques parties de sa plaidoirie plus d'une occasion qui lui a semblé favorable de déclamer contre les compagnies d'assurances en général.

« L'occasion a été avidement saisie : on vous a présenté ces compagnies comme une sorte d'association d'hommes haineux et malfaisants, corrompus et corrupteurs, une sorte de peste publique à vrai dire ; on a emprunté les expressions de je ne sais quelle servante qui a figuré dans une instruction ; les mots de *filous* et de *brigands* ont retenti ingénieusement dans la plaidoirie de mon adversaire.

« La composition même de ces compagnies, si elle eût été mieux connue de celui qui les a attaquées, lui aurait peut-être fait comprendre qu'il est difficile d'admettre, quand on reste dans le vrai, qu'il puisse y avoir au sein de telles compagnies des hommes contre lesquels il soit permis de se livrer à des animosités personnelles, à des qualifiations injurieuses dont on a été si prodigue.

« Le conseil d'administration de la compagnie d'Assurances générales, sans l'avis duquel on ne fait rien, dans le sein duquel tous les actes d'administration sont délibérés, se compose de MM. de Gourcuff, directeur ; Mallet frères ; Bartholdi ; Rousseau, ancien notaire ; Martin d'André, ancien président du tribunal de commerce ; Tarbé, administrateur des domaines ; Eugène Debray ; Trubert, ancien notaire, etc. Voilà, pour la compagnie d'Assurances générales, le conseil d'administration qui prend ou approuve toutes les décisions de la compagnie ; voilà cet amas de *filous* et de *brigands*, d'*hommes corrupteurs* et *corrompus dont on vous parlait tout-à-l'heure.*

« La compagnie du Phénix a pour directeur M. Pallard. Le conseil d'administration se compose de MM. Jourdan, directeur des finances ; Dubois, ancien préfet de police ; Neigre, pair de France ; Pothier, propriétaire ; de Montesquiou, député ; David, ancien consul à Smyrne ; de Boissieu ; Dumanoir ; le général Tholozé, commandant de l'école Polytechnique, etc.

« Indépendamment de ce qu'il y a de rassurant dans la situation particulière de chacun des membres de ces deux conseils d'administration, le tribunal va être convaincu que l'organisation des compagnies repousse jusqu'au fond même de notre procès, c'est-à-dire jusqu'à la suspicion qu'il puisse y avoir eu dénonciation calomnieuse de leur part, attendu, comme l'a fort bien dit notre adversaire, qu'il faut qu'une dénonciation soit entachée de sentiments de haine ou de vengeance, pour avoir le caractère de dénonciation calomnieuse.

« Or, les compagnies d'assurances sont des sociétés anonymes ; elles se composent d'actions au porteur, passant chaque jour de main en main, et changeant par conséquent de titulaires. Ces sociétés anonymes sont représentées par un conseil d'administration, composé comme je viens de le dire. On y fait entrer des hommes sages, désintéressés. Voilà les hommes qu'il faudrait supposer animés de sentiments personnels, haineux, coupables, vindicatifs, pour admettre qu'ils aient pu intenter une accusation hasardée.

« Les compagnies d'assurances élèvent parfois des contestations ; elles ne paient pas toujours et sans examen toutes les réclamations qui leur sont adressées par les assurés qui ont éprouvé des sinistres, et l'on en conclut que les compagnies ne paient jamais les sinistres. Eh bien ! depuis son existence, la compagnie du Phénix a payé pour 21,000,000 de sinistres ; la compagnie d'Assurances générales a payé 15 à 16,000,000 de francs ; et malgré cela on semble avoir voulu persuader au public que les compagnies reçoivent des primes et ne paient pas les sinistres.

« Les compagnies n'accueillent pas toutes les réclamations des assurés ; c'est un droit fort légitime. Il arrive même que le directeur, après avoir pris l'avis du conseil d'administration, porte des plaintes. C'est leur droit ; ce n'est pas seulement leur droit, c'est un devoir impérieux, imposé à toutes ces sociétés publiques qu'a autorisées le gouvernement.

« Certainement, un établissement aussi utile en lui-même deviendrait un fléau public s'il avait pour effet de jeter le désordre dans la société, en favorisant les spéculations criminelles de ceux qui incendieraient leurs propriétés après les avoir fait assurer. Aussi les conseils d'administration, dès qu'ils éprouvent des doutes sur la sincérité des faits, dès qu'il peut y avoir incertitude sur la question de savoir si l'incendie qui a éclaté au milieu de la cité n'est pas le résultat d'une manœuvre coupable, d'une industrie criminelle, les conseils, dis-je, doivent provoquer une sévère investigation de la justice : sans cela, de telles institutions deviendraient un fléau pour les propriétés, bien loin d'en être la garantie. C'est non-seulement un droit, mais un devoir d'y apporter de la vigilance, de remonter aux causes de l'incendie, de signaler à la justice, dans de pareils événements, toutes les circonstances propres à exciter de légitimes suspicions.

« Je crois avoir fait une réponse suffisante à ces déclamations jetées au hasard contre l'avidité de ces compagnies qui, comme vous le voyez, ont en peu d'années payé l'une 16,000,000 l'autre 21,000,000 de francs. Vous jugerez si elles peuvent faire d'immenses bénéfices. Quand on descendra dans la situation de chacune des compagnies, à cette époque où l'art de se faire assurer à un taux exorbitant est malheureusement trop avancé, on verra que la situation de ces compagnies n'est pas si magnifique dans ses résultats, et ne doit pas être un objet d'envie.

« Cela dit sur le caractère des deux compagnies, j'arrive à

la cause même. Lorsqu'un incendie éclate et qu'il y a un sinistre à payer, la compagnie examine quelles sont les circonstances de l'incendie; on fait une sorte d'enquête populaire pour savoir quelles sont les circonstances au milieu desquelles le désastre est survenu. Souvent on ne peut en connaître les causes dans le premier moment; on multiplie les recherches, on s'efforce de pénétrer le mystère dont ces sortes d'accidents sont toujours enveloppées, car l'incendie, au moment où il se développe, détruit lui-même les traces des causes qui l'ont fait naître; l'incendie dévore l'instrument même qui l'a occasioné, et il est le plus souvent très-difficile de remonter à la source.

« Voyons l'affaire actuelle. M. Ardisson s'était fait assurer en 1828 ; M. Ardisson avait présenté à inventorier des valeurs mobilières, des tas de livres, des masses de musique, une grande quantité de tableaux ou d'objets d'art. Tout ce mobilier, dont la nomenclature compose plusieurs inventaires avec l'évaluation des objets, est par lui présenté à la compagnie d'assurances du Phénix, laquelle s'associe pour moitié à la compagnie d'Assurances générales; une police d'assurances est dressée.

« Il n'est pas sans quelque intérêt de dire que tout ce mobilier était distribué dans deux appartements situés l'un aux premier et troisième étages d'une maison rue de Cléry, n° 25, l'autre au troisième étage, rue du Sentier, n° 9.

« Peu de temps après, à la fin de la même année 1828, M. Ardisson se présente et déclare qu'il a fait transporter les objets garantis par la police d'assurance du 8 juillet 1828 dans son nouveau domicile, actuellement établi rue du Temple, n. 102, aux premier et deuxième étages, donnant sur la rue du Temple et dans un corps de bâtiment en retraite. Ainsi, il résulte de l'état matériel de ces valeurs mobilières dans l'origine, qu'on devait penser que toutes les richesses distribuées lors de la première police rue de Cléry et rue du Sentier, devaient occuper plusieurs pièces dans la rue du Temple,

« Cependant l'incendie éclate dans la nuit du 27 au 28 décembre 1833. On apprend que presque toutes les richesses mobilières transportées rue du Temple, n. 102, ont été entassées dans une seule pièce au lieu d'être divisées en trois parties distinctes. La compagnie d'Assurances générales est étonnée de voir que la plus grande partie de ce mobilier, qui devait être ainsi distribué dans des pièces spacieuses, était amoncelée dans une seule. M. Ardisson, ce fut son premier mot vis-à-vis des pompiers, évaluait 1,500,000 francs ce qui avait péri dans une seule chambre. Nous allons voir tout à l'heure le détail des objets ; il résulte de leur nature même que tout répugne à l'idée de la combustion totale d'une si grande masse d'objets mobiliers pendant le temps qu'a duré l'incendie.

« D'autres circonstances encore frappent l'attention de la compagnie : les recherches se multiplient, on va aux enquêtes de côté et d'autre ; on recueille des faits. Le procès est engagé devant des arbitres pour repousser la réclamation énorme de 566,000 francs formée par M. Ardisson contre les deux compagnies ; on veut faire entendre des témoins, on recueille de toutes parts des documents.

« Au mois de juin 1834, M. Ardisson porte plainte contre l'agent de la compagnie d'Assurances générales pour raison de subornation de témoins.

« Comme la conduite de la compagnie a été naturelle, comme ses recherches ont été faites de bonne foi, la compagnie ne se laisse pas arrêter par ces menaces de plainte de M. Ardisson. Un mois après, ayant recueilli de nouveaux faits, elle porte plainte contre M. Ardisson pour avoir lui-même incendié les objets qu'il avait fait assurer.

« La plainte est l'objet de l'action intentée aujourd'hui en dénonciation calomnieuse ; les termes en ont été lus au commencement de cette audience par M. le président, vous avez pu juger combien cette plainte officielle est exempte de toute exagération de langage.

« La plainte portée, l'instruction commence, le magistrat

qui en est chargé attache quelque importance à cette affaire, et s'en occupe avec une grande activité. Il demande à M. Arragon, l'agent de la compagnie, quels sont les documents qu'il a pu obtenir pour mettre sur la trace des faits.

« M. Arragon explique à M. le juge d'instruction qu'il n'a rien de préparé pour le procès actuel ; mais qu'il avait dressé pour les arbitres une note indicative de différentes circonstances très-remarquables sur lesquelles les arbitres pourraient interpeller les témoins. Le juge d'instruction répond : « Envoyez-« moi cette note. » M. Arragon envoie à M. Dieudonné la note qui n'avait été dressée et préparée que pour l'arbitrage. C'est ainsi que cette pièce sans signature et purement confidentielle est parvenue entre les mains du juge d'instruction.

« Y a-t-il dénonciation calomnieuse dans la note qui articule positivement que M. Ardisson a mis le feu en s'introduisant dans la chambre à neuf heures du soir, le 27 décembre, avec un flambeau qu'il a laissé tout allumé au milieu de la masse de paniers d'osier remplis de livres et de musique qui formaient un amas énorme au milieu de la chambre à coucher? Y a-t-il dénonciation calomnieuse dans le dépôt, soit de la plainte officielle, soit de la note confidentielle sans signature ?

« Si nous nous arrêtions aux termes rigoureux du droit, au texte formel de l'article 373 du Code pénal, combiné avec l'article 31 du Code d'instruction criminelle, je crois que nous pourrions dire avec quelque avantage que la qualification de dénonciation ne saurait être attribuée à une note informe, non signée et envoyée sous enveloppe. En effet, nous lisons dans l'article 373 du Code pénal :

« Quiconque aura fait *par écrit* une dénonciation calom-« nieuse contre un ou plusieurs individus, aux officiers de jus-« tice ou de police administrative, sera puni, etc. »

« Nous voyons dans l'art. 31 du Code d'instruction criminelle ce que le législateur entend et définit par dénonciation.

« Les dénonciations seront rédigées par les dénonciateurs
« ou par leurs fondés de procuration spéciale , ou par le pro-
« cureur du roi s'il en est requis; elles seront *toujours signées*
« par le procureur du roi à chaque feuillet et par les *dénoncia-*
« *teurs ou par leurs fondés de pouvoirs.* »

« Ces caractères ne s'attachent nullement à la note dont il
s'agit, et l'on n'y trouvait rien qui pût être qualifié légalement
de dénonciation avec la forme de plainte; s'il y a absence
même de dénonciation , ce fait repousse toute idée de dénonciation calomnieuse.

« Ceci est fondé sur les termes du droit , mais la jurisprudence est allée plus loin. On n'a pas toujours exigé pour constituer la dénonciation calomnieuse qu'il fût question d'une
plainte régularisée dans les termes de l'art. 31 du Code d'instruction criminelle. Mais , messieurs, c'est au fond du droit
qu'il faut nous arrêter.

« Y a-t-il dénonciation calomnieuse toutes les fois qu'un
fait étant dénoncé à la justice par une plainte plus ou moins
régulière, un individu devient l'objet d'une poursuite , et que
par l'instruction il ne se trouve pas que les faits soient vérifiés, qu'au contraire, il résulte de l'instruction que les faits
sont faux ? S'il en était ainsi , vous considèreriez qu'il deviendrait à peu près illusoire d'accorder aux citoyens menacés dans
leurs propriétés, dans leurs droits, la faculté de porter plainte ;
il faudrait en portant plainte contracter envers soi-même une
sorte d'engagement de faire reconnaître la sincérité des faits,
car si la trace du crime est perdue, si le fait dénoncé n'est pas
vérifié , il y aura inévitablement dénonciation calomnieuse.

« Il ne saurait en être ainsi : le particulier menacé , blessé
dans sa fortune ou frappé dans sa personne , peut porter une
plainte ; les faits dénoncés peuvent ne pas se trouver exacts ,
ils peuvent n'être pas complètement prouvés ; il peut ne résulter de l'instruction aucune charge contre le prévenu ; il n'en
résultera pas que celui qui, dans le cas d'une légitime récla-

mation, a porté plainte, doive être poursuivi **comme coupable** d'une dénonciation calomnieuse.

« Aussi trouvons-nous dans tous les monuments de la jurisprudence, comme dans l'ouvrage de M. Carnot et les criminalistes qui ont traité la matière, les véritables principes. C'est que toutes les fois que la plainte est inspirée par une autre pensée que celle d'un intérêt légitime à défendre ou d'un dommage à réparer, toutes les fois que la plainte n'est inspirée évidemment que par une pensée malveillante, haineuse, ou par la vengeance, comme disait tout à l'heure notre adversaire, la plainte n'étant plus qu'une mauvaise action, peut être déclarée calomnieuse. Mais quand il y a un intérêt légitime à défendre ou à protéger ; quand cet intérêt est excité par des circonstances qui semblaient présenter les traces d'un délit, il est évident qu'on ne peut imputer à crime la plainte portée, que la dénonciation ne peut plus avoir de caractère criminel.

« Remarquez, messieurs, que le plaignant se trouverait alors dans une situation plus fâcheuse que le diffamateur. Celui qui demanderait protection aux ministres des lois, aux organes de la justice, serait plus punissable que celui qui aurait publié ses griefs dans un écrit imprimé ou qui aurait fait retentir les journaux de ses craintes réelles ou supposées. C'est ce que vous ne pouvez admettre. Quiconque a éprouvé un tort par un crime ou un délit est tenu d'après la loi elle-même de le faire connaître à la justice, et s'il ne peut administrer toutes les preuves à l'appui de sa dénonciation, on ne saurait le réputer calomniateur.

« Ce n'est pas tout ; indépendamment de cet intérêt légitime, la compagnie avait le devoir de signaler à la justice des circonstances propres à mettre sur les traces d'un fait aussi criminel que l'incendie. La compagnie se voyait dominée par quelques-unes de ces circonstances qui pouvaient élever de légitimes soupçons. Voilà un homme qui s'annonce possesseur d'un magnifique mobilier, d'une riche bibliothèque, de tableaux rares, d'un tableau en mosaïque d'une valeur de 50,000 fr., d'une collection de musique de la main des maîtres eux-mêmes ; il a distribué dans deux maisons toutes ces magnificences ; peu de temps après il transporte dans un appartement, rue du Temple, n° 102, tout ce luxe dont il est amoureux, dont la conquête a été l'objet des soins de toute sa vie. Son avocat vous l'a montré tout à l'heure parcourant l'Italie au milieu des campagnes de 1796 et 1797, arrachant les plus précieux trésors aux tempêtes de la guerre, sauvant ainsi d'une destruction imminente les productions du génie. Eh bien! il est fort étonnant que quand l'incendie éclate dans une seule pièce, toutes ces richesses soient consumées à la fois dans une partie reculée des bâtiments et très-loin de la chambre qu'il occupe.

« Quand M. Ardisson vient vous dire que depuis cinq ans il n'avait pas eu le loisir de développer ses richesses, de les classer, de les distribuer dans ses différentes pièces, cela ne peut guère se concevoir ; cela prouve du moins qu'il ne tenait pas beaucoup à ces effets précieux qu'il avait ainsi entassés et exposés à tous les risques d'un tel amoncellement.

« L'incendie a duré une heure et demie avant que les pompiers arrivassent (1), il a fallu une heure et demie pour éteindre le feu. Quelle est donc la nature des objets ainsi consumés pendant trois heures d'incendie? Six mille volumes étaient, comme je l'ai dit, entassés dans une seule chambre ; il y avait deux mille cent quatre-vingt-six grandes partitions de musique, seize mille quatre cent cinquante morceaux de musique moins considérables, et soixante-treize méthodes ; le tout empilé dans des paniers d'osier. On a calculé que cette masse prodigieuse de livres et de papiers ne faisait pas moins de onze cent quarante-cinq pieds cubes. Eh bien ! malgré l'entassement et la pesanteur de ces objets, le feu a pu y pénétrer avec

(1) Il est évidemment impossible de déterminer cette durée; il faudrait savoir pour cela à quelle heure le feu a commencé. (N. du R.)

tant d'activité que le plancher a été complètement carbonisé ; ces volumes reliés, pressés les uns contre les autres, ne laissant point passer l'air dans leurs intervalles, n'auraient pas dû si facilement devenir la proie des flammes. Il y a plus, une énorme quantité de linge était enfermée dans les armoires, l'énumération en est fort longue dans l'inventaire, et le feu y a pris cependant de telle manière qu'il n'en reste plus rien. Tout cela donnait à penser que l'incendie n'était pas sérieux, qu'il y avait eu spéculation criminelle pour frauder la compagnie, en détruisant d'un seul coup tant d'objets resserrés dans un si petit espace. »

Ici Me Berryer reproduit les allégations de la dénonciation sur la position personnelle de M. Ardisson, sur la location du petit logement près du Jardin-du-Roi sous le simple prénom d'Amédée, et termine ainsi sa plaidoirie :

« Messieurs, au milieu de ces faits je respecte l'autorité de la chose jugée ; il n'y a point eu de charge pour établir que M. Ardisson fût l'auteur de l'incendie. Il ne s'agit en aucune manière de porter atteinte à la décision de la chambre du conseil (je ne pourrais revenir aujourd'hui sur ce point) ; mais on me permettra de dire que cette location secrète rue du Jardin-du-Roi, sous prétexte d'être plus à portée de suivre un cours d'horticulture qu'il n'a point suivi, devait frapper le directeur et le conseil d'administration de la compagnie. Une telle circonstance, jointe à l'amoncellement dans une seule chambre de tant d'objets à la fois, devait naturellement inspirer des soupçons. La révélation des faits ne peut constituer une dénonciation calomnieuse ; on ne peut appliquer les peines de l'art. 373 à une compagnie qui n'a fait qu'user de ses droits et accomplir ses devoirs.

« C'en est assez, à mon avis, pour faire repousser la plainte de M. Ardisson, qui s'est livré d'ailleurs à d'inutiles efforts pour confondre avec le procès actuel l'instruction qui a eu lieu contre M. Arragon sur la prétendue subornation de témoins. »

Mᵉ Delangle, avocat de M. Pallard, directeur de la compagnie du Phénix, établit qu'il n'y a point de cause plus simple. Elle n'a chargé M. Arragon de faire aucune plainte en son nom, ni de déposer aucune note quelconque. Cette compagnie, qui a payé pour 21,000,000 de sinistres, n'a perdu qu'un seul procès, à raison de la mission donnée momentanément dans le Midi à un sieur Voiron, qui a trompé sa confiance et celle des assurés.

V. RÉQUISITOIRE DU MINISTÈRE PUBLIC.

M. Godon, substitut de M. le procureur du roi, commence par écarter le chef de la plainte à l'égard de la compagnie du Phénix. Resteraient en cause le sieur de Gourcuff et M. Arragon. Il y a eu plainte et dénonciation formelle ; mais, en portant cette plainte, M. Arragon n'a agi que comme mandataire de la compagnie d'Assurances générales : le mandat a été reconnu. Il s'agit de savoir si cette dénonciation était calomnieuse.

M. l'avocat du roi établit que la compagnie était dans son droit en répondant à une plainte en subornation de témoins par une réquisition à la justice d'instruire sur le fait même de l'incendie : « Elle avait un intérêt extrêmement important, et une circonstance particulière pouvait exciter ses soupçons. M. Ardisson ayant déjà, rue du Temple, un appartement d'un prix très-élevé, a loué encore, dans un quartier éloigné, rue du Jardin-du-Roi, un autre appartement dont il n'a pas bien clairement expliqué la destination. Il avait loué cet appartement sous son prénom d'Amédée, c'est-à-dire sous un nom qui n'était pas faux relativement à lui, mais qui était faux relativement à tout le monde, puisqu'il n'était connu que sous le nom d'Ardisson. Il y avait déposé des meubles et des tableaux. Toutes ces circonstances ont dû frapper vivement l'esprit du directeur, et nous ne sommes pas étonné qu'il ait porté plainte devant le ministère public.

« Reste la dénonciation résultant d'une note sans signature, et qu'on ne peut regarder comme anonyme, puisque le sieur Arragon s'en reconnaissait l'auteur ; cette note contenait les faits les plus précis, les plus propres à établir que le sieur Ardisson avait volontairement mis le feu aux objets assurés ; mais cette note, présentée à l'appui de la dénonciation de la compagnie, n'est point la dénonciation elle-même. »

Par ces motifs qu'il développe, l'organe du ministère public conclut à ce que les trois prévenus soient renvoyés de la plainte.

VI. JUGEMENT.

Après les répliques de Mes Chaix-d'Est-Ange et Berryer, et une heure et demie de délibération dans la chambre du conseil, le tribunal a rendu le jugement dont voici le texte :

« En ce qui touche Jean-Jacques Pallard, attendu que Pallard est étranger aux actes incriminés et qu'en conséquence il ne pouvait être l'objet d'une poursuite en dénonciation calomnieuse ;

« En ce qui touche Casimir de Gourcuff et Louis-Etienne Arragon :

« Attendu qu'il ne paraît pas suffisamment établi que la dénonciation du 22 juillet 1834, signée par Arragon, comme mandataire de Gourcuff, agissant lui-même comme directeur de la compagnie d'Assurances générales, ait été faite méchamment et dans le but de nuire, et que par conséquent elle ne saurait constituer une dénonciation calomnieuse ;

« En ce qui touche Arragon :

« Attendu qu'il résulte des débats qu'Arragon a déposé volontairement au juge d'instruction une note écrite, sans date ni signature, note qu'il ne méconnaît pas et que Gourcuff dénie avoir autorisée, et dans laquelle Arragon impute à Ardisson : 1° d'être l'auteur de l'incendie qui a éclaté dans son domicile, rue du Temple, n° 102, dans la nuit du 27 au 28 décembre 1833; 2° d'avoir prémédité cet incendie; 3° d'avoir détourné une partie des objets précieux enfermés dans cet appartement et assurés par les compagnies générales et du Phénix, dans le but de se faire payer le prix d'assurance pour un sinistre non éprouvé ;

« Attendu que les faits sont calomnieux, et qu'au moment où Arragon les a dénoncés dans sa note, il ne pouvait, d'après même ses investigations, ignorer leur fausseté ; que c'est donc méchamment et dans l'intention de nuire que cette dénonciation a été déposé entre les mains d'un magistrat de l'ordre judiciaire ;

« Attendu que les faits qui ont précédé et suivi cette dénonciation établissent suffisamment que c'est spontanément que Arragon en a fait la remise, et qu'encore bien qu'une instruction fût commencée d'office, cette remise n'en constitue pas moins la dénonciation calomnieuse et par écrit, définie par la loi, d'où il suit qu'Arragon s'est rendu coupable du délit prévu par l'art. 373 du Code pénal ;

« Mais attendu que les circonstances de la cause permettent de faire l'application de l'art. 463 ;

« En ce qui touche les dommages-intérêts :

« Attendu que par le fait de la dénonciation d'Arragon, Ardisson a éprouvé un préjudice dont il est fondé à demander la réparation ;

« Par ces motifs, le tribunal renvoie Pallard et de Gourcuff des fins de la plainte, sans dépens ; et faisant application à Arragon des art. 373 et 463 du Code pénal,

« Condamne Arragon à 500 fr. d'amende ;

« Et, statuant sur les conclusions de la partie civile, condamne le dit Arragon à payer à Ardisson une somme de 3,000 fr. à titre de dommages et intérêts, et aux dépens faits à la requête de la dite partie civile ;

« Fixe la durée de la contrainte par corps à une année ;

« Ordonne que le présent jugement sera affiché, conformément à la loi, au nombre de cent exemplaires et aux frais du condamné. »

VII. APPELS DES PARTIES.

*(Cour royale, chambre des appels de police correction-
nelle. — Présidence de M. Jacquinot-Godard.)*

AUDIENCES DES 16, 20 ET 21 MAI 1835.

Sur l'appel réciproque des parties les débats se sont ouverts
le 16 mai. Une affluence énorme se pressait dans la salle étroite
où siége la Cour, et l'enceinte intérieure était complètement
envahie par MM. les avocats. Les plaidoiries, vives, ani-
mées, éloquentes, ont duré deux jours, mais n'ont eu à reproduire que les faits et les moyens plaidés en première instance.

L'organe du ministère public, M. Bernard, loin de partager l'opinion de M. le substitut du procureur du roi, a conclu
dans un sens tout opposé, après avoir lui-même interjeté appel à la barre contre M. de Gourcuff, directeur de la compagnie d'assurances, et *à minimâ* contre M. Arragon.

A l'audience du 21 mai, après les plaidoiries et le réquisitoire de M. le substitut du procureur du roi, la Cour s'est re-
tirée dans la chambre du conseil. La délibération a duré près
de deux heures. Alors la Cour est rentrée ; on s'attendait à l'arrêt, mais de nouvelles interpellations ont été adressées aux
accusés.

M. le président, en présentant la note remise à M. le juge
d'instruction postérieurement à la dénonciation : Prévenu
Gourcuff, connaissez-vous cette écriture, est-ce la vôtre ?

M. de Gourcuff : Non, monsieur le président.

M. le président : Cette note a été écrite dans vos bureaux,
vous devez savoir qui l'a écrite ?

M. de Gourcuff : Non, monsieur le président.

M. le président : Comment ! rien ne se faisant dans votre administration sans vos ordres, vous prétendriez n'en avoir aucune connaissance : cela paraît impossible !

M. le président à M. Arragon : Accusé Arragon, cette note
est-elle de votre écriture ?

M. Arragon : Non, monsieur le président.

M. le président : Dictée par vous et rédigée dans vos bureaux, vous devez savoir au moins qui l'a écrite ?

M. Arragon : Je l'ignore, monsieur le président.

Un de MM. les conseillers : Ah ! c'est trop fort.

M. le président insiste et les prévenus se renferment dans les mêmes dénégations.

M. le président : Ah ! messieurs !... vous conviendrez que ce n'est pas M. Ardisson qui a été se dénoncer lui-même.

Après cet incident l'audience est levée et renvoyée au lendemain pour le prononcé de l'arrêt.

AUDIENCE DU 22 MAI.

La Cour prononce l'arrêt suivant, dont nous insérons outre le dispositif une partie du préambule, parce qu'il fait connaître les motifs de l'appel et les incidents :

« Ouï le rapport fait à l'audience publique du samedi 16 mai 1835, par M. le conseiller Dupuy ;

« Ouï les prévenus dans leurs dires et déclarations, ensemble dans leurs réponses aux interpellations de M. le président ;

« Ouï Ardisson dans ses moyens de plainte et de demande ;

« Ouï le défenseur du prévenu Arragon dans ses plaidoiries et conclusions ;

« A l'audience publique du mercredi 20 mai, où la cause a été continuée, les parties et leurs défenseurs présents ;

« Ouï Mᵉˢ Chaix-d'Est-Ange et Berryer dans leurs plaidoiries et conclusions respectives ;

« Ouï, pour le procureur-général, M. Bernard, substitut, qui, après avoir interjeté appel sur la barre contre les deux prévenus, et leur avoir notifié verbalement son appel, a conclu à plus forte peine contre Arragon, aucune circonstance atténuante n'existant dans la cause, et à la condamnation de de Gourcuff aux peines portées par la loi, *sa participation aux faits reprochés à Arragon étant suffisamment démontrée ;*

« Ouï Mᵉ Berryer en ses observations sur l'appel du ministère public, relativement à de Gourcuff, son client;

« A l'audience publique du jeudi 21 mai, où la cause a été de nouveau continuée, les parties et leur défenseurs présents;

« Ouï Mᵉ Bonnet qui a conclu à la non-recevabilité de l'appel *à minimâ*, interjeté à l'audience d'hier;

« Ouï Mᵉ Bernard, Mᵉˢ Chaix-d'Est-Ange, Berryer et Bonnet, en leurs répliques respectives;

« Vu enfin toutes les pièces du procès, et vidant le délibéré ordonné à l'audience d'hier, 21 mai;

« LA COUR; — Statuant sur les appels respectivement interjetés, tant par le ministère public, à l'audience du 20 mai, que par la partie civile et le prévenu Arragon, du jugement sus daté et énoncé,

« En ce qui touche la fin de non-recevoir opposée par les prévenus contre l'appel du ministère public, et résultant de ce qu'en première instance il aurait conclu au renvoi de l'un d'eux, et de ce que le tribunal avait accueilli ses conclusions à l'égard de l'autre;

· « Considérant que le ministère public était partie dans la cause en première instance; qu'en principe les conclusions prises par lui au nom de la loi sont distinctes de l'action qui lui appartient comme magistrat chargé *de la vindicte publique*;

« Qu'en conséquence, l'acquiescement de la partie publique exerçant son ministère devant les premiers juges ne l'aurait pas rendu non-recevable dans son appel, s'il eût cru devoir l'interjeter;

« Qu'à plus forte raison, cet acquiescement ne peut avoir pour effet de paralyser devant la Cour l'action du procureur-général du roi, indépendante de celle attribuée à son substitut près le tribunal de première instance, action fondée d'ailleurs sur les dispositions précises de l'article 202 du Code d'instruction criminelle;

« **En** ce qui touche tant l'appel d'Arragon que celui interjeté *à minimâ* par le ministère public contre le dit Arragon ;

« Considérant que pendant la contestation portée devant le tribunal arbitral, à l'effet d'évaluer le montant du sinistre éprouvé par Ardisson, *il est judiciairement établi et avoué par Arragon* que celui-ci *a sollicité des témoignages en faveur de la compagnie d'assurances dont il est l'agent, et que pour obtenir ces témoignages, il a remis et offert de l'argent dans l'intérêt de la dite compagnie;*

« Que pour détourner l'effet de la plainte en subornation de témoins portée contre lui en cette circonstance par Ardisson, il fit par écrit, et à la date du 24 juillet 1834, une dénonciation récriminatoire dans laquelle il imputait notamment au dit Ardisson le détournement d'une partie des objets que celui-ci aurait prétendu faussement avoir été incendiés ;

« Qu'à l'appui de cette dénonciation, une note également remise au même magistrat ajoutait aux imputations précédentes l'accusation contre Ardisson d'avoir été l'auteur volontaire du dit incendie ;

« Que la note a été remise en même temps que la plainte ; que ce fait résulte du classement de cette pièce au dossier, et de l'écriture qui est évidemment de la même main que celle de la plainte ;

« Que plus tard, et dans une seconde note, l'imputation du même fait d'incendie volontaire a été renouvelée par Arragon, qui devait *cependant en connaître ou pour le moins en soupçonner la fausseté, puisqu'elle reposait principalement sur les témoignages ci-dessus indiqués;*

« Que dans la supposition même où, comme le soutient Arragon, les remises et offres d'argent à l'aide desquelles il avait voulu obtenir ces témoignages n'auraient eu pour but de sa part que d'arriver à la seule découverte de la vérité, la responsabilité des déclarations mensongères qu'elles ont produites n'en doit pas moins peser sur lui qui les a témérairement adoptées en précisant dans la plainte et les notes qui l'ont accompagnée et suivie des faits et des conséquences dont il connaissait le vice et l'origine, et que néanmoins il a présenté comme devant être la base des poursuites à diriger contre Ardisson ;

« En ce qui touche l'appel du ministère public contre de Gourcuff ;

« Considérant qu'il résulte des explications par lui fournies à l'audience que ses fonctions de directeur lui attribuent le droit spécial d'intenter toutes espèces d'actions au nom de la compagnie, et le devoir de surveiller l'exécution des ordres et instructions qu'il transmet aux divers agents qui lui sont subordonnés ;

« Que la procuration signée de lui, sous la date du 22 juillet 1834, investit Arragon du pouvoir de porter à la connaissance du procureur du roi tous les faits et renseignements qu'il aura découverts sur l'incendie qui avait éclaté chez Ardisson, et de solliciter toutes recherches et perquisitions à ce sujet, promettant l'avouer ;

« Qu'indépendamment de ce pouvoir illimité, il est suffisamment prouvé que de Gourcuff n'a point ignoré l'usage qui en a été fait par Arragon, qui non-seulement lui communiquait les renseignements obtenus, mais encore les moyens employés pour les obtenir ;

« Qu'en effet, *la remise d'une somme d'argent* et *la promesse de sommes plus importantes encore* à ceux dont on espérait des déclarations utiles à la compagnie n'ont pu être faites par Arragon *que de l'aveu et du consentement exprès de de Gourcuff,* seule partie capable pour engager la compagnie à disposer des fonds à elle appartenant ;

« Que ces mêmes observations conduisent à démontrer comme un fait constant que de Gourcuff a eu connaissance des notes remises au juge d'instruction ou au procureur du roi, soit au moment de la plainte par lui autorisée, soit peu de temps après ;

« Qu'elles ne sont en effet que le corollaire de cette plainte ; *qu'elles ont un seul et même objet, celui d'appuyer la résistance opposée par la compagnie aux réclamations d'Ardisson ;*

« Que, postérieurement à la connaissance qu'il a eue de ces notes, et par acte du 16 août 1834, de Gourcuff a autorisé Arragon à suivre la procédure commencée d'après les dites notes contre Ardisson, et à se constituer partie civile ;

« Que, de l'ensemble de ces faits, il résulte que les dits de Gourcuff et Arragon *se sont rendus coupables du délit de dénonciation calomnieuse*, et que c'est à tort que les premiers juges ont renvoyé de Gourcuff de la plainte, et n'ont pas prononcé contre Arragon une peine plus forte ;

« Considérant néanmoins que de Gourcuff et Arragon n'ayant jamais agi que comme simples mandataires, cette qualité exclut de leur part toute idée d'intérêt personnel, et que les manœuvres répréhensibles qu'ils ont employées paraissent plus encore l'effet d'un excès de zèle mal entendu que de l'envie de nuire à Ardisson et de porter atteinte à sa réputation, ce qui justifie l'application des dispositions de l'art. 463 du Code pénal ;

« En ce qui touche l'appel d'Ardisson contre les dits de Gourcuff et Ardisson ;

« Considérant que les dommages et intérêts adjugés par la sentence à Ardisson ne sont pas en proportion avec la gravité du préjudice causé, que d'ailleurs ils devaient être prononcés contre les deux prévenus, également auteurs de ce préjudice ;

« Sans s'arrêter à l'appel interjeté par Arragon, et faisant droit, au contraire, aux appels du ministère public et de la partie civile,

« Met les appellations et ce dont est appel au néant, au chef des condamnations portées contre l'un des prévenus et de l'acquittement prononcé en faveur de l'autre, comme aussi sous le rapport de la quotité des dommages et intérêts alloués à la partie civile et condamnations accessoires ; émendant et faisant ce que les premiers juges auraient dû faire ,

« Vu l'art. 373 du Code pénal, duquel il a été donné lecture par le président, et qui est ainsi conçu :

« Quiconque aura fait par écrit une dénonciation calom« nieuse, contre un ou plusieurs individus , aux officiers de « justice ou de police administrative ou judiciaire, sera puni « d'un emprisonnement d'un mois à un an, et d'une amende « de 100 francs à 3,000 francs ; »

« Faisant application du dit article , modifié par l'art. 463 du même code,

« Condamne Arragon et de Gourcuff en l'amende de 1,000 fr. chacun, dont ils sont tenus solidairement, aux termes de l'article 55 du Code pénal ;

« Les condamne pareillement, solidairement et par corps, en 10,000 francs de dommages et intérêts envers la partie civile ;

« Fixe l'emprisonnement, à raison de la contrainte par corps, à une année ;

« Ordonne que le présent arrêt sera imprimé et affiché, conformément à la loi, au nombre de cent exemplaires, aux frais des dits Arragon et de Gourcuff ;

« Condamne ces derniers aux dépens des causes principales et d'appel, lesquels, conformément à la loi, pourront être directement réclamés contre Ardisson , en sa qualité de partie civile, sauf son recours contre les condamnés.

« Fait et prononcé au Palais-de-Justice, à Paris, le 22 mai 1835 , en l'audience publique de la Cour, où siégeaient M. Jacquinot-Godard, président, MM. Dupuy, Faure, Huart, Séguier, de Bastard, Poultier et Petit, conseillers ;

« Et M. Salvaing de Boissieu , conseiller-auditeur, ayant voix délibérative. »

JUSTICE CIVILE.

La nature de la plainte portée par M. Ardisson et des griefs qu'il mettait en avant rendait bien difficile que le procès criminel n'empiétât pas sur le procès civil et n'en effleurât pas par avance les points principaux. Ce sont ces germes, jetés dans l'instance en police correctionnelle et en appel, que vont développer avec étendue les documents nouveaux.

Le premier qui se présente est la sentence arbitrale. La position, la capacité des arbitres, MM. Ph. Dupin, Auger et Hocmelle ; l'étendue, la netteté, la vigueur de leurs motifs, donnent à cette pièce une importance réelle dans une matière encore aussi neuve, bien que déjà sujette à tant de débats. Par une coïncidence assez singulière, c'est le jour même où la Cour rendait son arrêt sur l'appel du jugement de condamnation en police correctionnelle, que MM. les arbitres portaient leur sentence. Il y avait ainsi pour les parties, le même jour, d'un côté un double échec, et de l'autre un double triomphe.

I. SENTENCE DU TRIBUNAL ARBITRAL,

COMPOSÉ DE MM. AUGER, HOCMELLE ET PHILIPPE DUPIN.

« L'an 1835, le 22 mai, — Nous, arbitres susdits et soussignés, après plusieurs séances employées à examiner les conclusions, pièces et mémoires respectivement produits par les parties, et après en avoir délibéré, nous sommes réunis dans le cabinet de Mᵉ Dupin, l'un de nous, pour arrêter la rédaction définitive de notre sentence arbitrale, ce qui a été fait ainsi qu'il suit :

« Nous avons reconnu d'abord que les conclusions annexées au procès-verbal, et le procès-verbal lui-même, établissent suffisamment le point de fait et que la cause présente à juger les questions suivantes :

« *Premièrement* : L'incendie arrivé chez le sieur Ardisson a-t-il été occasioné par sa faute ou son imprudence? Cette faute ou cette imprudence résultent-elles de ce que le feu aurait été allumé dans une pièce servant comme de magasin et encombrée d'objets combustibles? résultent-elles de ce qu'aucun gardien n'aurait été laissé pour surveiller le feu ainsi allumé?

Deuxièmement : M. Ardisson a-t-il accru les risques de l'assurance en accumulant dans une même pièce presque tous les objets assurés qui devaient être répartis dans les diverses pièces de son appartement, et cet accroissement de risques doit-il faire annuler l'assurance?

Troisièmement : M. Ardisson doit-il être déclaré non recevable, ou, en tous cas, mal fondé en sa demande, pour n'avoir pas justifié de l'existence au jour de l'incendie des objets compris dans l'assurance et qu'il prétend avoir été brûlés?

« *Quatrièmement* : Y a-t-il lieu d'ordonner une enquête pour vérifier si les objets dont le prix est réclamé existaient réellement, si même ils pouvaient être contenus dans la pièce où l'on prétend qu'ils étaient réunis, et enfin s'ils ont pu être brûlés dans l'espace de temps pendant lequel a duré l'incendie ?

« *Cinquièmement* : La valeur des objets prétendus incendiés est-elle suffisamment justifiée?

« *Sixièmement* : En cas de condamnations, à quelle somme les compagnies du Phénix et d'Assurances générales doivent-elles être respectivement condamnées? Cette somme portera-t-elle intérêt et à partir de quelle époque?

« *Septièmement* : Les défendeurs doivent-ils être condamnés par corps?

« *Huitièmement* : Y a-t-il lieu d'ordonner l'exécution provisoire de la sentence à intervenir?

« *Neuvièmement* : *Quid* des dépens?

« Sur quoi, nous arbitres, après en avoir de nouveau délibéré :

« *En ce qui touche la première question,*

« Attendu, en droit, que le contrat d'assurances a pour objet de réparer les désastres qui peuvent être le résultat d'un incendie, soit que cet incendie procède de négligence ou d'imprudence, soit qu'il procède de toute autre cause ;

« Que, sans doute, s'il y avait de la part d'un assuré une de de ces fautes, négligences ou imprudences graves qui en droit sont presque comparées au dol, il serait possible, suivant la gravité des circonstances, de ne pas mettre à la charge de l'assureur des pertes que l'assuré ne pourrait imputer qu'à lui-même et qui seraient le résultat d'une faute impardonnable ;

« Mais qu'il n'en saurait être ainsi pour ces accidents ordinaires de la vie à l'abri desquels le contrat d'assurances a pour but de placer les assurés ;

« Attendu, en fait, qu'en allumant du feu dans la pièce où se trouvaient les livres et tableaux, partitions de musique et autres objets d'art, et même en ne restant pas, ou en ne laissant personne auprès pour surveiller ce feu, le sieur Ardisson ne peut être considéré comme ayant commis une faute capable de détruire les effets du contrat d'assurances et de reporter sur lui-même toutes les conséquences du sinistre, surtout lorsqu'il est constant qu'il y avait une galerie de foyer et un garde-feu qui semblaient de suffisants préservatifs contre tout accident ;

« Qu'ainsi, l'article 1383 du Code civil ne peut recevoir ici aucune application ;

« Qu'il en est de même et à plus forte raison des articles 1927, 1928 et 1929, car un assuré ne peut être assimilé ni à un dépositaire ni à un mandataire ;

« *En ce qui touche la deuxième question,*

« Attendu qu'aucune clause de la police d'assurances intervenue entre M. Ardisson et la compagnie du Phénix ne faisait au sieur Ardisson une loi de répartir dans les diverses pièces de son appartement les objets assurés et ne lui interdisait de les accumuler en plus ou moins grande quantité dans une seule pièce, que par conséquent il jouissait à cet égard de la liberté qu'a toute personne de placer son mobilier où et comment elle l'entend, et qu'en usant de cette liberté il ne peut être considéré comme ayant changé ou accru les risques des assureurs, que dès lors ce fait ne peut donner lieu à une nullité ou résolution du contrat;

« *En ce qui touche la troisième question* ,

« Attendu que s'il est de principe que le contrat d'assurances doit avoir pour unique effet de réparer les pertes éprouvées par l'assuré, et non de lui procurer des bénéfices, ce qui donnerait à ce contrat le caractère d'un jeu ou du pari, il faut aussi se garder de faire en sorte qu'il devienne illusoire et qu'en profitant aux compagnies seules il ne demeure sans fruit pour les assurés;

« Qu'en matière d'assurances d'objets mobiliers le contrat serait souvent sans résultat possible, si l'assuré était rigoureusement astreint à fournir la preuve formelle que les objets assurés étaient chez lui au moment de l'incendie; que pour cela il faudrait, pour ainsi dire, procéder tous les jours à une sorte d'enquête *à futuro*, qui, si elle était faite avant l'incendie, pourrait elle-même paraître suspecte;

« Qu'on ne saurait appliquer dans toute leur rigueur aux assurances terrestres les dispositions du Code de commerce faites pour les assurances maritimes, qui portent souvent sur des marchandises déjà embarquées et dont l'existence ou la valeur ne peuvent être vérifiées par l'assureur, qui est obligé de croire l'assuré sur parole;

« Qu'aussi, en matières d'assurances terrestres, d'après la doctrine enseignée par les auteurs, on se contente des preuves qu'il est possible d'avoir, ce qui donne lieu à cet adage rappelé par Emerigon: « *Leviores et quæ possunt haberi admittuntur pro-*

« *bationes* » ; qu'il suffit que les pertes soient constatées de manière à convaincre tout homme raisonnable ;

« Que l'article 16 de la police, invoqué par les compagnies, est lui-même rédigé en ce sens, puisqu'il porte que l'assuré sera tenu de justifier de l'existence des objets assurés *par tous les moyens en son pouvoir;*

« Attendu, en fait, que dans l'espèce il a été, lors de l'assurance, dressé contradictoirement entre le sieur Ardisson et la compagnie du Phénix quatre états ou inventaires détaillés et descriptifs des objets assurés, dont la valeur estimative a été fixée de gré à gré et après estimation préalable ; qu'ainsi la dite compagnie a reconnu formellement que tous les dits objets se trouvaient entre les mains du sieur Ardisson et qu'ils présentaient la valeur réelle indiquée par celui-ci ;

« Attendu que les compagnies d'assurance du Phénix et d'Assurances générales ne prouvent pas qu'aucun des dits objets soit sorti des mains du sieur Ardisson, ni que les estimations faites lors de l'assurance aient été entachées de dol, de fraude ou d'exagération évidente ;

« Attendu qu'indépendamment des présomptions résultant des inventaires annexés à la police, l'existence des objets assurés dans les mains du sieur Ardisson est établie, soit par le témoignage de plusieurs personnes entendues dans le cours de l'instruction criminelle et *qui ont vu les dits objets chez le sieur Ardisson dans un temps voisin de celui de l'incendie,* soit par ceux des dits objets *qui ont été sauvés et retrouvés entiers,* soit par *les débris de ceux avariés,* soit enfin *par la quantité considérable des cendres* provenant de l'incendie ;

« Attendu, *quant aux tableaux* estimés 153,360 francs et qui étaient au nombre de quatre-vingt-onze, qu'il en a été sauvé dix-neuf à peu près intacts, et quelques autres plus ou moins endommagés qui ont été soumis à des expertises, et à l'égard desquels le sieur Henry, l'un des experts, a déclaré qu'ils étaient en général bien dénommés et que l'estimation en avait été faite d'une manière convenable (1) ;

« Attendu, *quant aux instruments de musique* assurés pour 46,520 francs, qu'il en a été sauvé dix-sept plus ou moins avariés, qui ont été estimés valoir encore 18,530 francs, ce qui témoigne en général de la qualité remarquable de ces instruments ;

« Attendu , *quant aux objets rares et précieux* assurés pour 138,500 francs , qu'il en a été sauvé pour 35,865 francs ; que ces objets sauvés et les débris de ceux avariés témoignent aussi de leur qualité précieuse et de la valeur qui leur avait été attribuée ;

« Qu'à l'égard *de la mosaïque* qui figure , dans cette classe des objets assurés , pour 50,000 francs, et dont l'existence et la valeur ont été révoquées en doute par les assureurs, il a été établi par plusieurs témoignages résultant de l'inst uction criminelle, et toujours indépendamment de la preuve tirée des énonciations de la police et de l'inventaire y annexé , que cet objet d'un travail rare et précieux existait dans les lieux habités par le sieur Ardisson à une époque contemporaine de l'incendie, et que la nature de cet objet était susceptible d'en faire porter l'estimation à une somme considérable ;

« Attendu , *quant à la bibliothèque musicale,* assurée suivant état estimatif pour la somme de 206,472 francs , qu'il en a été sauvé pour 17,676 francs 50 centimes , que cette collection, qui paraissait contenir une grande quantité de morceaux rares et d'une haute valeur sous le rapport de l'art musical , tirait aussi son importance de la réunion complète des divers ouvrages composés dans les temps anciens et modernes, et pouvait par conséquent acquérir une grande valeur pour les gens de l'art ou les amateurs des collections musicales ;

« Attendu , *quant aux livres,* que leur existence et leur valeur sont établies par plusieurs témoignages au nombre des-

(1) Tel a été l'avis, non-seulement de M. Henry en particulier, mais encore des trois experts commis dans l'instruction criminelle.

quels *on distingue particulièrement la déclaration du baron Varlet,*
actuellement maréchal-de-camp , et jadis l'un des empl oyé
supérieurs de la compagnie du Phénix; que de plus les cendres
et débris provenant de l'incendie ont présenté *une grande
quantité de charbon animal provenant des reliures* dont les livres
étaient recouverts , ainsi que *des fermoirs et autres ornements*
qui en faisaient partie ; que le sieur Ardisson a fourni sur la
nature des livres composant sa bibliothèque des explications
qui doivent faire penser qu'il possédait une grande quantité
d'ouvrages rares et précieux , soit en raison des éditions , soit
à raison des notes marginales dont ils se trouvaient chargés ;

« Que si des livres sauvés intacts ou avariés n'ont pas paru
être des ouvrages de grand prix comme ceux que le sieur Ardisson prétend avoir possédés dans sa grande bibliothèque,
il a donné des explications plausibles sur l'existence en sa
possession de ces livres de qualité inférieure ou ordinaire ,
placés dans une autre pièce et devant recevoir une autre destination;

« Que l'absence de fragments ou de feuilles provenant des
livres précieux que le sieur Ardisson prétend avoir eus en sa
possession ne peut suffire pour faire révoquer en doute
l'existence de ces mêmes livres , puisque d'une part l'incendie paraît avoir eu une action très-violente sur les objets
existant dans la chambre où il s'est manifesté , et que d'autre
part *les eaux jetées avec profusion* sur le foyer de cet incendie,
la dispersion et le lavage des cendres, et *le laps de temps assez
considérable* qui s'est écoulé entre l'événement et l'expertise,
ont pu concourir à faire disparaître les fragments dont l'absence est invoquée par les compagnies ;

« Attendu, *à l'égard du mobilier* assuré pour la somme
de 58,000 francs, qu'il en a été sauvé pour celle de 10,542 fr.;
que l'existence de la partie de ce mobilier dont la valeur est
réclamée est prouvée par une grande quantité de débris, et
que les déclarations faites par le sieur Ardisson paraissent
exemptes d'exagération et conformes à la vérité ;

« Que de tous ces faits résulte pour les arbitres la preuve, aussi complète que possible en pareilles circonstances, que les objets compris dans l'assurance et réclamés par le sieur Ardisson existaient réellement chez lui au jour de l'incendie ;

« Que les compagnies ne fournissent aucune preuve contraire, malgré *les efforts inouïs* qui ont été faits lors de l'instruction criminelle, et même *les coupables moyens* qui ont été employés par les agents de la compagnie d'Assurances générales ;

« *En ce qui touche la quatrième question,*

« Attendu qu'au moyen de ce qui précède, les enquêtes et expertises proposées seraient sans utilité comme sans objet, qu'elles ne porteraient d'ailleurs que sur des conjectures et sur des probabilités toujours plus ou moins contestables, comme le prouvent les documents contraires produits aux débats et émanant cependant de personnes honorables et dignes de foi ;

« *En ce qui touche la cinquième question,*

« Attendu que si, en thèse générale, il est vrai de dire que l'assuré doit justifier de la valeur des objets assurés, ce ne peut être, comme il a été établi relativement à la troisième question, que par les moyens possibles ;

« Qu'en matière de police mobilière, il est difficile et le plus souvent impossible de produire cette justification, puisque les objets étant détruits, on ne peut les soumettre à une visite et à une expertise qui en détermineraient d'une manière certaine le prix réel ; qu'il faut pourtant interpréter ces contrats de bonne foi et de manière qu'ils produisent effet ;

« Que, dans l'espèce, il a été dit par la police d'assurance qu'en cas d'incendie le dommage serait réglé, pour les objets détruits, d'après les prix portés aux inventaires annexés et non autrement ; que par là la compagnie du Phénix a dérogé à la règle générale écrite dans l'art. 41 de ses polices imprimées ;

« Que cette convention, qui n'a rien de contraire à la loi, et qui se trouve même en harmonie avec l'art. 339 du Code de commerce, relatif aux assurances maritimes, fait la loi des parties ;

« Qu'il est d'autant plus juste de s'y conformer ici, que les prix portés dans la police ne l'ont été qu'après estimation et vérification contradictoires, et même pour plusieurs parties après estimation détaillée ;

« Que la compagnie du Phénix ne pourrait être admise à plaider un système dont le résultat serait que, pour augmenter sa prime, elle aurait laissé porter des estimations trop fortes, et que, lorsqu'il s'agit de payer le sinistre arrivé, elle voudrait revenir à des estimations plus faibles ;

« Que si, en général, il ne faut point fournir aux assurés l'appât d'un bénéfice à faire, il ne faut pas non plus donner aux compagnies un moyen de leurrer les assurés ; que c'est à elles à vérifier avec soin leurs estimations, mais que jusqu'à preuve contraire, ces estimations doivent faire foi ; que c'est même un moyen de rendre les compagnies plus prudentes et plus circonspectes dans leur manière d'opérer, et de donner plus de garantie au contrat d'assurances ;

« Que dans l'espèce, les estimations faites doivent avoir d'autant plus de poids, qu'il a été allégué par le sieur Ardisson, et non contesté par la compagnie du Phénix, que l'assurance a été pendant plus d'une année en négociation et que les experts estimateurs étaient des hommes très-éclairés ;

« Qu'on ne pourrait arbitrairement et sans danger substituer à une estimation faite par les parties, contradictoirement, de gré à gré et en présence des objets lors existants, une évaluation approximative, devinatoire, qui serait faite sans aucune base fixe et sur des objets entièrement détruits ;

« *En ce qui touche la sixième question,*

« Attendu, d'après ce qui précède, que le prix à payer par les assureurs doit être de la différence entre le prix des objets assurés et le prix des objets sauvés, ce qui donne, d'après le procès-verbal dressé par Lacoste et Derbanne, commissaires-priseurs-experts, une somme de 564,560 francs 50 centimes ;

« *En ce qui touche la septième question,*

« Attendu qu'aux termes des articles 31 et 32 du Code de commerce, les administrateurs d'une société anonyme ne sont que des mandataires qui ne sont point responsables de l'exécution du mandat qu'ils ont reçu, et qu'ils ne contractent à raison de leur gestion aucune obligation personnelle; que par conséquent les sieurs Pallard et de Gourcuff ne peuvent être condamnés par corps, même personnellement, mais seulement ès-noms et qualités qu'ils procèdent, et dans les proportions de responsabilité qu'ils ont reconnues ;

« *En ce qui touche la huitième question,*

« Attendu qu'en matière commerciale les juges peuvent, aux termes de l'article 439 du Code de procédure, ordonner l'exécution provisoire de leurs jugements, nonobstant l'appel et sans caution, lorsqu'il y a titre non attaqué ; que dans l'espèce le titre, c'est-à-dire la police d'assurances, n'est point attaqué ;

« Que cependant il y aurait des inconvénients possibles à ordonner l'exécution provisoire pour une somme aussi considérable que celle à laquelle doit s'élever le résultat de la présente sentence ;

« Mais que d'un autre côté il y aurait injustice à ne pas accorder une provision quelconque au sieur Ardisson qui depuis long-temps est en souffrance et qui n'a rien touché du montant de son assurance depuis l'incendie arrivé ;

« *En ce qui touche la neuvième question,*

« Attendu qu'aux termes de l'article 24 de la police les frais d'arbitrage doivent être supportés par moitié entre la compagnie et l'assuré, mais que le coût de l'enregistrement et de l'expédition de la sentence ne saurait être considéré comme frais d'arbitrage et doit rester à la charge du débiteur;

« Sans nous arrêter aux moyens et fins de non-recevoir présentés par les compagnies du Phénix et d'Assurances générales, non plus qu'aux demandes d'expertise et d'enquête, dont en tant que de besoin les dites compagnies sont déboutées ;

« Nous, arbitres, condamnons la compagnie d'assurances du Phénix, en la personne du sieur Pallard, son directeur, à payer au sieur Ardisson la somme de 564,560 francs 50 centimes, avec les intérêts de la dite somme à partir du jour de la demande seulement ;

« Condamnons solidairement la compagnie d'Assurances générales contre l'incendie, en la personne du sieur de Gourcuff, son directeur, à payer au dit sieur Ardisson la somme de 282,280 francs 25 centimes, formant la moitié de la condamnation précédente, moitié pour laquelle le dit sieur de Gourcuff, ès-noms, a reconnu que sa compagnie était engagée par suite de la réassurance opérée et dûment enregistrée, ainsi qu'il a été reconnu par lui au procès-verbal des opérations d'arbitrage du 3 juillet 1834, plus aux intérêts de la dite somme à compter du jour de la demande ;

« Ordonnons que ces condamnations seront exécutoires par provision et nonobstant appel, et sans, par le sieur Ardisson, donner caution, dans les proportions qui viennent d'être exprimées, jusqu'à concurrence de 50,000 francs seulement ;

« Disons que les frais du présent arbitrage seront supportés par moitié par le sieur Ardisson d'une part, et par les deux compagnies d'autre part, sauf le coût de l'enregistrement et de l'expédition de la présente sentence qui restera à la charge des deux compagnies et dont nous prononçons contre elles la condamnation ;

« Sur les autres fins et conclusions des parties, les mettons hors de cause.

« Et avons signé, les jour, mois et an que dessus.

« Ainsi signé sur et en pareil endroit de la minute du présent jugement arbitral.

« AUGER, HOCMELLE et PHILIPPE DUPIN. »

II. DÉBATS ET MÉMOIRE EN COUR ROYALE.

Les compagnies ont appelé de la sentence arbitrale, mais la proximité des vacances judiciaires a empéché que la cause pût sortir du rôle dans la même année. C'est seulement en 1836, et dans le mois de février, qu'elle s'est présentée en état devant la seconde chambre de la Cour royale. Là non-seulement des plaidoiries complètes ont eu lieu, mais des mémoires d'une grande étendue ont été produits de part et d'autre avant ou pendant les débats. L'avocat-général, organe du ministère public, s'est livré à l'examen consciencieux des nombreux documents de la cause, et a prononcé lui-même des conclusions très-développées, où se trouvent analysés toutes les objections et tous les moyens de la discussion. La réunion de toutes ces pièces augmenterait outre mesure, sans profit pour le lecteur, notre compte-rendu, déjà très-volumineux. Forcés de faire un choix, il nous a donc paru rationnel, après avoir rapporté en entier les débats de l'instance criminelle, de nous en tenir au mémoire produit par la défense, puisque les moyens de l'attaque y sont rapportés, par cela même qu'ils y sont combattus, et qu'au surplus ils se réduisent aux chefs exposés dans la sentence arbitrale. L'argumentation nerveuse et incisive de Me Delangle, dans les conséquences des principes qu'il établit, n'a pu qu'ajouter à ces chefs de conclusions des développements pleins de vigueur, mais sans changer la nature des faits. Ces observations s'appliquent aux plaidoiries comme aux mémoires ; c'est d'ailleurs le privilége, le droit naturel de la défense, d'avoir la parole deux fois contre une. On sait, en matière d'honneur, qu'il suffit souvent à l'accusation d'un mot pour porter coup, et qu'il faut quelquefois des volumes pour réparer le tort de quelques lignes ; alors surtout il convient d'appliquer l'idée de Napoléon, que la répétition est la plus puissante des figures de rhétorique.

Cependant nous avons cru devoir insérer les débats textuels

sur de nouvelles conclusions prises à l'audience et qui ont tenu lieu de répliques. C'était aussi pour nous un devoir de laisser intactes les conclusions du ministère public, l'auditeur neutre entre les parties, et par conséquent l'organe impartial dont l'opinion formule si souvent par avance l'arrêt de la Cour.

III. « MÉMOIRE POUR M. ARDISSON,

« DÉFENDEUR EN APPEL.

« *Contre la compagnie d'assurances du Phénix et la compagnie d'Assurances générales, dont le directeur-général, M. de Gourcuff, et l'agent du contentieux, le sieur Arragon, ont été condamnés par arrêt de la chambre des appels de police correctionnelle, en date du 22 mai 1835, pour s'être rendus coupables, dans cette affaire, du délit de dénonciation calomnieuse envers M. Ardisson.*

« M. Ardisson s'est fait assurer par la compagnie du Phénix, qui a cédé la moitié de sa police à la compagnie d'Assurances générales.

« Pendant treize ans, il a payé exactement la prime convenue.

« Après treize ans d'assurances, un sinistre est arrivé.

« M. Ardisson a-t-il reçu des compagnies les indemnités promises par le contrat?

« Non; mais un procès civil, un procès criminel ont été élevés contre lui. Sa fortune, son honneur, son repos, ont été indignement et calomnieusement attaqués. Pour gagner retards sur retards, pour se soustraire à l'exécution de leurs engagements, les compagnies n'ont reculé devant aucun moyen. Les actes les plus odieux leur ont servi de recours. Diffamations, espionnage, emploi d'une police immonde, dénonciation de M. Ardisson comme conspirateur, corruption de domestiques, subornation de témoins, enfin dénonciation capitale et calomnieuse d'incendie volontaire : tout a été employé contre l'assuré.

« Mais le châtiment est tombé sur les dénonciateurs.

« Serait-il vrai que la réputation de l'honnête homme pût se trouver impunément à la merci de la cupidité et de la calomnie organisées en administration ? Serait-il vrai qu'il fût au pouvoir d'un sordide intérêt de compromettre impunément par son contact et de réduire un moment en question toute une vie de probité, d'honneur et de considération publique ?

« Non. Plusieurs tribunaux attendaient les compagnies : ceux de la loi, qui condamnent à exécuter les engagements pris et qui punissent la diffamation ; celui de l'opinion publique, qui flétrit des associations calomniatrices, infidèles à leur mission, à leurs contrats, et qui leur retire tout crédit.

« M. Ardisson se devait à lui-même, il devait à la société de les traduire devant chacun de ces tribunaux.

« Déjà presque tous ont irrévocablement prononcé.

« La justice criminelle a saisi la preuve des ignobles et coupables manœuvres employées par les assureurs contre l'assuré.

« La voix du ministère public les a livrées « aux flétrissures « de l'opinion. »

« Le 9 janvier 1835, une ordonnance de non-lieu du tribunal de première instance de la Seine les a juridiquement constatées.

« Le 22 mai 1835, un arrêt de la Cour royale de Paris les a frappées des peines de la loi. Le directeur de la compagnie d'Assurances générales, le sieur de Gourcuff, et son agent, le sieur Arragon, ont été condamnés solidairement en 1,000 fr. d'amende chacun, 10,000 francs de dommages-intérêts, et en l'affiche de cent exemplaires de l'arrêt de condamnation, pour s'être rendus coupables du délit de dénonciation calomnieuse.

« Le même jour (22 mai) une sentence du tribunal arbitral, composé de MM. Auger, Hocmelle et Philippe Dupin, a condamné les deux compagnies au paiement de toutes les sommes réclamées par M. Ardisson, avec intérêt du jour de la demande.

« Enfin, le tribunal de l'opinion publique n'est pas resté impassible. L'indignation a passé de l'auditoire dans la société. Le procès de M. Ardisson est devenu une cause célèbre : son nom seul, jeté aux recruteurs des compagnies, les a plus d'une fois mis en fuite. Quelques victimes de récents incendies y ont gagné ; car les compagnies le savent : encore un procès comme celui-ci, et elles n'existeraient plus.

« Cependant si l'arrêt de la Cour royale, si l'arrêt de l'opinion publique sont irrévocables, la sentence arbitrale était encore susceptible d'appel. Car, après tout, qu'est-ce que les premiers arrêts ? ils ne concernent que l'honneur, que la réputation ; pour des compagnies, êtres collectifs, êtres anonymes, qu'est-ce que cela ? mais la sentence arbitrale, la question d'argent, 600,000 francs environ : voilà le procès, le procès à tout prix !

« Toutefois, justice faite de tous les moyens infâmes, de toutes les allégations calomnieuses, si l'on veut enfin renier ses propres turpitudes, et se renfermer dans la limite des contestations civiles, il est vrai de dire qu'il n'y a plus de procès.

« Un exposé sommaire des faits et une discussion rapide l'établiront.

« EXPOSÉ SOMMAIRE DES FAITS.

« La première assurance a été faite le 17 mai 1820 ; la seconde, le 8 juillet 1828 : toutes les deux avec la compagnie du Phénix.

« C'est par un acte étranger, et même inconnu à M. Ardisson, que cette compagnie a cédé à celle des Assurances générales un intérêt de moitié dans sa dernière police.

« M. Ardisson ne s'était décidé à chacune de ces assurances qu'après y avoir été vivement sollicité.

« Les objets assurés étaient des effets mobiliers et de précieuses collections : tableaux, sculpture, livres et manuscrits, musique et instruments des grands maîtres, objets rares et précieux ; c'était autant de richesses pour les sciences, pour l'histoire et pour les beaux-arts.

« La valeur assurée était de 150,000 francs lors du premier contrat, de 669,000 francs lors du second.

« Il faut bien distinguer ces deux assurances.

« La première fut faite en bloc, pour une somme arbitraire et comparativement minime, frappant sur quelques généralités d'objets, sans examen, description, estimation ni inventaires ; elle le fut en dix minutes, après que M. Ardisson eut enfin cédé aux longues et continuelles obsessions dont il avait été l'objet de la part d'un ancien capitaine malheureux, qui, pour vivre, travaillait pour le Phénix. Obliger le capitaine était presque tout ce que M. Ardisson y voyait.

« L'institution des compagnies d'assurances contre l'incendie était toute nouvelle en France ; la compagnie du Phénix ne faisait que de naître : qui connaissait alors son existence ? quel nom, quel crédit avait-elle ?

« La date de son ordonnance d'établissement est du 1er septembre 1819 ; celle de l'assurance, du 15 mai 1820 : différence, huit mois et demi. — M. Ardisson est donc un des premiers assurés du Phénix.

« Il consentit à la fois une assurance immobilière de 300,000 francs pour son hôtel de Marseille, et une assurance mobilière.

« Mais quant à celle-ci, qui lui paraissait offrir de plus graves inconvénients, il la borna sommairement à la faible somme de 150,000 francs, faible, comparativement à la valeur des objets assurés ; il fit même des réserves, il stipula formellement *le droit de diminuer à son gré le montant de l'assu-*

rance ; il se réserva des cas de vente pour avoir un motif quelconque de se retirer au besoin : toutes ces causes respirent la défiance qu'avait alors M. Ardisson (plût à Dieu qu'il l'eût toujours eue!) à l'égard du Phénix.

« A l'époque de cette assurance, M. Ardisson demeurait rue des Filles-Saint-Thomas, n° 21.

« A peine de retour de son dernier voyage d'Italie (fait en 1819), bien loin d'avoir déjà auprès de lui toutes ses collections, il s'occupait de leur réunion à Paris, de l'arrivage des caisses qui lui étaient expédiées et qui n'étaient pas même déballées, un changement d'appartement devant être nécessité par la réception de ces envois.

« Le 1er août 1821, quinze mois après l'assurance, il fit à la compagnie sa déclaration de déménagement et de transport de domicile rue de Cléry, n° 25. Ainsi, après quinze mois, la grande quantité d'objets d'arts reçus par M. Ardisson, par suite de l'expédition des nombreuses caisses qui étaient restées en dépôt à Milan, à Florence, à Venise, et dans les villes importantes de l'Italie, l'oblige à quitter l'appartement de la rue des Filles-Saint-Thomas, pour prendre celui, beaucoup plus grand, de la rue de Cléry, auquel il se vit bientôt forcé de joindre encore un second appartement supplémentaire, quoique de peu d'importance, rue du Sentier, n° 9, lorsque celui de la rue de Cléry fut devenu lui-même insuffisant.

« Ce fut le 8 juillet 1828, plus de sept ans après le premier contrat, M. Ardisson occupant les deux appartements rue de Cléry et rue du Sentier, qu'eut lieu la seconde assurance mobilière.

« Celle-ci n'a pas été faite en bloc et pour une valeur arbitraire, mais après estimation sur inventaires détaillés et descriptifs, faits contradictoirement avec la compagnie pour chaque classe d'objets séparément, et avec désignation individuelle de la plupart d'entre eux. Le classement, l'estimation, la confection des inventaires, ont duré plus d'un an, du 27 mai 1827 au 8 juillet 1828.

« Cette opération a été exécutée par M. le général baron Varlet, agent général du Phénix, et aujourd'hui maréchal-de-camp, commandant le département de Seine-et-Marne, et surveillée par M. Joliat, directeur-général. Des experts appréciateurs avaient été envoyés par la compagnie. Tous les objets ont été vus, décrits, comptés et évalués contradictoirement, comme il suit :

A la prime d'un pour mille.

1° « Mobilier personnel réparti dans des appartements situés
« aux premier, troisième et quatrième étages de la maison rue
« de Cléry, n° 25, et au troisième étage de la maison rue du
« Sentier, n° 9, composé de meubles, glaces, pendules, orne-
« ments, tapis, linge, vêtements, porcelaines, cristaux et usten-
« siles de ménage, estimé 58,000 francs, ci. . . .   58,000 fr.

2° « Argenterie de table, vaisselle plate, ver-
« meil, bijoux, montres, chaînes, tabatières (dia-
« mants, pierres et perles fines exceptés), pour
« la somme de 6,000 francs, ci.   6,000

3° « Corps de bibliothèque, et six mille vo-
« lumes reliés et brochés, français, latins et ita-
« liens, pour 60,000 francs, ci   60,000

A la prime d'un et quart pour mille.

4° « Une galerie de tableaux de différents maî-
« tres, estimée 153,360 francs, ci.   153,360

5° « Une collection de musique de toute es-
« pèce, formant la grande bibliothèque musicale
« de M. Ardisson, estimée 206,470 francs, ci. .   206,470

6° « Instruments de musique, pour 46,520 f., ci.   46,520

7° « Objets rares et précieux, pour 138,650 f., ci. 138,650

« Total, 669,000 francs, ci. . . .   669,000 fr.

« Les objets faisant partie des articles 4, 5, 6 et 7 ci-dessus
« sont spécialement désignés dans un inventaire particulier

« pour chacun d'eux. Ces inventaires, au nombre de quatre,
« visés et approuvés par les parties, resteront annexés à la
« présente, pour, conjointement avec elle, régler leurs droits
« respectifs. »

« En effet, outre les appréciations ci-dessus, contenues dans
la police même, quatre états particuliers, visés, approuvés et
signés tant par la compagnie que par M. Ardisson, y sont
joints sous les titres suivants :

« 1° Catalogue des tableaux appartenant à M. Ardisson, propriétaire, la désignation des sujets, leur maître et leur prix.

« 2° Inventaire des diverses collections musicales formant la
grande bibliothèque musicale de M. Ardisson.

« 3° Inventaire des instruments de musique formant la collection de M. Ardisson, les noms des maîtres et leur prix.

« 4° Inventaire des objets précieux et rares formant une
partie du cabinet de M. Ardisson.

« Enfin, la police se termine par cette clause générale :

« Il est d'ailleurs convenu qu'en cas d'incendie le dommage
« sera réglé pour les divers objets détruits d'après le prix
« porté aux divers inventaires ci-annexés et non autrement. »

« Quelques circonstances sur la rédaction des inventaires et
sur les détails des appréciations sont importantes à signaler.

« M. Ardisson, en souscrivant cette assurance mobilière,
avait dû la restreindre dans de certaines limites, afin de ne pas
s'imposer la charge de primes trop considérables. En conséquence, d'une part il n'avait voulu faire assurer qu'une partie
de ses collections, environ le tiers seulement ; d'autre part il
avait toujours maintenu l'appréciation des objets assurés bien
au-dessous de leur valeur réelle ; et quelques-uns des inventaires, expédiés et signés par la compagnie, celui de la bibliothèque musicale par exemple, en portent même la mention
expresse.

« Les minutes formant le projet de ces inventaires ont été
écrites de la main de M. Ardisson, et remises par lui aux

agents de la compagnie, dans les mains desquels elles sont constamment restées. Les désignations y étaient visées, modifiées ou amplifiées par ces agents appréciateurs. Le prix pour lequel M. Ardisson voulait faire assurer chaque objet avait été écrit par lui en regard sur une colonne latérale ; souvent les agents de la compagnie biffaient ce prix et en substituaient un plus élevé ; mais M. Ardisson, sur la communication de ce travail, effaçait à son tour l'estimation des agents, et rétablissait de sa main la première évaluation moins élevée, ne voulant pas assumer à sa charge des primes trop onéreuses. Ces inventaires-minutes sont restés dans les bureaux de la compagnie du Phénix, où ils ont servi à l'expédition des quatre originaux de la police ; ils portent la trace de ces diverses estimations ; ils prouvent matériellement que c'était M. Ardisson qui résistait aux évaluations plus élevées que la compagnie voulait lui faire faire. Ces minutes sont précieuses pour témoigner de la vérité ; M. Ardisson, depuis le procès, n'a cessé d'en demander la représentation ; la justice criminelle a insisté pour l'obtenir. Pourquoi n'a-t-on jamais voulu produire que les ampliations? Pourquoi les minutes sont-elles opiniâtrement refusées?

« Pour les tableaux, outre la désignation du maître, avec l'indication précise du sujet, du paysage et des figures, M. Ardisson avait, lors de la rédaction des inventaires de l'assurance, demandé encore un autre élément qui pût servir à mieux constater l'identité. Il voulait, à côté de chaque tableau, l'indication de ses dimensions en largeur et en hauteur ; il réitéra plusieurs fois cette invitation ; ce furent les représentants de la compagnie qui s'y refusèrent, comme à une précaution absolument inutile.

« Pour la bibliothèque des livres, M. Ardisson voulait aussi que l'appréciation en fût faite par catalogue et estimation particulière de chaque ouvrage. Ce furent encore M. le directeur Joliat et M. le baron Varlet qui insistèrent pour qu'on procédât par l'établissement d'une moyenne. La rédaction d'un catalogue entraînerait, disaient-ils, un temps considérable, et l'on ne pouvait pas prolonger plus long-temps des opérations qui duraient depuis plus d'une année. La moyenne fut fixée à 10 francs par volume : on jugera par les détails donnés dans la discussion sur la nature des ouvrages, si cette estimation était exagérée.

« Enfin, et ceci demande une sérieuse attention, plus de la moitié, les deux tiers environ des précieuses collections de M. Ardisson sont, comme nous l'avons dit, restés en dehors de l'assurance.

« De ce nombre étaient compris des tableaux du Corrège, de Claude Lorrain, de Morillos, de Ruysdaler, et d'autres grands maîtres ; des sculptures de Donatello, de Jean Goujon ; des statues et des bas-reliefs antiques ; trois cent deux manuscrits sur vélin, des IXe, X^e, XIe, XIIe et XIIIe siècles, dont un de Galilée (1) ; des médailles, des dessins originaux, des gravures, des autographes, des instruments de musique, et tant d'autres objets encore.

« La police du contrat témoigne elle-même de ce fait, par le soin qu'a pris la compagnie de les faire généralement excepter en ces termes :

« Sont formellement exceptés de la présente assurance tous
« les objets qui ne sont pas portés dans les dits inventaires, et
« notamment, savoir : Une table de Donatello, très-anti-
« que (2), et autres objets rares et précieux tels que toute
« espèce de médailles en or, argent et bronze, tant anciennes
« que modernes ; plusieurs portefeuilles de gravures ; environ
« trois mille pièces de théâtre séparées, dites brochures, tant
« françaises qu'espagnoles et italiennes ; toutes les armes de
« chasse, de cour et de combat ; environ deux mille cinq cents
« grandes planches d'étain pour musique, tant gravées que
« non gravées ; tous les exemplaires de la musique composée

(1) Confronté avec les manuscrits de ce savant à la bibliothèque de Florence.

(2) Cette table, sculptée par Donatello, était un objet de 20,000 fr.

« par M. Ardisson, quel qu'en puisse être le nombre ; tous les
« ouvrages en littérature et sur l'art musical qu'il se propose
« de faire imprimer bientôt ; ses manuscrits, tant littéraires
« que musicaux ; plusieurs pièces de bronze antiques, la plu-
« part trouvées dans les ruines d'Herculanum et de Pompéïa,
« dans les fouilles faites à Marianna, ancienne capitale de l'île
« de Corse ; une assez belle collection de camées de toute
« espèce ; et enfin tous objets d'arts non mentionnés dans les
« dits catalogues. »

« La valeur des différents objets non assurés était, d'après
estimation analogue à celle des inventaires, de 881,000 francs.
Alors et depuis, M. Ardisson, ne voulant pas augmenter la
charge des primes qu'il payait déjà, et voulant d'ailleurs se
réserver la libre et entière disposition de ces objets, a résisté
à toutes les instances dont ils ont été l'objet de la part des assureurs (1).

« Cependant, M. Ardisson, qui avait été contraint par le grand
nombre d'objets composant ses collections d'occuper, comme
nous l'avons vu au moment de l'assurance de juillet 1828,
deux appartements à la fois, l'un rue de Cléry, et l'autre rue
du Sentier, ne pouvait être considéré que comme provisoirement installé dans un domicile ainsi divisé ; son intention était
de réunir ses richesses dans un local assez vaste pour qu'elles
y fussent toutes contenues et exposées en galeries d'arts. Quatre
mois après l'assurance, un appartement rue du Temple, n° 102,
lui parut convenable pour cette destination ; la déclaration du
changement de domicile fut faite à la compagnie du Phénix
dans les règles prescrites ; le nouveau local fut visité par cette
compagnie ; le déménagement des objets assurés surveillé avec

---

(1) De pareilles instances lui avaient été faites à plusieurs reprises au
nom de diverses compagnies ; elles lui furent renouvelées encore par un
agent de la compagnie du Phénix, qui lui rapportait la police relative à
sa campagne de Marly, et cela un mois avant l'incendie !

soin; des visites en furent faites par M. le directeur Joliat et
par M. le baron Varlet, dans l'ancien domicile, avant leur
départ, et dans le nouveau, après leur arrivée; M. le
baron Varlet surtout vint un grand nombre de fois, soit pendant l'emménagement, soit après l'installation, dans le nouvel appartement dont il parcourait chaque fois toutes les pièces. L'avenant qui confirma le contrat primitif fut souscrit
le 19 novembre 1828.

« Plus de cinq ans s'étaient écoulés depuis cette époque, la
prime convenue avait été payée pour la première assurance
pendant sept ans, pour la seconde pendant six, lorsque, dans
la nuit du 27 au 28 décembre 1833, éclata l'incendie.

« Des secours sont appelés : les pompiers arrivent avec l'officier qui les commande, assisté d'un capitaine ingénieur; le
commissaire de police du quartier accourt, un substitut de M. le
procureur du roi se transporte le jour même sur les lieux (1).

(1) Il n'est pas inutile d'interroger ces premiers indices, de suivre l'impression du désastre sur les traits et dans les actes de M. Ardisson, au moment même où il en a été frappé. Nous laisserons parler les faits, car il y
a dans les faits une éloquence à laquelle rien ne supplée et que rien ne
détruit. Voici les principales dépositions faites sur ce point, dans l'instruction criminelle, par le capitaine des pompiers et par plusieurs de ces
militaires.

Déposition du 11 octobre 1834 (pièce n. 38 du dossier de l'instruction
criminelle).

M. Dupré, capitaine aux sapeurs-pompiers. — « . . . . . Je trouvai
M. Ardisson, qui me parut sincèrement affligé de cet événement. Il était
absorbé. Il m'invitait vivement à hâter mes préparatifs. Tout ce qui était
nécessaire pour arrêter cet incendie fut promptement fait. C'est lui-même
qui m'indiqua qu'on pouvait faire une trouée dans le mur du jardin.

« Lorsque le feu fut éteint, j'entrai dans l'appartement; je pus remarquer les ravages qu'il avait faits. J'ai vu que trois ou quatre grands paniers qui devaient contenir beaucoup de manuscrits et de livres avaient
été consumés, les uns en totalité, les autres en partie : j'ai remarqué les
débris de deux boîtes à violon, un piano, des cadres de tableaux, de la
literie.

« Dès le matin du sinistre, à onze heures environ, M. Ardisson écrit au directeur de la compagnie du Phénix, pour l'en informer.

« Deux heures après, deux agents de la compagnie sont sur

« Il est possible que le feu, qui peut-être avait commencé il y avait environ une heure et demie ou deux heures avant notre arrivée, eût fait des ravages considérables dans des objets aussi combustibles.

« Avant de me retirer, j'ai demandé à M. Ardisson à combien il évaluait la perte qu'il venait de faire ; il se frappa la tête, sa physionomie me parut désespérée, de grosses larmes s'échappaient de ses yeux, et il me dit : A 1,600,000 francs !. . J'ai cru remarquer que la douleur de M. Ardisson était très-sincère...»

Dépositions du 11 octobre 1834 (pièce n. 39 du dossier de l'instruction criminelle).

Conrad, fourrier aux sapeurs-pompiers.—« Pendant que nous faisions nos dispositions, M. Ardisson, qui avait l'air fort triste de cet événement, nous faisait des promesses pour nous encourager à éteindre promptement cet incendie. Il nous pria surtout de sauver un tableau et une petite statue en marbre. La statue seule a pu être sauvée. J'avais voulu pénétrer dans la pièce où était le feu par un salon qui la précédait ; n'ayant pu y pénétrer ni le sergent Forestier, M. Ardisson me fit traverser la cour pour aller par le jardin où il a été fait un trou dans le mur. Je ne puis préciser depuis combien de temps le feu existait, mais jamais je n'ai éprouvé une aussi forte chaleur que celle qui se développait dans le salon. »

M. Forestier, sergent. — « .... M. Ardisson me parut très-affligé ; il nous dit que sa fortune était là, et il me pria instamment de nous dépêcher.... »

Nagel, pompier. — « .... Le bourgeois nous disait d'éteindre promptement le feu, que toute sa fortune était là. Nous nous sommes rendus maîtres du feu au bout d'une heure et demie. »

Bisard, pompier. — « Nous avons trouvé dans cet escalier le maître de la maison et sa bonne qui nous attendaient. Il paraissait fort affecté ; il prenait les mains du caporal et lui disait : « Sauvez ma fortune, je vous « en prie. » Toute la maison était consternée ; ils avaient peine à se reconnaître et avaient l'air d'avoir perdu la tête. Nous fûmes obligés d'aller chercher du secours. M. Ardisson ne voulait pas nous laisser partir dans la crainte que l'incendie ne fît des progrès ; il nous disait que si nous nous en allions il serait perdu. »

les lieux (1). Quel empressement M. Ardisson ne mit-il pas à leur signaler les objets assurés échappés au désastre, les tableaux placés dans les pièces non incendiées, l'argenterie, la vaisselle plate, les bijoux! Enfin il leur représenta une série d'objets précieux qui, à cause de leur grand prix et de leur très-petit volume, étant toujours cachés dans le secrétaire et dans un placard attenant à la chambre où il couchait, s'y étaient trouvés à l'abri du feu. Il mit successivement sous leurs yeux des objets riches par le fini du travail ou par la matière, en agate, en améthyste, en pierres fines, qui pouvaient, la plupart, tenir dans la main; qui tous étaient assurés pour des sommes importantes; et dont un à lui seul, une tabatière en améthyste, ornée de pierres fines, du travail le plus rare de Ciurli, l'était pour une somme de 25,000 francs. C'étaient autant de richesses sauvées pour la compagnie et pour M. Ardisson, que ce dernier se félicitait, au milieu d'un si grand malheur, de pouvoir représenter.

« Cette première visite des agents fut suivie bientôt de celle des directeurs de la compagnie du Phénix et de la compagnie générale.

« Cependant, aux termes du contrat, une expertise amiable pour fixer le dommage devait avoir lieu. Elle est convenue; les experts sont désignés, la première réunion est fixée au 6 janvier 1834. Mais bientôt surviennent les lenteurs, les incidents, les contestations; le 22 janvier il faut nommer des arbitres, il y a procès civil.

« Alors se développe dans son entier le système arrêté par la compagnie. Délais sur délais, difficultés sur difficultés, les expertises se traînent; chaque séance n'est obtenue qu'à coups de sommation; cinq mois se sont écoulés avant que M. Ardisson ait pu voir se terminer les opérations.

« Enfin, les tableaux, les débris, les objets précieux, les

---

(1) MM. Delpla et Guérard.

instruments de musique, la bibliothèque musicale, la bibliothèque, le mobilier ont été expertisés, un lavage de cendres
a eu lieu. On arrive devant les arbitres, une décision pro-
chaine est à espérer.

« Autre incident : le 8 juin suivant, une demande en intervention est formée au nom de la compagnie générale. M. Ardisson aurait pu contester ; cette compagnie lui était étrangère,
il n'avait traité qu'avec celle du Phénix ; mais il veut éviter
des lenteurs et des contestations évidemment calculées ; d'ailleurs il n'a pas à redouter le nombre de ses adversaires : lui-
même, il leur a librement donné accès dès les premiers jours
du sinistre ; il les a admis à la visite des lieux et des vestiges ;
enfin il aime mieux leurs attaques en face que dans l'ombre :
il accepte leur intervention.

« Le jour est pris pour les plaidoiries, la fin de l'année judiciaire en 1834 approchait, mais les deux mois qui restaient encore étaient plus que suffisants pour terminer l'affaire ; on
croyait l'art des délais épuisé, on croyait se réunir pour plaider. C'est alors que la compagnie intervenante conclut à un
sursis indéfini, elle annonce un incident criminel.

« Un incident criminel ! en effet, c'était un dernier recours
qu'on avait à l'avance préparé, et qu'on devait continuer à
soutenir par une série d'actes odieux, dont les tribunaux criminels ont fait justice. La connaissance de ces actes, sous le
rapport des délits qu'ils constituent, n'appartient pas à la juridiction civile. Nous ne les exposerons donc pas, sous ce rapport, dans ce mémoire. Mais, comme il arrive de tous moyens
odieux, de toute machination coupable démasquée et mise au
grand jour, ces actes sont retombés sur leurs auteurs, et ils ont
fourni pour le procès civil des preuves irrécusables, des conséquences rigoureuses et sans réplique, que nous développe-
rons dans la discussion.

« DISCUSSION.

« Le procès n'a été intenté et traîné en longueur que par la calomnie : il ne peut être soutenu que par la calomnie. — Les diffamations, dès le principe, ont été répandues par les agents des compagnies, depuis les cercles élevés de la société , jusqu'à ses degrés les plus humbles. On a inventé des circonstances extraordinaires à l'incendie ; on a affirmé que jamais personne n'avait vu les objets assurés , que leur valeur avait été exagérée , que plusieurs fois l'assuré avait cherché à mettre tout en gage, qu'il n'avait pu y réussir , que l'incendie était survenu à propos. Ainsi tour à tour , la police , l'incendie , la position de l'assuré, ont été l'objet de commentaires qui tous avaient pour conclusion l'existence d'une combinaison frauduleuse basée sur un crime. C'était par de tels moyens que les assureurs croyaient pouvoir parvenir à former à leur guise une opinion publique , espérant qu'après l'avoir formée ils pourraient paraître s'appuyer sur elle.

« Mais aujourd'hui que l'opinion publique s'est soulevée contre eux , que l'instruction criminelle a dévoilé la turpitude des moyens et constaté la fausseté des incriminations ; aujourd'hui que la justice a frappé les dénonciateurs calomnieux , leurs insinuations seront plus ambigues , leurs actes plus détournés. Cependant, quelque masque dont on cherche à se couvrir , allez au fond des choses : c'est toujours la même calomnie.

« En effet, le système des compagnies consiste à nier, d'abord, la présence des objets assurés sur les lieux de l'incendie, et en second lieu , la justesse des évaluations faites dans l'assurance. Or, insinuer que les objets assurés ne se trouvaient pas au moment du sinistre sur les lieux de l'incendie, c'est insinuer que M. Ardisson est un voleur , car si les objets n'y étaient pas, c'est qu'il les avait détournés auparavant, et un incendiaire , car s'il les avait détournés auparavant, ce ne pouvait être que dans la préméditation de l'incendie.

« Insinuer que les évaluations ont été exagérées par M. Ardisson lors de l'assurance, c'est encore insinuer qu'il est incendiaire; car s'il avait exagéré les évaluations, et augmenté les primes à sa charge, ce n'aurait pu être encore que dans une préméditation d'incendie.

« Ainsi la calomnie, la diffamation, ont changé de face; mais elles restent toujours là. Il faut les confondre devant les juges civils, comme elles l'ont été déjà devant les juges criminels.

« § Ier. EXISTENCE DES OBJETS ASSURÉS, EN LA POSSESSION DE M. ARDISSION, AU JOUR DE L'ASSURANCE.

« Il importe de bien distinguer deux choses :

« 1° L'existence des objets dans les mains de M. Ardisson au jour de l'assurance ;

« 2° La présence des objets dans les lieux incendiés au jour du sinistre.

« Les compagnies s'efforcent toujours, pour chaque objet, pour chaque allégation, d'opérer entre ces deux choses une perpétuelle confusion.

« Qui connaissait M. Ardisson ? — Qui connaissait ses collections ? — qui les visitait? — comment les a-t-il acquises ? — où sont ses factures? — qu'il les présente, — qu'il prouve l'existence de ces objets, — qu'il prouve la propriété qu'il en a eue !

« A toutes ces prétentions une seule réponse : M. Ardisson n'a rien à prouver de tout cela.

« L'existence des objets assurés au jour de l'assurance ? Elle est prouvée ; elle est reconnue par les compagnies ; il n'y a pas de contestation possible à cet égard.

« Nous partons d'un point de départ précis, obligatoire pour elles, qu'elles ne peuvent dénier, savoir : la police, les états et les inventaires contradictoires. Peut-on nier et veut-on nier, en présence de ces actes, que la mosaïque, que tel objet, tel tableau ou tel autre, porté sur l'inventaire, reconnu existant par la compagnie, n'existait réellement pas ? Mais alors la compagnie veut dénier sa propre reconnaissance, elle veut s'inscrire en faux contre ses propres actes ! Dans ce cas M. Ardisson n'a rien à prouver : c'est aux compagnies à fournir leur preuve. Leur reconnaissance est là : c'est aux compagnies à la faire tomber. Evidemment donc elles ne peuvent mettre en doute que ces objets aient existé et aient été assurés ; tous les perfides soupçons qu'elles veulent soulever à cet égard sont calomnieux, toutes les obligations de prouver qu'elles veulent rejeter sur M. Ardisson leur incomberaient à elles-mêmes. Leur système à cet égard ne tend qu'à opérer une déplorable confusion dans l'esprit des magistrats et du public.

« Sans doute il est de l'essence du contrat d'assurance d'être frappé de nullité si les objets assurés n'existaient pas au jour de l'assurance ; mais quand les assureurs ont reconnu l'existence de ces objets ; quand il les ont examinés, vérifiés, expertisés ; quand ils en ont fait contradictoirement les inventaires, la dénomination, la description et l'évaluation ; quand ils ont signé ces inventaires : évidemment s'ils veulent les dénier, s'ils veulent argumenter du défaut d'existence des objets assurés, c'est à eux à fournir leur preuve, et une preuve d'autant plus formelle, d'autant plus précise, que par là ils s'inscrivent en faux contre leur propre reconnaissance.

« Les compagnies, quant à l'existence réelle des objets au jour de l'assurance, ne sortiront pas de là ! elles dénient leurs propres actes, qu'elles prouvent !

« On demande les factures, les titres justificatifs de la propriété des objets ! mais cela ne regarde pas les compagnies. M. Ardisson ne leur doit aucune justification semblable ; ni acheteur, ni tout autre individu n'aurait, en fait de meubles, le droit de l'exiger. Le titre de propriété de M. Ardisson était dans sa possession. M. Ardisson, passionné pour les arts, tout jeune maître de ses biens, ne dépendant de personne, n'ayant jamais été comptable, n'a jamais pensé que quelqu'un au

monde pût un jour lui demander compte de l'emploi de sa
fortune. Il n'a jamais tenu de livres, ni pris un grand soin de
reçus qui, pêle-mêle, soit par ses voyages, soit par les démé-
nagements, se trouvaient confondus avec des masses d'objets
différents. Que l'on juge ! des reçus de dix-huit, vingt, vingt-
cinq, vingt-sept ans. . . ! Un grand carton et un meuble en
contenaient seulement une partie, mais l'un et l'autre ont été
détruits par l'incendie... D'ailleurs, que prouveraient ces titres, quant à l'assurance ? que M. Ardisson a acheté ces objets à telle époque antérieure au contrat? Mais ce n'est pas de
cela qu'il s'agit : il s'agit de savoir seulement si après avoir été
assurés contre l'incendie, ils ont été brûlés.

« Ainsi les compagnies n'ont aucune justification à demander ni sur l'existence des objets au moment de l'assurance, ni
sur leur acquisition, ni sur l'usage qu'en faisait M. Ardisson.
Qu'il fût connu ou inconnu, que ses galeries fussent visitées
ou non par les artistes, ce n'est pas la question. Il n'en est pas
moins constant par les actes mêmes des compagnies que les objets assurés ont été inventoriés, dénommés et estimés par elle,
et que par conséquent ils existaient à l'époque de l'assurance.

« Toutefois, ces explications que M. Ardisson ne devait en
aucune façon, il a bien voulu les donner. Il a déroulé sa vie,
vie dont il a quelque droit d'être fier, consacrée entièrement
aux beaux-arts et à la bienfaisance, comme l'ont attesté à la
justice des témoignages qui auraient été en bien plus grand
nombre encore, si tous ceux qui l'ont connu avaient été interrogés (1).

« On demande d'où provenaient ces précieuses collections ;
de qui M. Ardisson était connu, comment il jouissait de ces
richesses des beaux-arts !

(1) *Voir*, page 37, dans quels termes le ministère public a résumé le
résultat de ces témoignages dans son réquisitoire sur l'instruction criminelle.

« Mais ces collections, c'était la vie entière de M. Ardisson ; depuis l'âge de seize ans, orphelin, maître d'une fortune honorable, il s'y était voué ; temps, études, argent, affections, il avait tout mis là. Voyages répétés en Italie, en Sicile, explorations, fouilles, travaux de toute sorte, il n'y avait rien épargné !

« Mais M. Ardisson est musicien, compositeur ; mais il possède sur le violon un de ces talents qui valent en Italie, comme en France, l'estime et la confraternité des célébrités musicales ; un de ces talents qui ne parviennent jamais à un tel degré sans devenir la passion dominante, sans se confondre avec l'existence de l'homme. Mais il avait entrepris, terminé de nombreux et de longs travaux sur l'art musical, et par-dessus tout, une histoire de cet art, dans laquelle il déroulait le tableau de son origine, de ses progrès, de ses variations aux différents siècles, dans les différents pays, dans les diverses écoles ; accompagnant chaque époque, chaque pays, chaque école, du texte même de leurs compositions les plus caractéristiques. Ses instruments, ses partitions, ses manuscrits, instruments des grands maîtres, manuscrits de la main des grands maîtres, ses propres compositions, ses ouvrages sur l'art musical, étaient là !

« Mais M. Ardisson est littérateur ; son ouvrage sur l'Italie, où tantôt en prose, tantôt sous une inspiration poétique, il avait déposé le fruit de ses voyages sur la terre des beaux-arts, cet ouvrage qu'au moment de l'incendie il songeait, avant toute chose, à dérober aux flammes, cet ouvrage était là (1).

(1) L'existence de ces ouvrages de M. Ardisson, soit en littérature, soit sur l'art musical, se trouve constatée par le soin même qu'eut la compagnie de les faire spécialement excepter de l'assurance : « Sont formelle-
« ment exceptés de la présente assurance, porte la police, tous les ou-
« vrages en littérature et sur l'art musical qu'il (M. Ardisson) se propose
« de faire imprimer bientôt, ses manuscrits tant littéraires que musi-
« caux, etc. »

« Depuis l'emménagement rue du Temple, M. Ardisson étant presque toujours à la campagne, les pièces à recevoir n'étant pas disposées, il eût été difficile de songer à des réceptions; mais pendant son séjour dans la rue de Cléry, M. Ardisson a souvent eu des réunions d'artistes, donné des matinées musicales, des soirées, des concerts.

« Dans ces concerts, on exécutait des morceaux de la composition de M. Ardisson et d'autres compositeurs. Les meilleurs artistes de l'Opéra, Vogt, Guebauer, Dorsion, Brod, Mengal jeune, Dacosta, etc., les exécutaient. Parmi les auditeurs se trouvaient M. le comte de Lacépède, M. le général Marescot, pair de France, M. le duc de Gaëte, M. le général Paroletti et autres, M. Cadet de Metz, une foule d'amateurs et de dames, des artistes musiciens distingués, des peintres, des membres de l'Athénée des Arts, de l'Académie des Enfants d'Apollon, etc. Mlle Bouteiller, peintre distinguée, qui était venue plusieurs fois admirer les tableaux, assistait à ces matinées musicales : Mlle Bouteiller est morte ; mais monsieur son frère existe encore, il y était ainsi que tant d'autres amateurs.

« La réputation de M. Ardisson était même si établie, comme amateur des arts, en Italie et en Allemagne, que le célèbre Veluti, en passant à Paris pour se rendre à Londres, refusa de se faire entendre à la cour et se fit néanmoins entendre chez lui. M. le général Marescot, Mme Paroletti, madame sa fille qui avait un si beau talent de chant, M. Teissier, se trouvaient à cette réunion que la présence de Veluti rendait si remarquable.

« On pouvait alors voir une partie de ses tableaux. Ses appartements en étaient pleins, sans compter ceux qu'il était impossible de placer. La mosaïque était à cette époque à droite en entrant dans la grande chambre à coucher de la rue de Cléry. Dans la rue du Temple, elle a été vue par plusieurs personnes, notamment par M. Baillet, connaisseur en cette

matière , par M. Pomposi , connaisseur distingué italien , qui
tous les deux ont été entendus dans l'instruction (1) ; par M. le
directeur de la compagnie du Phénix , alors M. Joliat , par
M. le colonel baron Varlet , agent du Phénix , etc., etc., et
enfin par M. Guillaume Saint-Ange , commissaire-priseur ,
trois ou quatre jours avant l'incendie.

« Qui connaissait, parmi les peintres, les beaux tableaux
de M. Ardisson ? M. le chevalier de Bonne-Maison , appréciateur distingué et peintre lui-même ; David , de l'amitié
duquel M. Ardisson avait obtenu son *Páris et Hélène* , et qui,
la première fois qu'il vit le tableau du Titien , resta en admiration et silencieux plus d'un quart d'heure avant d'expri-
mer sa vénération pour l'ouvrage et pour l'auteur ; Lemon-
nier père , Girodet , Dumont , Laurent , Moreau , Taunay ,
qui demeurait au-dessus du logement occupé par M. Ardisson, rue de Cléry , Mlle Bouteiller , Bervick , célèbre gra-
veur, etc., etc.

« M. Ardisson se proposait , quand il aurait arrangé sa galerie rue du Temple, de fixer un jour par semaine et d'admettre dans des réunions les savants , les antiquaires , les littéra-
teurs , les peintres , les compositeurs. . . . C'était un de ses
rêves de bonheur que l'incendie a violemment détruits (2) !

« L'information criminelle n'a laissé aucun doute sur l'exactitude de ces faits. Plusieurs témoins ont été entendus pour
les vérifier, tous ont attesté non-seulement l'existence et l'importance des objets assurés, mais encore de ceux qui ne

(1) Ce fut le même M. Pomposi qui fit faire une caisse pour cette même
mosaïque, ainsi que plusieurs autres caisses de tableaux, il y a plus de
vingt ans, à Marseille, pour les expédier à Paris ; objets qu'il a vus et
revus bien souvent depuis chez M. Ardisson, à Paris, rue de Cléry et rue
du Temple.

(2) *Voir,* page 6, comment s'exprimait M. Ardisson lui-même, en parlant des projets et des jouissances qu'il aimait à faire reposer sur ses collections.

l'étaient pas , et qui réunis ensemble composaient les riches collections de M. Ardisson (1).

« Mais quoi ! la compagnie d'assurance dénie-t-elle l'existence des tableaux et des objets d'arts assurés par elle! Mais outre ces inventaires, ces descriptions dressées contradictoirement avec elle , et dont la confection a duré plus d'un an , outre ces nombreuses dépositions , il existe un témoignage vivant que certes la compagnie ne pourra pas récuser. Par qui l'assurance de 1828 a-t-elle été faite ? par M. le général baron Varlet , alors agent supérieur de la compagnie , et aujourd'hui maréchal-de-camp commandant le département de la Haute-Marne, à Chaumont. C'est M. le baron Varlet qui a présidé activement , au nom de la compagnie , à l'assurance de 1828 , à l'examen des tableaux et de tous les objets assurés, aux inventaires et à tous les actes de la police , avec l'assistance moins active , mais fréquente , de M. Joliat, directeur-général.

« Dans l'instruction criminelle , introduite par la dénonciation calomnieuse de la compagnie d'Assurances générales , une commission rogatoire a été adressée à Chaumont, pour

---

(1) Il serait trop long de rapporter ici ces diverses dépositions, mais on peut voir notamment celles contenues dans le dossier de l'instruction criminelle, pièce n. 27 ; — n. 27 bis, où M. Pomposi, amateur de beaux-arts, ancien peintre, âgé de soixante-treize ans, connaissant M. Ardisson depuis trente-sept ans, rend compte de l'importance de ses collections, et déclare avoir vu et examiné lui-même à Marseille , il y a vingt-six ans, sept caisses de tableaux venant d'Italie et expédiées à Paris pour M. Ardisson, et huit mois après onze autres caisses semblables ; — n. 51 ; — n. 52 ; — n. 70, dépositions de M. Demay et de M. Baillet ; — n. 73, déposition de M. Taskin, professeur de musique, compositeur ; — n. 74, déposition de M. Belliol, docteur-médecin, qui, après des détails sur les collections de M. Ardisson , sur l'entraînement qui le portait à les augmenter toujours par de nouveaux achats et à y consacrer sa fortune, ajoute que « M. Ardisson aurait eu 80,000 francs de rente de plus s'il « avait vendu ses objets d'arts. »

faire interroger M..le général Varlet. Voici quelle a été la déposition du général :

« Je connaissais depuis plusieurs années avant l'assurance
« dont il va être question M. Ardisson , demeurant à Paris,
« rue de Cléry , n° 25. Je suis allé très-souvent chez lui ; j'ai
« examiné nombre de fois sa collection de tableaux , au point
« que si quelques-uns des principaux m'étaient représentés, il
« est probable que je les reconnaîtrais... *(Et plus loin.)* Je
« dois ajouter à ma déposition que je crois me rappeler
« qu'une partie des cadres.de M. Ardisson étaient à palmettes ;
« plusieurs me sont encore assez présents à la mémoire pour
« pouvoir les reconnaître s'ils m'étaient représentés. » (Déposition de M. le général Varlet, en date du 10 décembre
1834; — Dossier de l'instruction criminelle , pièce n° 60.)

« Ainsi , l'agent général de la compagnie du Phénix , celui
même qui a fait l'assurance de 1828 , c'est lui qui porte ce
témoignage : il connaissait M. Ardisson depuis plusieurs années avant l'assurance ! il est allé très-souvent chez lui ! il a
examiné nombre de fois sa collection de tableaux , au point
que si les principaux lui étaient représentés , il les reconnaîtrait ! il se rappelle même la forme des cadres , il les reconnaîtrait ! — Quel esprit de calomnie pousse donc la compagnie du
Phénix à révoquer en doute une existence si bien constatée ,
si bien prouvée par son agent général , par celui qui a fait
l'assurance de 1828 ; et qu'est-il besoin à M. Ardisson de factures et de titres d'achat, pour prouver qu'il a eu en sa possession les objets assurés , lorsqu'il présente la police , les inventaires et les catalogues dressés contradictoirement avec la
compagnie , et enfin la déposition de l'agent général qui a fait
l'assurance ?

« Avant cette déposition, M. Ardisson avait enfin voulu ,
pour répondre à toutes ces calomnies, faire expliquer M. le
général baron Varlet lui-même sur l'existence et la réalité
des objets assurés. MM. les conseillers ont sous les yeux, dans le
dossier, la réponse du général Varlet, en date du 24 juin 1834:

« . . . . Quant à l'existence au moment de l'assurance des
« objets détaillés dans les états annexés à votre police, et à la
« grande quantité de musique que vous possédiez, j'atteste que
« tous ces objets ont été vus par M. Joliat (directeur de la
« compagnie) et par moi (agent général). Relativement à vo-
« tre bibliothèque, mon attention était tellement captivée par
« les nombreux objets d'arts et de curiosité que vous faisiez
« passer successivement sous mes yeux, que mes souvenirs à
« cet égard sont fort incomplets, et qu'il me serait impossible
« de me rappeler le mérite et le nombre des volumes qui la
« composaient; je me souviens seulement de votre bel ou-
« vrage sur l'Égypte et de différents volumes de vélin dont j'ai
« admiré la beauté. Il en est de même de votre mobilier. Je
« me rappelle seulement qu'un inventaire en fut fait par vous
« à cette époque. » (Lettre de M. le général baron Varlet, en
date du 21 juin 1834, dossier de M. Ardisson.

« C'est toujours l'agent général du Phénix, celui même qui
a fait l'assurance, qui dépose : tout cela est-il décisif?

« Enfin, l'expert même des compagnies pour la fixation du
sauvetage et du dommage a alloué, sans aucune contestation,
tout le dommage pour l'état des instruments de musique
portés dans la police à 46,520 fr., sur le motif que la valeur et
la possession de ces instruments dans les mains de M. Ardisson
étaient à la connaissance générale des artistes qu'il recevait.

« Ainsi, justice est faite de ces insinuations, de ces semblants
de doute, de cette confusion calomnieuse, perpétuellement
employés par les compagnies pour obscurcir la question, pour
dévier la justice, pour tromper les magistrats.

« Ce qu'il est permis aux compagnies de contester, ce n'est
pas la propriété de M. Ardisson, ni l'existence des objets assurés au jour de l'assurance : il est constant, il est reconnu par
elles que tous les objets assurés ont existé, que tous ont été
possédés par M. Ardisson.

« Le seul point dont il doive, dont il puisse être question ;

c'est leur présence dans les lieux de l'incendie, au jour du sinistre.

« §. II°. PRÉSENCE DES OBJETS DANS LES LIEUX DE L'IN-
CENDIE, AU JOUR DU SINISTRE.

« L'existence des objets au jour de l'assurance n'est pas une
preuve de leur présence sur les lieux de l'incendie au jour du
sinistre : cela est certain.

« A qui revient l'obligation de fournir cette preuve? à l'assuré : cela est encore incontesté.

« Mais quelle est l'étendue de cette obligation? quel est le
genre de cette preuve? La nature du contrat, la loi impérieuse
du bon sens, la doctrine uniforme de tous les auteurs, les termes mêmes de la police sont d'accord sur ce point.

« L'assuré est-il obligé de prouver, objet par objet, corps
par corps, pour chacun des effets individuellement, qu'il se
trouvait dans les lieux de l'incendie, un mois, une semaine, un
jour, un moment même avant cet incendie, sous peine de n'a-
voir droit à aucune indemnité, comme ne justifiant pas de la
perte qu'il a encourue?

« Entendu de cette manière, tout contrat d'assurance mobilière serait impossible, absurde; ce serait une déception, une
friponnerie contre l'assuré, car il y aurait toujours impossibilité matérielle pour lui de faire cette justification.

« Comment doit-il donc la faire? tous les auteurs le disent :

« Il suffit que la perte soit constatée d'une manière capable
« de convaincre tout homme raisonnable. . . . . . . En pareil
« cas on se contente des preuves qu'il est possible d'avoir :
« *leviores et quæ possunt haberi admittuntur probationes.* » (Emérigon, *des Assurances*, chap. X, section III.)

« Après le célèbre Emérigon, les auteurs qui ont traité de
l'assurance terrestre répètent unanimement la même chose.
Quesnault, page 184, n°ˢ 240, 241, 242; — Persil (*Traité des*

Assurances terrestres), page 22, nᵒˢ 165, 166; —Vincens (*Législation commerciale*), tome 3, page 561.) Le texte même de la police imprimée n'exige pas d'autre genre de preuve. « L'assuré « est tenu d'en justifier *par tous les moyens en son pouvoir*, » porte l'article 16.

« Cet article 16 de la police comporte d'ailleurs forcément, selon les cas, d'importantes distinctions.

« S'il s'agit d'un marchand ou négociant ayant fait assurer les marchandises de son magasin pour telle somme, comme elles vont et viennent, baissent ou haussent de prix, il faudra établir par livres, factures et cours de la place, leur quantité, leur état et leur valeur au jour du sinistre. Le négociant ayant le droit de faire entrer et sortir les marchandises, qui ne sont chez lui que des objets mobiles et transitoires, la présomption est contre lui; l'article 16 de la police le concerne rigoureusement; et encore, si les livres, si les registres, si les factures ont été brûlés dans l'incendie, faudra-t-il faire l'application du principe général, et, même dans ce cas, admettre les preuves telles qu'il sera au pouvoir de l'assuré de les donner.

« Mais si, comme dans l'espèce, il s'agit d'objets que le contrat d'assurance a pour ainsi dire immobilisés dans les mains de l'assuré, que celui-ci n'a pu ni vendre, ni céder, ni même déplacer sans déclaration préalable, certes, dans ce cas, la présomption est toute pour l'assuré, et le principe qu'il ne doit d'autres preuves que celles qu'il est possible d'avoir d'une manière capable de convaincre tout homme raisonnable, ce principe reçoit tout son empire, dans sa plus grande extension.

« En effet, d'autres considérations non moins puissantes, d'autres axiômes de droit non moins rationnels, non moins impératifs, se rattachent alors à ce premier principe.

« Les objets assurés par M. Ardisson ont dû, par suite du contrat, rester pour ainsi dire immobilisés chez lui, dans le local désigné par la police, sous peine de perdre les droits à l'assurance pour les objets qui seraient changés de lieu. Cela posé, nous partons d'un point fixe, où ils y étaient nécessairement, sans que la compagnie puisse le dénier : le moment de l'assurance. — Nous partons d'un second point postérieur, où ils y étaient pareillement, sans qu'on puisse le dénier davantage : celui de l'avenant, sorte de renouvellement du contrat avec la compagnie, à l'époque du déménagement de la rue de Cléry à la rue du Temple, déménagement qui a été suivi, surveillé, examiné avant et après par la compagnie.

« Ainsi, les objets assurés ont été, à l'époque de l'avenant, transportés dans l'appartement rue du Temple ; ils étaient là ; si au moment de l'incendie ils ne s'y trouvaient plus, c'est qu'ils en auraient été détournés par M. Ardisson ; mais leur détournement eût été une violation du contrat, une fraude, un vol : à qui l'obligation d'en fournir la preuve certaine? serait-ce à M. Ardisson; mais depuis quand la violation du contrat, la fraude, le dol se présument-ils? et n'est-ce pas le cas d'appliquer à ces faits de détournements supposés ce que dit le *Guidon de la mer* : « La charge des preuves tombe sur l'assureur, « lequel n'est recevable en ses exceptions sans les preuves. »

« Autre objection ! Pour M. Ardisson, soutenir qu'aucun objet n'a été détourné, c'est un fait négatif, c'est une négation. Or, en droit, comment exigerait-on la preuve formelle d'un fait négatif? depuis quand serait-on obligé d'apporter la preuve rigoureuse d'une négation? et qui ne connaît cet axiôme, qu'il est impossible de violer, parce que la nature même des choses s'y oppose : *Ei incumbit probatio qui dicit, non qui* « *negat.* » (Digest., liv. 22, tit. 3, loi 2-Paul.) Pour vous, au contraire, dira-t-on aux compagnies, votre allégation imaginaire de détournements supposés, c'est l'assertion d'un fait positif, le détournement, le transport des objets dans un autre lieu. C'est là une affirmation, un fait visible, matériel; il pourrait avoir sa preuve formelle, il serait impossible qu'il eût échappé à la connaissance de chacun au monde, surtout lorsqu'il s'agit d'objets si précieux, en aussi grande quantité, si difficiles à déménager : qu'on le prouve donc! qu'on interroge les domestiques, les concierges! Et toutes les interrogations, et toutes les investigations, et tous les moyens licites ou illicites n'ont rien pu établir. Et l'impossibilité de prouver contre lui un seul fait de détournement, si minime qu'il fût, est le moyen de droit péremptoire par lequel M. Ardisson justifie de la négation qui est à sa charge.

« Les actes odieux des compagnies pour chercher, pour créer des preuves à leurs assertions calomnieuses, donnent une force irrésistible à cet argument.

« Lors de la première visite des directeurs des deux compagnies sur les lieux incendiés, une phrase ayant été émise par l'un de ces messieurs sur l'inconstance des amateurs qui, lassés par la possession, se défont par des échanges ou par des cessions, des objets qu'ils ont possédés, M. Ardisson fit immédiatement la déclaration suivante :

« Si l'on peut prouver que j'aie jamais vendu ou échangé un
« seul tableau, un manuscrit, un buste, un autographe, une
« partition musicale, manuscrite ou gravée, un objet d'art
« quelconque, un livre même, je le déclare ici devant vous et
« devant ces messieurs qui pourront servir de témoins, vous
« ne me devez rien, je renonce à l'assurance! »

« Cette déclaration a été entendue par sept ou huit personnes ; M. Ardisson ne l'a jamais rétractée ; il y persiste. Il a pris, il prend encore l'engagement solennel de renoncer à toute indemnité, si l'on peut prouver qu'il ait jamais détourné, fait sortir de chez lui, même par échange, vente ou autrement, un seul objet assuré, un seul ! A-t-on pu fournir cette preuve pour un seul ? n'a-t-on pas exploré tout Paris, écrit dans toute la France? Plus près de lui, les domestiques, le concierge, sa femme, les commissionnaires, les emballeurs, ont été interrogés dans l'instruction, tous ont déclaré *jamais* (1)! Cepen-

(1) M. Ardisson a, par hasard, pu donner un témoignage du scrupule rigoureux qu'il se faisait de ne disposer en aucune manière des objets com-

dant quels moyens ont employé les compagnies ? elles ont eu recours à tous !

« MOYENS EMPLOYÉS PAR LES COMPAGNIES ; IMPOSSIBILITÉ DE PROUVER UN SEUL FAIT QUELCONQUE DE DÉTOURNEMENT.

« Elles ont procédé par l'espionnage : l'hôtel de M. Ardisson a été entouré, mis en état de blocus ; lui et les siens partout suivis, épiés ; des escouades d'agents répandues à Marly-la-Ville, autour de ses propriétés.

« Elles ont procédé par une police de rebut qu'elles se sont faite à leur solde de tout ce qu'il y a de vil et d'abject. C'est un de ces hommes qui est saisi chez M. Ardisson, conduit chez le commissaire de police du quartier, et qui là, malgré le faux nom qu'il s'est donné, est reconnu pour un nommé Godschal, chassé de la police pour ses méfaits (1).—C'est un nommé Bonnet, ayant appartenu autrefois à la police, qui maintenant, selon ses expressions ignobles, *travaille pour M. Arragon* (2), c'est-à-dire pour la compagnie d'Assurances générales.—Enfin c'est le cocher de M. Ardisson, Antoine Casset, lui-même acheté par les compagnies, qui déclare : « J'ai quitté « le service de M. Ardisson, le 11 ou le 12 juin dernier, *parce* « *que j'étais trop harcelé par les mouchards.* »

pris dans l'assurance. M. le docteur Grundler l'avait pressé instamment de céder à un de ses amis un de ses altos. M Ardisson s'y refusa et lui répondit que tous les altos (un seul excepté) étant assurés, il ne pouvait en disposer sans en prévenir la Compagnie d'assurances, et que ce n'était pas la peine, pour un objet de si peu d'importance (1,000 à 1,200 francs au plus), de recourir à de telles formalités Une lettre du docteur Grundler atteste ce fait.

(1) Ce fait est judiciairement constaté par procès-verbal du commissaire de police du quartier du Temple, M. Raymonet.

(2) La profession que se donne Bonnet est celle-ci : « Travaillant pour plusieurs personnes qui ont besoin de renseignements ; » — et plus loin : « Je travaille pour M. Arragon »

« Elles ont procédé par la délation anonyme et calomnieuse de M. Ardisson comme conspirateur.

« Déjà, depuis quelque temps, les agents des compagnies parlaient de caisses qui auraient été expédiées par M. Ardisson à sa propriété de Marly-la-Ville, lorsqu'au milieu des troubles déplorables du mois d'avril 1834, vers le 21, une personne occupant une position élevée dans la compagnie générale disait : « Nous allons le tenir, votre Ardisson, nous savons sa « cachette. » En effet, le préfet de police venait de recevoir une dénonciation anonyme, ainsi conçue :

« MONSIEUR LE PRÉFET,

« Je ne puis me dispenser dans le bien public de vous in-« former que dans la maison de M. Ardisson, à Marly-la-« Ville, au dessous de Louvres, il y a une assez grande quan-« tité de fusils et pistolets resserrés dans des caisses, et qui y « ont été amenés depuis plusieurs mois. Pardon, monsieur le « préfet, si je garde l'anonyme, ma position l'exige (1). »

« Et là dessus, le 24 avril, de dix à onze heures du matin, en l'absence de M. Ardisson qui était alors à Paris, sans aucun mandat, sans aucun ordre régulier de perquisition émané d'une autorité compétente, tandis au contraire que le préfet de police de Paris n'avait demandé que des renseignements, dix-huit gendarmes commandés par un officier, avec l'assistance du maire, envahissent la maison de campagne de Marly; défense aux gens de service de sortir, d'aller prévenir M. Ardisson; les portes sont violemment ouvertes, les serrures forcées; appartements, caves, vacherie, poulailler, pigeonnier, tout, absolument tout est l'objet des plus minutieuses recherches.

« Ce n'est que vers la nuit, dans l'impuissance absolue de forcer ni de démolir une porte, que, pour éviter d'être écrasé

_____

(1) Le dossier contient l'original de cette dénonciation anonyme, que M. le préfet de police indigné a remis lui-même à M. Ardisson, lorsque le but de cette dénonciation s'est trouvé démasqué.

par la chute de l'escalier conduisant au belvédère, on fut forcé de faire mander M. Ardisson. Frappé de cette nouvelle à Paris, à huit heures de soir, il arrive à Marly-la-Ville dans la nuit, assisté d'un commissaire de police qu'il a fait déléguer par le préfet. Les perquisitions sont continuées toute la nuit ; elles ont duré depuis la matinée du 24 avril jusqu'au lendemain 25, à sept heures du matin, c'est-à-dire pendant vingt-quatre heures ! Elles étaient faites d'ailleurs de manière à prouver que quelqu'un parmi ceux qui s'y livraient en avait le secret, et que le but était moins de trouver des armes qu'on savait bien ne pas exister, que d'autres objets qu'on espérait découvrir. Les cinq maisons que M. Ardisson possède dans le pays furent toutes visitées de fond en comble (1).

« Le résultat fut pour la calomnie un éclatant démenti, tant sur l'objet apparent que sur l'objet caché de la dénonciation.

« Ainsi, les troubles sanglants du mois d'avril, les angoisses de la cité, les alarmes de l'autorité sont indignement exploités !

« Ainsi, l'action de la force publique mise en jeu par une sorte de mystification, la violation du domicile, les effractions violentes sont des moyens de perquisition que l'on ajoute à tant d'autres !

« Ainsi, M. Ardisson, homme de mœurs paisibles, ami des études et des arts, vivant hors de la sphère des partis, étranger à tous, M. Ardisson est dénoncé comme conspirateur,

---

(1) Les compagnies ont voulu présenter l'acquisition de ces cinq maisons, dont aucune ne touche à la propriété de M. Ardisson, comme une spéculation qu'il aurait faite, et dans laquelle il aurait compromis sa fortune. Mais, de ces cinq maisons, une seule a quelque importance ; il l'avait acquise pour la céder au même prix à un ami : les autres sont sans valeur pécuniaire. Deux d'entre elles, qui, réunies, ne valent pas 2,400 f., n'avaient été achetées par M. Ardisson que pour faire venir et retirer autour de lui, en leur offrant un dernier asile, un vieux militaire et une femme âgée, parents de domestiques qui ont servi quarante-cinq ans dans la maison paternelle. Ainsi, c'est donc un acte de bienfaisance que les compagnies transforment en un acte de spéculation.

comme faisant de sa campagne de Marly un dépôt d'armes ;
un foyer d'insurrection !

« La dénonciation anonyme ne porte pas de signature,
mais la main qui l'a écrite y est marquée !

« Après cette dénonciation calomnieuse de conspiration est
venue celle, non moins odieuse , de détournement frauduleux
et d'incendie volontaire. On ne peut lire sans frémir d'indignation cette note infâme , déposée au nom de la compagnie
d'Assurances générales, dans laquelle M. Ardisson est présenté
comme méditant pendant six ans un crime abominable , choi-
sissant , disposant les lieux qu'il y destine ; saisissant après six
ans d'attente le moment favorable ! note dans laquelle le calomniateur n'allègue pas seulement, d'une manière générale,
le crime qu'il invente , mais où, confident mystérieux , il en
raconte minutieusement les détails les plus secrets , les pen-
sées les plus intimes , sans songer que tous ces détails mêmes,
toutes ces turpitudes imaginaires révèlent à chaque mot le
calomniateur qui les compose (1).

« Cependant , sur cette dénonciation , une instruction criminelle , une instruction rigoureuse a eu lieu. Nulle investigation ne pouvait être plus complète. La justice criminelle a usé
de tous les moyens si nombreux et si puissants qui sont à sa
disposition. Toutes les descentes sur les lieux, toutes les recherches, toutes les vérifications, toutes les expertises nécessaires ont été faites ; tous les témoignages ont été entendus.

« Et dans une imputation aussi horrible , dans une imputation capitale , les adversaires de M. Ardisson ne se sont pas
contentés de dénoncer calomnieusement , au secours de la calomnie ils ont appelé la subornation !

« Ils ont procédé par la subornation des témoins et des domestiques. Ainsi, l'instruction criminelle a constaté la subornation et les faux témoignages du cocher, Antoine Casset ;

_____

(1) La note contient tant et de si ignobles turpitudes qu'elle n'a pu
être insérée en entier dans l'ordonnance de non-lieu.

elle a constaté les tentatives de subornation faites, soit auprès du caporal des pompiers, soit auprès de la cuisinière, à qui on a fait remettre secrètement 200 francs que cette fille a déposés chez le commissaire de police, et à qui on faisait dire en même temps que si elle voulait dire comme la compagnie, la compagnie lui donnerait 10,000 francs, et qu'avec 500 fr. de rentes une fille pouvait vivre; soit auprès de M. Aubry, à qui on offrait 400 francs en espèces, 10 francs par jour garantis pendant trois mois, sans préjudice de 20 à 25,000 francs qui lui seraient comptés plus tard (1); soit enfin auprès d'autres personnes. Ces faits, judiciairement constatés, ont été de plus avoués presqu'en totalité par les agents employés à les commettre, et si les tribunaux n'y ont pas appliqué les peines de la loi contre les suborneurs et les faux témoins, c'est que la jurisprudence ne considère pas comme témoignages proprement dit les déclarations faites dans les affaires qui ne sont encore qu'en simple état d'instruction (2).

(1) Ce fut par ce Bonnet, ancien agent de police, *travaillant* pour la compagnie d'Assurances générales, que furent faites ces tentatives de subornation auprès du sieur Aubry. Voici comment dépose ce témoin : M. Bonnet, tenant maison garnie, rue des Carmes, n. 11, me fit, en outre de ce que j'ai déclaré près de vous, ces propositions : « Pour vous « donner plus de confiance, et pour vous prouver que votre temps et vos « démarches ne seront pas sans produit, ce soir même je vous appor- « terai 400 francs en espèces, et, si vous voulez, je vous garantirai 10 fr. « par jour pendant trois mois sur mon établissement, sans préjudice des « 20 à 25,000 francs qui vous seront comptés plus tard. » (Dépositions du 5 et du 22 novembre 1834.) Les aveux de Bonnet sont dans son interrogatoire du 6 novembre.

(2) Voici comment s'exprime à cet égard l'ordonnance de non-lieu :
« Attendu que les manœuvres pratiquées envers les domestiques du « sieur Ardisson et autres personnes par le sieur Arragon et ses agents, « et les fausses déclarations faites par l'un des domestiques du sieur Ar- « disson dans le cours de la présente instruction criminelle, ne consti- « tuent pas les crimes de faux témoignages et de subornation de té- « moins, tels qu'ils sont qualifiés et punis par la loi pénale. » *Voyez* l'extrait du réquisitoire du ministère public, cité par Me Chaix-d'Est-Ange, page 38.

« Enfin ils ont procédé par des offres de sommes importantes, par des promesses de primes considérables sur chaque objet qui serait découvert : le fait a été judiciairement avoué (1) ;

(1) A propos de ces offres de primes, voici comment dépose M. Aubry, l'un de ceux à qui elles furent faites :

« Il était venu sept ou huit fois chez moi (dit-il en parlant de Bonnet, l'émissaire de la compagnie), lorsqu'il me dit qu'il voulait me parler d'une affaire qui devait me rapporter en peu de temps 20 à 25,000 fr. Nous allons ensemble au café du Croissant ; il me dit en route que l'on pensait que M. Ardisson avait détourné des tableaux et une mosaïque peut-être, qu'il m'engageait à aller chez M. Ardisson pour tâcher de savoir de lui où il avait déposé ces objets, et que la compagnie d'assurances accordait 15 p. 100 sur les objets qu'on découvrirait. Je lui dis que M. Ardisson était incapable d'avoir fait une chose semblable ; j'ai pris cet homme pour un fou, et je ne voulus pas m'occuper davantage de cette affaire ; je le quittai. Il est revenu me voir le lendemain et le surlendemain pour me déterminer à ce qu'il voulait. Il cherchait à me persuader que c'était une belle affaire pour moi et loyalement faite. J'étais indigné de cette proposition et je le renvoyai. Il m'a donné lui-même son adresse écrite de sa main ; il se nomme Bonnet, tenant maison garnie, rue des Carmes, n. 11. » (Déposition du 5 novembre 1834.)

Et dans une déposition postérieure du 22 novembre, dont nous avons déjà rapporté une partie ci-dessus, page 105, note 1, ce même témoin ajoute :

« J'ai été étonné quelques jours après de voir arriver un monsieur que j'ai reconnu et entendu nommer, dans votre antichambre, sous le nom de Gardenti. Il s'est adressé à moi comme agent principal de la compagnie d'Assurances générales ; et tout en ayant l'air de blâmer Bonnet, il m'a confirmé ce que m'avait dit Bonnet lui-même, que la compagnie offrait 15 p. 100. »

Bonnet, interrogé le 6 novembre 1834, avoue ses propositions à M. Aubry. « C'est M. Arragon lui-même (dit-il) qui m'a dit que la compagnie donnerait 10 p. 100 des tableaux trouvés et 15 p. 100 de la mosaïque. » (Interrogatoire de Bonnet.)

Enfin, Arragon, interrogé le 19 novembre 1834, est forcé d'avouer le fait.

« Il fut convenu avec le directeur de la compagnie, dit-il, qu'on enverrait quelqu'un chez lui (chez M. Aubry). Alors j'envoyai ce nommé Bonnet, qui était de la police autrefois, et qui venait chez moi chargé de prendre des renseignements sur des lettres de change fausses. »

ils ont mis à prix la tête de leur assuré, puisque ces sommes, ces primes étaient offertes par eux dans une accusation capitale !

« Et cependant, ni l'espionnage, ni leur police de rebut, ni la délation anonyme de conspiration supposée, ni les visites domiciliaires et nocturnes opérées à main armée à la suite de cette délation, ni la dénonciation calomnieuse d'incendie, ni tous les moyens d'investigation dont la justice criminelle a disposé, ni les subornations de domestiques et de témoins, ni les primes offertes sur chaque objet qui serait découvert, rien de tout cela n'a pu, nous ne dirons pas faire découvrir, mais même faire soupçonner qu'un seul objet assuré, un seul ait été détourné des lieux marqués par le contrat ; tout a produit la pleine conviction, la ferme certitude du contraire !

« Et que les compagnies ne cherchent pas à pallier l'odieux de ces actes, à s'en rejeter l'une sur l'autre la responsabilité, ou à la décliner ! Nous savons que la dénonciation qui a amené les visites domiciliaires à Marly-la-Ville est anonyme ; nous savons que devant les tribunaux qui ont puni la calomnie, l'une des compagnies a échappé à toute peine, quoique le directeur condamné comme calomniateur ait déclaré devant la Cour royale, mais lorsqu'il n'était plus temps d'interjeter appel à cet égard, que rien ne s'était fait sans que l'autre directeur n'en eût eu connaissance et n'y eût donné adhésion ; mais qu'importe au procès civil ! qu'importe le nom des auteurs de tous ces actes ! quels que soient les coupables, ces actes existent ; ils ont provoqué, ils ont produit toutes les espèces d'investigations possibles, licites et illicites ; et après deux ans de pareilles investigations, pas un seul objet assuré, pas un seul, si minime qu'il fût, n'a pu être prouvé avoir été détourné.

« Voilà pour M. Ardisson la preuve la plus victorieuse de la présence des objets sur les lieux du sinistre.

« DES PRÉTENDUES IMPOSSIBILITÉS PHYSIQUES IMAGINÉES PAR LES
COMPAGNIES, ET FONDÉES SUR UN PRÉTENDU DÉFAUT DE CON-
TENANCE.

« Dans leur impuissance de prouver le détournement d'un
seul objet, parce que la vérité est une, parce qu'on ne peut
pas prouver ce qui n'a pas existé, les compagnies veulent démontrer leur accusation par l'impossible, et comme elles ont
créé des crimes imaginaires, elles créent encore, à défaut de
preuves, des impossibilités imaginaires.

« La grande base, la seule base sur laquelle on établit ces
prétendues impossibilités, c'est cette fausseté qu'on répète
partout et toujours, et que l'on continuera encore à répéter,
malgré les démentis donnés par les faits, malgré la preuve
matérielle du contraire, savoir :

« Que tous les objets étaient dans une seule pièce, dans la
« chambre à coucher. — Que le feu a exercé ses ravages dans
« une seule pièce, la chambre à coucher. »

« Partant de cette base, on s'écrie : Il est impossible que
la chambre à coucher eût pu contenir tout ce que M. Ardisson
prétend avoir possédé, tant en objets assurés que non assurés !
il y a impossibilité physique, impossibilité matérielle, impossibilité absolue ! Et là dessus on fait des calculs, des énu-
mérations, des comptes de pieds cubes, et l'on prétend démontrer l'impossibilité que l'on a créée.

« Non, il n'existait aucune impossibilité ; tous les meubles,
toutes les riches et immenses collections de M. Ardisson étaient
contenus dans son appartement.

« Non, ils n'étaient pas réunis dans une seule pièce, mais
ils se trouvaient disséminés dans toutes les parties de l'appartement.

« Ici il devient indispensable de jeter les yeux sur le plan.

« Le logement de la rue du Temple était divisé en grands

et petits appartements. Les petits appartements étaient situés sur la rue du Temple, et habités par M. Ardisson ; les grands étaient dans un corps de bâtiment construit en retour d'équerre sur un jardin, et ils se composaient d'une grande antichambre par laquelle on communiquait avec les petits, d'une grande salle à manger, d'un grand salon, d'une très-grande chambre à coucher, et d'un grand cabinet. Toutes ces pièces étaient, selon leur destination, remplies, soit par les meubles, soit par des objets formant les collections de M. Ardisson. Elles étaient toutes plus ou moins ornées de tableaux. Comme les petits appartements servaient d'habitation, ils étaient plus libres et renfermaient une quantité moins considérable d'objets ; tandis que les diverses pièces des grands appartements, étant destinées à former les galeries où M. Ardisson comptait exposer ses collections, séparées des pièces habitées, et fermées à l'accès des domestiques, contenaient la plus grande partie de ces collections. Enfin, parmi ces pièces, c'était principalement dans le grand salon, et plus encore dans la grande chambre à coucher, où l'on pouvait faire du feu pour préserver les objets d'art de l'humidité, que ces objets se trouvaient accumulés.

« Mais de ce qu'ils étaient principalement accumulés dans ces deux pièces, conclure qu'ils n'étaient que là, et même qu'ils étaient tous dans la chambre à coucher, afin d'en tirer cette conséquence qu'il y avait impossibilité physique qu'ils y fussent contenus, c'est toujours la mauvaise foi à l'appui de la calomnie.

« Et cependant les faits matériels sont là. D'un côté tous les objets assurés n'ont pas péri. Sur 669,000 francs, montant de l'assurance, le sauvetage s'élève à plus de 100,000 francs, c'est-à-dire à un sixième des objets, qui, pour la plupart, se trouvaient ailleurs que dans les pièces incendiées. Donc, tous les objets n'étaient pas seulement dans la grande chambre à coucher.

« D'un autre côté, parmi les objets qui ont péri, un grand

nombre ont été trouvés en cendres, en débris, ou en état de calcination, soit dans le grand salon, soit même dans la grande salle à manger. Donc, tous les objets n'étaient pas seulement dans la grande chambre à coucher.

« Il suffira, pour en finir sur ce point, et pour confondre cette allégation mensongère dont les compagnies connaissent bien la fausseté, de renvoyer à l'état descriptif dans lequel M. Ardisson a donné tous les détails de tous les objets qui étaient dans toutes les pièces de son appartement, et de leur position précise, autant que le peut fournir la mémoire d'un homme. Il a fait connaître ceux assurés et ceux non assurés qui ont péri, soit en totalité, soit en partie, par suite du feu, non-seulement dans la grande chambre à coucher, mais dans le salon et dans la salle à manger. Ce sont des faits matériels, vérifiés contradictoirement par la place qu'occupaient après l'incendie les objets restés intacts, avariés ou leur débris, et sur lesquels il doit être impossible d'en imposer à la justice. (*Voir* cet état au dossier de M. Ardisson, chemise n° 28.)

« Après cette assertion fausse, que tous les objets se trouvaient dans la seule chambre à coucher, on fait valoir d'autres considérations imaginaires pour faire croire à l'impossibilité physique que l'on s'efforce de créer.

« Ainsi, pour la musique, les compagnies, sur on ne sait quelle base, établissent on ne sait quel calcul, et multipliant à leur gré nous ne savons quoi ni comment, elles arrivent à un certain nombre de pieds cubes, le nombre qu'il leur plaît; puis, mathématiciens triomphants, elle s'écrient : « Voilà tant « de pieds cubes! La musique seule aurait formé tant de « pieds cubes! Savez-vous ce que c'est que tant de pieds cubes? « Il est matériellement impossible que tant de pieds cubes « puissent entrer dans la seule chambre à coucher! »

« Nous laisserons les compagnies à leurs pieds cubes; mais nous dirons seulement que, lorsqu'on veut raisonner par calculs mathématiques, il faut, avant tout, asseoir le calcul sur une base juste et précise, surtout lorsqu'il s'agit de cuber, c'est-à-dire de multiplier plusieurs fois par elle-même la quantité qui sert de base; autrement on grossit à chaque multiplication l'erreur qu'on s'est faite. Si l'on a exagéré la base, de manière à la prendre seulement trois fois plus grande que la vérité, le cube l'est vingt-sept fois plus; si la base était cinq fois plus grande, le cube l'est cent vingt-cinq fois! Telle est la progression effrayante que suit l'erreur primitive, c'est-à-dire qu'en cubant la base erronée ou mensongère, on cube l'erreur, on cube le mensonge, on cube la calomnie! mais fort heureusement pour la justice comme pour la vérité, on tombe alors dans l'absurde.

« A tout esprit, quelque simple qu'il soit, il est évident que pour pouvoir calculer, même approximativement, par pieds cubes, le volume que pouvaient former les collections musicales de M. Ardisson, telles qu'elles sont indiquées dans le catalogue, il faudrait commencer par déterminer, pour chaque œuvre ou pour chaque morceau, son étendue, le format, la finesse ou l'épaisseur du papier, la dimension des lignes et de l'écriture musicale; car de tout cela résulte nécessairement une différence immense, incalculable.

« Pour de la musique moderne et gravée, cette appréciation pourrait encore se faire approximativement; mais comment la faire, lorsqu'il s'agit de collections en majeure partie manuscrites, recueillies à grande peine, à grands frais, dans des voyages scientifiques, et embrassant tous les âges, tous les genres, tous les pays de l'art musical?

« Plusieurs considérations se présentent sur ce point; il nous suffira de les indiquer ici, parce qu'elles seront développées plus loin, dans un article spécialement consacré aux collections musicales. Ainsi, premièrement, il faut bien se garder de confondre les morceaux de chants séparés, ou autres de peu d'étendue, dont le nombre remplit, dans le catalogue, les chiffres les plus élevés, il faut bien se garder de les confondre, comme on voudrait le faire, sous le rapport de l'espace qu'ils pouvaient occuper, avec les grandes partitions complètes d'opéras, ou avec les morceaux de musique instrumentale en partitions. On comprend à l'instant combien cette confusion exagère outre mesure le volume attribué aux collections musicales.

« En second lieu, à l'égard des opéras et des partitions, il faut observer que, dans les premiers temps de la musique, l'orchestre étant bien plus simple, bien moins riche en instruments qu'aujourd'hui, les parties sont bien moins nombreuses, et par conséquent leur volume incomparablement moins étendu. Ainsi les anciens opéras, les anciennes partitions que possédait M. Ardisson, et qui formaient un trésor si précieux pour la science, ne doivent cependant pas être assimilés, sous le rapport du volume, aux opéras et aux partitions modernes.

« Enfin, c'est une habitude assez commune en Italie que de copier la musique sur un papier excessivement fin, dans un format très-petit, en une écriture très-serrée, quoique admirablement nette. Le musicien emporte avec lui les œuvres du génie musical, comme le littérateur emporte les poèmes du Dante ou du Tasse; et dans ses promenades, dans ses voyages, il lit, il assiste à l'exécution, il entend son orchestre toujours en mesure, toujours harmonieux, comme le littérateur suit les ombres des deux poètes dans le terrible enfer de Florence, ou le choc des chrétiens et des infidèles autour des remparts de la ville sainte.

« Ce sont ces jouissances des beaux-arts que M. Ardisson poursuivait en Italie comme partout; chaque fois qu'il rencontrait des manuscrits musicaux dans ces formats portatifs, il saisissait, comme une bonne fortune, l'occasion de les acheter; à défaut, il les faisait faire lui-même, aussi en avait-il une grande quantité dans sa bibliothèque musicale.

« Confondre sous le rapport de l'espace ces manuscrits particuliers avec les manuscrits ordinaires de la musique, et prétendre calculer le volume des uns par celui des autres, c'est absolument comme si l'on confondait des Elzevir in-32 avec de grands in-4°. M. Ardisson peut mettre sous les yeux de ses juges plusieurs de ces manuscrits échappés à l'incendie, et leur seule vue suffira pour convaincre que plus de six mille morceaux de chant, un grand nombre de partitions semblables pouvaient facilement être placés dans un très-petit espace.

« Tout est donc dit désormais sur l'impossibilité imaginaire que l'on a prétendu créer avec le volume et les pieds cubes des collections musicales.

« Quant à la bibliothèque de livres, qui forme, pour les compagnies, l'objet d'une seconde impossibilité physique, parce que, disent-elles, il est matériellement impossible que le corps de bibliothèque qui se trouvait dans la grande chambre à coucher, vu l'espace qu'il y occupait, pût contenir six mille volumes, nous nous bornerons à dire ici que ce n'est pas six mille volumes, mais seulement quatre mille trois, tout au plus, qu'il faudrait placer dans ce corps de bibliothèque. En effet, le nombre des volumes assurés est de six mille ; l'état de ceux qui en ont été sauvés, parce qu'ils étaient dans d'autres pièces que celle de la bibliothèque, porte mille quatre cent cinquante-un volumes d'une part, et cinq cent quarante-six de l'autre, ôtés de six mille, reste quatre mille trois ; ainsi l'on pourrait considérer, tout au plus, comme devant être contenus dans le corps de la bibliothèque, où se trouvaient les ouvrages les plus précieux, des Alde, des Elzevir, des Bodoni, des *Veni-Mecum*, quatre mille trois volumes, et non pas six mille ! Encore ces quatre mille trois volumes n'étaient-ils pas tous dans la bibliothèque. M. Ardisson ne l'a jamais dit, il a toujours dit le contraire ; plusieurs, par la hauteur de leur format, n'auraient pu y être placés sans changer la disposition des tablettes, comme nous l'expliquerons d'ailleurs avec plus de détails dans un article spécial sur la bibliothèque des livres.

« Que deviennent donc, nous le demandons, toutes ces impossibilités de contenance, créées à l'aide de l'altération des chiffres et de l'assertion mensongère des faits ?

« Un dernier mot pour y répondre. L'étendue du grand salon et de la grande chambre à coucher, pièces dans lesquelles se trouvait la majeure partie des objets tant assurés que non assurés, était considérable. Le grand salon avait vingt-trois pieds de long sur dix-huit de large, et la grande chambre à coucher dix-neuf pieds de long sur vingt-deux de large, le tout sur quatorze pieds de hauteur. Outre cette étendue des deux pièces, que l'on considère la nature et la valeur des objets, avec lesquels il est si facile de trouver des sommes considérables contenues dans un petit espace. Ainsi, la mosaïque de 50,000 francs, un Titien de 25,000 francs, un David de 10,000 fr., plusieurs autres tableaux de 9,000 fr. chaque, un violon Stradivarius de 6,000 fr., deux colonnes d'améthyste de 12,000 francs, tous objets occupant si peu de place, forment à eux seuls plus de 100,000 francs, c'est-à-dire près d'un sixième de la valeur des objets assurés ! Qu'on juge d'après cela s'il existait la moindre impossibilité physique que les valeurs considérables possédées par M. Ardisson, tant en objets assurés que non assurés, fussent contenues dans son appartement, et principalement dans les deux pièces où l'incendie a exercé ses ravages !

« Les compagnies ont essayé de créer, en outre, d'autres impossibilités physiques sur la nature et sur les effets de l'incendie. Ces impossibilités sont aussi imaginaires, aussi contraires à la réalité des faits, que celles relatives à la contenance; mais pour procéder méthodiquement, nous les examinerons dans un chapitre spécial sur les faits du sinistre.

« On pourrait s'arrêter ici, pour ce qui concerne la présence des objets dans les lieux de l'incendie. De tout ce qui précède, résulte la conviction intime, la certitude entière de cette présence. Elle se trouve démontrée, selon les règles du droit et de la raison, par tous les moyens au pouvoir de l'assuré, de manière à convaincre tout homme raisonnable. Cependant, tandis que les compagnies sont dans l'impossibilité absolue de fournir aucune justification directe ou indirecte de leur affirmation, c'est-à-dire des faits positifs de prétendus détournements qu'elles allèguent, M. Ardisson, quoique n'ayant à sa charge qu'une négation, peut encore en donner les preuves les plus évidentes.

« PREUVES DIRECTES FOURNIES PAR M. ARDISSON DE LA PRÉSENCE DES OBJETS SUR LES LIEUX DE L'INCENDIE.

« Une circonstance antérieure de peu de jours à l'incendie, circonstance tout-à-fait imprévue et certainement non calculée de la part de M. Ardisson, l'a mis à même d'offrir à la justice des témoignages nombreux et positifs de l'état des lieux, de la grande quantité d'objets qui s'y trouvaient, et de la présence de plusieurs de ces objets les plus précieux, une semaine environ, tout au plus, avant le sinistre qui l'a frappé.

« Ces témoignages ont été recueillis dans l'instruction criminelle. Voici comment l'ordonnance de non-lieu en a constaté le résultat :

« Tel était l'état d'encombrement du grand salon et de la « grande chambre à coucher, dans les derniers mois de « l'année 1833, que la mort de la propriétaire de l'hôtel en « ayant amené la mise en vente, le sieur Ardisson fut obligé « de faire des dépenses considérables, dans le seul but de « rendre l'accès de toutes les pièces facile aux personnes qui « voudraient le visiter. Le sieur Ardisson, son domestique et « deux hommes de peine ont été employés deux jours à ces « arrangements. Le moment de la vente passé, et l'hiver ap- « prochant, les mêmes hommes avaient été employés à rap- « porter dans la grande chambre ce qu'ils en avaient tiré « quelques semaines auparavant. On sait par leur témoignage,

« comme par les dépositions de plusieurs témoins, que les
« murs de la grande chambre à coucher étaient en partie
« couverts par des tableaux, en partie par une bibliothèque
« remplie de livres, dont les reliures étaient plus ou moins
« remarquables ; que sur un grand lit de parade, il y avait des
« livres, des partitions musicales ; que sur le parquet, recou-
« vert d'un tapis, il y avait des tableaux appuyés les uns sur
« les autres contre les lambris. Au centre de la chambre, des
« caisses et paniers remplis de livres et de partitions musicales,
« et superposés en forme de pyramide. Dans cette même
« chambre se trouvait, à la même époque, vers le 20 dé-
« cembre (1), un tableau en mosaïque d'un rare travail,
« évalué 50,000 francs au premier article de l'inventaire des
« objets d'arts assurés, sous le n° 7 de la police. »

« Les principaux témoins de ces faits importants sont
M. Guillaume Saint-Ange, commissaire-priseur, fondé de
pouvoir des propriétaires de l'hôtel, et les deux commissionnaires employés par M. Ardisson (2).

(1) L'incendie a eu lieu dans la nuit du 27 au 28 du même mois de décembre.

(2) Il serait trop long de rapporter ici les dépositions de ces témoins ;
cependant elles sont si concluantes, que nous en extrairons quelques passages.

J.-B. Servant, âgé de cinquante-un ans, commissionnaire. — « ......
M. Ardisson me fit venir, avec mon camarade François, pour déranger
des livres et des tableaux, afin qu'on pût passer dans son appartement...
(Ici le témoin décrit cette opération.)

« Quelque temps après nous sommes retournés chez lui pour remettre
dans sa chambre à coucher les livres et les tableaux que nous avions re-
tirés... (Ici le témoin rend compte de la grande quantité d'objets qui se
trouvaient dans l'appartement, tant dans le salon que dans la grande
chambre à coucher, comme il est dit dans l'extrait de l'ordonnance de
non-lieu.)

« Il y avait de grandes bibliothèques remplies de livres depuis le haut
jusqu'en bas, et ils avaient différentes reliures : il y en avait de belles
et d'ordinaires... (Suivent des détails sur plusieurs autres objets remar-

« Le témoignage de ces commissionnaires est précieux, quelque ridicule que les compagnies aient voulu jeter sur eux,
parce qu'il remonte à quelques jours seulement avant l'incendie ; parce qu'il fait connaître les dispositions de l'appartement
à cette époque; parce qu'enfin on ne peut pas le dire préparé
à dessein par M. Ardisson, puisque ce n'est qu'à la demande
du propriétaire de l'hôtel et pour montrer l'appartement aux
acquéreurs que ces commissionnaires ont été employés à
changer les positions de différents objets, afin de faciliter le
passage dans les pièces, et que, l'hôtel vendu, ils sont venus
les remettre à leur même place. Sans doute ces hommes de la-
beur ne peuvent témoigner de la nature et de la valeur artistique de ces objets; mais ils le peuvent certainement de leur
disposition, de leur quantité, de ce qui avait frappé matériellement leurs regards; et quelle que soit la naïveté de leur
langage, elle n'en atteste que mieux la véracité de leur déposition.

qués par le témoin.) Tous les murs étaient couverts de tableaux accrochés. Quand l'incendie s'est manifesté chez lui, tout le monde du quartier
l'a plaint; il est considéré comme un honnête homme. . etc. (Déposition
du 11 décembre 1834.)

François Giguet, âgé de trente-deux ans, commissionnaire. — « Avant
l'incendie de M. Ardisson, comme on devait venir voir son appartement
parce que la maison était en vente, je fus avec mon camarade Jean faire
de la place pour qu'on pût passer dans l'appartement... (Description de
l'opération). Il y avait des livres dans la grande bibliothèque de sa grande
chambre à coucher depuis le haut jusqu'en bas. (Description des dispositions et du grand nombre d'objets contenus dans les pièces, comme on
le voit ci-dessus dans l'ordonnance de non-lieu.) Quelques jours après
nous avons enlevé les planches et les tréteaux, et remis les objets où ils
étaient d'abord. Il y avait beaucoup de tableaux; il y en avait qui tapis-
saient tous les murs et d'autres qui étaient entassés contre la muraille.
Quand le feu a pris chez M. Ardisson, on a dit dans le quartier que c'é-
tait un grand malheur. C'est un bien brave homme, et il est bien changé
depuis cet événement. » (Déposition du 11 décembre 1834.)

M. Guillaume Saint-Ange, commissaire-priseur, fondé de pouvoir du

« Le témoignage de M. Guillaume Saint-Ange, commissaire-priseur, que les compagnies ont toujours passé sous silence, n'est pas moins précieux, parce qu'il se rapporte au
même fait et à la même époque ; parce que c'est M. Guillaume
Saint-Ange qui est venu lui-même visiter l'appartement et demander le passage dont il s'agit; parce que ce témoignage con-
fond surtout toutes les calomnies inventées et répétées à l'occasion de la mosaïque, que M. Guillaume Saint-Ange a vue
quelques jours avant l'incendie et qu'il a examinée avec sa
loupe, la prenant pour un tableau et ne pouvant croire que
ce fût une mosaïque.

« Ainsi l'appartement a été visité, les objets ont été vus,
examinés, placés par plusieurs personnes, dans une circonstance purement fortuite, indépendante de la volonté de
M. Ardisson, et cela huit jours à peine avant l'incendie!

propriétaire de l'hôtel.—« Huit jours avant l'incendie je fus chez lui (M. Ardisson) pour lui faire signer un état de lieux. A cette occasion, il me fit
voir tout son appartement qui renfermait une quantité considérable d'objets précieux qu'il estimait à 1,600,000 francs. Il en avait fait assurer,
m'a-t-il dit, environ le tiers ou la moitié. Il me fit voir, entre autres
choses, un tableau mosaïque qui m'a paru magnifique. Il y avait aussi des
tableaux d'un grand prix et des instruments de musique. Il se trouvait
au milieu de la pièce de grands paniers et des caisses remplis d'objets
que je n'ai pas vus... Le mobilier était du plus grand prix, etc. » (Déposition du 11 octobre 1834.)

Dans une seconde déposition sur le même fait, il donne de nouveaux
détails et s'explique ainsi :

« Je fus chez M. Ardisson pour le prier, huit jours avant son incendie,
de déranger quelques objets de son appartement, de manière qu'on pût
le parcourir pour le faire voir... Ce jour-là il me fit voir une très-belle
mosaïque, dont on ne voyait le travail qu'à l'aide d'une loupe : c'était
une marine; elle avait à peu près vingt-deux pouces de large sur au moins
quinze ou seize pouces de haut. Je recevais les loyers de M. Ardisson ;
pendant cinq ans qu'il a été locataire dans cette maison, il a toujours
très-exactement payé. » (Déposition du 11 décembre 1834.)

Quelles plus fortes preuves de la présence des objets peut-on exiger de lui (1)?

« Cependant les débris arrachés à l'incendie, la masse énorme de cendres recueillies en fournissent de nouvelles aussi concluantes, plus concluantes même que celles qui précèdent. Et pourtant, quelle quantité de cendres, combien de débris n'ont-ils pas été en outre dispersés, entraînés, complètement perdus pour l'instruction?

« Il est de notoriété publique que l'incendie dans la grande chambre à coucher avait tant d'intensité, que sans la rapidité avec laquelle les pompiers ont jeté par les fenêtres, indistinctement, dans la cour, tous les débris, c'en était fait de l'hôtel et peut-être des maisons environnantes.

« Ainsi, débris de meubles, d'objets précieux, de musique, de livres, d'instruments, tout passait par les fenêtres de la grande chambre à coucher et du salon.

« Il est de notoriété publique encore que la masse d'objets, de papiers divers, de cadres, de musique et de livres, s'élevait, devant les deux remises et l'écurie, presque jusqu'à la hauteur de l'entresol, le lendemain de l'incendie.

« Les compagnies, par leurs lenteurs calculées, par leurs contestations sans cesse renaissantes, incidentant sur chaque opération, traînant l'affaire en longueur, ont laissé ces débris passer tout l'hiver dans la cour, exposés aux pluies et aux vents, dans un hôtel en démolition et en reconstruction, au milieu d'une multitude d'ouvriers qui, chaque jour, changeant quelques objets de place pour leurs travaux, détruisaient ou

(1) Veut-on une preuve de l'indigne perfidie avec laquelle l'esprit des calomniateurs dénature les faits et s'en empare pour les exploiter? qu'on lise le passage infâme de la note calomniatrice où ces arrangements, qui forment une preuve si imposante en faveur de M. Ardisson, sont présentés comme les préparatifs de l'incendie projeté. *Voir* aussi la réfutation immédiate de cette indignité dans l'ordonnance de non-lieu.)

s'emparaient de ces vestiges, que le vent, de son côté, dispersait souvent dans la cour et dans le jardin.

« Ce fut seulement après quatre mois passés en cet état que ces débris furent recueillis et expertisés, et qu'un lavage des cendres eut lieu; dix-sept grands tonneaux d'eau furent jetés dessus, non pas dans un but général, mais dans un but tout particulier, pour chercher des débris de colonnes d'améthyste dont les compagnies niaient la présence, et dont on a trouvé cependant plus de quarante morceaux. De sorte que tous les vestiges qui étaient étrangers à cette mission spéciale des experts, on les laissait écouler, surnageant, entraînés par les eaux dans les ruisseaux et dans la rue.

« Toutefois, ceux échappés à toutes ces causes de dispersion, ceux restés dans les pièces incendiées où ils ont été recueillis, sont encore en assez grand nombre, et de telle nature qu'ils ne laissent aucun doute sur la présence des objets aux lieux de l'incendie.

« Ainsi, pour les tableaux, non-seulement dix-neuf à peu près intacts ont été sauvés, et quelques autres plus ou moins avariés, mais encore on a trouvé des débris de cadres de plus de trente-six modèles différents, qui attestent par conséquent la présence et la destruction d'un nombre considérable de tableaux; — Pour les instruments de musique, dix-sept, plus ou moins avariés, ont été sauvés; — A l'égard des objets rares et précieux, il en a été sauvé pour 35,865 francs, et en outre de nombreux débris, des sculptures, des bustes en marbre calcinés, des bronzes rongés, décomposés, des médailles presque en fusion, des vitrifications de pierres précieuses, et tant d'autres vestiges; — Pour les deux colonnes d'améthyste, plus de quarante morceaux en ont été découverts par le lavage des cendres; — Pour la mosaïque, non-seulement le fer qui soutenait son cadre et formait son armure a été trouvé, après l'extinction du feu, dans la grande chambre à coucher où la mosaïque était déposée, mais en outre le lavage des cendres a donné en résidu du carbonate de chaux, du silex, et une foule de petites pierres ;—Pour les livres, outre les mille neuf cent quatre-vingt-dix-sept volumes parmi ceux assurés, sauvés parce qu'ils se trouvaient dans d'autres pièces, les cendres et les débris ont présenté une grande quantité de charbon animal provenant des reliures, ainsi que des fermoirs et d'autres ornements ; bien plus, l'on a trouvé des vestiges tout-à-fait consumés, mais reconnaissables, des six grands volumes sur vélin, si riches par leur travail et par leur antiquité, les seuls que les compagnies aient assurés ;— Enfin, pour les collections musicales, la valeur du sauvetage est de 17,679 francs 50 centimes ; et en outre on a trouvé dans le grand salon et dans la grande chambre à coucher, au rapport même de l'expert des compagnies, M. Troupenas, une masse considérable de débris de partitions manuscrites. Ces débris ont présenté les restes de plus de huit mille feuillets, en grande partie d'écritures différentes, et attestant ainsi la présence d'un grand nombre de partitions diverses. Cependant nous verrons par quel subterfuge, par quelle opiniâtreté mensongère, digne de tous les autres moyens employés dans cette cause, les compagnies ne cessent de répéter qu'il n'a été trouvé qu'une seule feuille de musique (1)!

« Et nous ne nous perdons pas ici en de vaines hypothèses, en de pures déclamations de mots. Il s'agit de faits positifs, de débris matériels, qui sont là, qui parlent d'eux-mêmes, et que l'on ne peut contredire. Ils ont été transportés judiciairement des lieux de l'incendie dans un local spécialement loué pour ce seul usage, dans la rue Meslay, n° 22 ; le procès-verbal de leur transport a été dressé, il est au dossier; le magasin qui les renferme est fermé à double serrure, une clé est en la possession des compagnies, l'autre en celle de M. Ar-

(1) *Voir* plus bas, dans ce mémoire, à l'article sur les *collections musicales*, les détails de ce fait important, pour faire apprécier quel genre de moralité on peut attribuer aux assertions des compagnies.

disson; les débris sont là, à la disposition de la justice, qui
peut les voir, les examiner. Leur vue est le meilleur moyen
de confondre toutes les faussetés, toutes les calomnies des assureurs contre l'assuré.

« Voici dans quels termes s'exprime l'ordonnance de non-
lieu relativement à ces débris, qui ont été soigneusement examinés et vérifiés par la justice criminelle :

« Quoiqu'il soit impossible d'évaluer les effets du feu, il
« paraît, par les témoignages les plus éclairés et les plus dis-
« tingués de l'information, que l'état et la somme des résidus
« et des débris sont en rapport avec la quantité et la nature
« des objets qui étaient rassemblés dans la pièce où il a pris
« naissance et dans celle où il s'est étendu. »

« Enfin, à côté des débris de l'incendie doivent se placer
les cendres, pour compléter la démonstration; car ce qui n'a
pas été sauvé intact, avarié ou en débris, a été consumé et
réduit en cendres.

« Ce n'est que le 17 avril 1834, c'est-à-dire quatre mois
après l'incendie, que les cendres ont été ramassées dans la
chambre à coucher seulement, et dans la cour. Et même il
n'a pas tenu aux compagnies qu'elles ne fussent jetées et que
ce témoignage des ravages de l'incendie ne fût entièrement
perdu. A plusieurs reprises les agents des compagnies, le directeur du Phénix M. Pallard, et son expert M. Derbanne,
ont engagé M. Ardisson à s'en débarrasser : « Non-seulement,
« lui disait-on, la compagnie y consent bien volontiers, mais
« elle vous tiendra même compte des frais que vous ferez
« pour ce déblaiement. » M. Ardisson, malgré l'embarras de
cet amas de cendres, a eu le bon esprit de ne pas se laisser aller à ces obligeantes invitations. Que ne diraient pas aujour-
d'hui les compagnies, si on ne pouvait leur représenter aucune masse de cendres ?

« Mais bien qu'elles aient été recueillies seulement quatre
mois après le sinistre, quelle en a été la quantité ? Elles ont

rempli onze sacs, et pesé quatorze cent quatre-vingt-seize livres et demie, comme l'atteste le procès-verbal dressé le 17 avril 1834.

« Onze sacs de cendres! quatorze cent quatre-vingt-seize livres de cendres ! Que chacun de nous jette les yeux sur son foyer; qu'il songe au peu de cendres qu'y laissent après tout un hiver les voies de bois qu'on y a brûlées; quelle énorme combustion, quelle combustion d'immenses et encore d'immenses piles de bois ne faudrait-il pas opérer, avant d'avoir produit de quoi remplir onze sacs de cendres; et quelle n'a pas dû être la masse d'aliments dévorés par l'incendie dans l'appartement de M. Ardisson, pour avoir laissé un résidu si considérable, dans des objets aussi légers, aussi volatiles que des livres, des collections musicales, des instruments, et des tableaux !

« En résumé, après les observations qui précèdent, qu'on s'adresse cette première question :

« M. Ardisson a-t-il établi par tous les moyens possibles en cette occurrence que les objets assurés se trouvaient dans son appartement au jour de l'incendie ?

« Qu'on y ajoute cette autre encore :

« Les compagnies, par tous les moyens qu'elles ont employés, espionnage, police particulière et de bas étage, subornation de domestiques, dénonciation comme conspirateur, visites domiciliaires et nocturnes opérées à main armée, instruction criminelle, et même primes considérables promises sur chaque objet qui serait découvert, ont-elles pu parvenir à prouver le détournement d'un seul objet assuré, à une époque quelconque, hors des appartements de M. Ardisson ?

« Et enfin cette dernière :

« M. Ardisson ne s'est-il pas engagé solennellement à renoncer à toute indemnité, si l'on pouvait prouver qu'un seul objet assuré fût sorti de chez lui, par échange, vente ou autrement ?

« Toute la cause de M. Ardisson est là.

« Messieurs les arbitres se sont adressé ces questions ; comment y ont-ils répondu ?

« Attendu, porte la sentence arbitrale, qu'indépendam-
« ment des présomptions résultant des inventaires annexés à
« la police, l'existence des objets assurés dans les mains du
« sieur Ardisson est établie, soit par le témoignage de plu-
« sieurs personnes entendues dans le cours de l'instruction
« criminelle et qui ont vu les dits objets chez le sieur Ardisson
« dans un temps voisin de l'incendie, soit par ceux des dits
« objets qui ont été sauvés et retrouvés entiers, soit par les
« débris de ceux avariés, soit enfin par la quantité considé-
« rable des cendres provenant de l'incendie ;..... » (Ici la
sentence énumère soigneusement pour chaque classe d'objets
assurés la quantité et la valeur des objets qui ont été sauvés,
soit intacts, soit avariés, ainsi que les débris qui en sont restés.)

« Que de tous ces faits résulte, pour les arbitres, la preuve
« aussi complète que possible, en pareilles circonstances, que
« les objets compris dans l'assurance et réclamés par M. Ar-
« disson existaient réellement chez lui au jour de l'incendie ;

« Que les compagnies ne fournissent aucune preuve con-
« traire, malgré les efforts inouis qui ont été faits lors de l'ins-
« truction criminelle et même les coupables moyens qui ont
« été employés par les agents de la compagnie d'Assurances
« générales (1). »

« Telle est la réponse qu'ont faite à ces questions décisives
les juges du premier ressort, après avoir eux-mêmes visité,
examiné les lieux et les débris de l'incendie, après avoir
étudié les actes et les procès-verbaux d'expertise: la confirma-
tion souveraine des juges de l'appel n'y manquera pas.

(1) Pages 68 et suivantes.

« § IIIᵉ. DE L'ÉVALUATION DES OBJETS DANS L'ASSURANCE
ET DANS LES INVENTAIRES.

« Le contrat d'assurance souscrit entre la compagnie du
Phénix et M. Ardisson porte textuellement :

« Il est d'ailleurs convenu qu'en cas d'incendie le dom-
« mage sera réglé, pour les objets détruits, d'après les prix
« portés aux inventaires ci-annexés, et non autrement. »

« Et si l'on se demande le motif de cette clause, il est évident : c'est que les objets assurés par M. Ardisson n'ont pas un
cours vénal, un prix fixé sur la place, tarifé commercialement ; leur propre nature voulait que l'estimation, contradictoirement débattue et établie dans la police, fît la loi des
parties ; elle la fait.

« Voilà, dirons-nous aux compagnies, votre contrat !
Pourquoi toujours le dissimuler ? Comment vous y soustraire ?

« Cependant les compagnies ne cessent de répéter que
M. Ardisson a deux preuves à fournir : celle de l'existence
des objets en sa possession, et celle de leur valeur. C'est pour
ces deux preuves qu'elles lui demandent des titres de propriété,
des factures, des quittances d'achat !

« Quant à l'existence des objets, tout a déjà été dit.

« Quant à leur valeur, non, M. Ardisson n'a aucune preuve
à fournir, ni pour le moment de l'assurance, ni pour le moment de l'incendie. Des estimations contradictoires ont eu lieu
pendant plus d'un an, elles ont été signées par les parties ; le
contrat porte que ces estimations serviront de règles, en cas
de sinistre, pour fixer le dommage. M. Ardisson n'a donc rien
à prouver, quant à la valeur ; il n'a ni factures, ni quittances à fournir sur ce point, non plus que sur l'autre.

« Ainsi repoussées par les clauses mêmes de la police, les compagnies cherchent un dernier refuge. Cette clause, disent-

elles, ne peut pas les lier ; « toutes les autorités (à ce qu'elles
« prétendent) sont d'accord pour la proscrire comme con-
« traire à la nature du contrat. »

« Enfin, le système des compagnies se démasque, elles veulent formellement déchirer le contrat d'assurance en ce qui
concerne leurs obligations; elles veulent que la clause par laquelle il a été convenu qu'en cas de sinistre le dommage serait réglé d'après les évaluations portées aux inventaires,
et non autrement, soit une clause considérée *comme nulle et non
avenue !*

« Les principes qu'elles exposent à l'appui de cette étrange
prétention sont dénaturés par elles, en opposition avec les textes
formels de la loi et avec toutes les idées de la simple raison.
Entendus comme les compagnies veulent les faire entendre,
ils ne tendent rien moins qu'à leur reconnaître la libre faculté
de se jouer impunément de la crédulité des assurés, de signer
des engagements, de fixer des valeurs, de toucher des primes
proportionnelles, et, lorsque le sinistre est arrivé, de répondre aux réclamations par la plus honteuse mauvaise foi et par
les plus indignes calomnies.

« Ah ! fussent-elles fondées en droit (et elles ne le sont pas),
pour leur honneur, pour leur crédit, par pudeur humaine,
les compagnies n'auraient pas dû l'employer, ce honteux subterfuge !

« Mais non, les véritables principes, les principes vulgaires
du contrat d'assurance, ceux qu'aucun auteur, qu'aucun jurisconsulte ne peut ignorer et ne contredira sur ce point, condamnent le subterfuge des compagnies.

« Non, il n'est pas vrai que la clause que les compagnies
voudraient écarter soit proscrite par la doctrine et par la
législation comme étant contraire à la nature du contrat.

« Bien loin de là, cette clause, dans la seule espèce d'assurances qui soit réglée jusqu'à ce jour par la législation, c'est-

à-dire dans les assurances maritimes, cette clause forme le droit commun.

« Si la valeur des marchandises n'est point fixée par le con-
« trat, porte l'art. 339 du Code de commerce, elle peut être
« justifiée par les factures ou par les livres. »

« Ainsi, ce n'est qu'à défaut d'estimation fixée par le contrat, qu'il est permis de recourir aux factures et aux livres. S'il
n'en est pas ainsi dans les polices imprimées en matière d'assurances terrestres, c'est qu'en l'absence de toute législation publique, cette matière se trouve livrée à l'avide législation
privée des assureurs, qui, par leurs règlements, fixés par eux
comme ils l'entendent, imposent les conditions qu'il leur
plaît. Les assurés signent ces clauses, ces conditions imprimées, sans les connaître ou sans en apprécier la portée ; et
lorsque le malheur d'un sinistre vient à les frapper, ils sont
saisis d'étonnement et de douleur en apprenant que, d'après
les conditions imprimées de la police, les évaluations faites
dans le contrat, ces évaluations dont ils ont payé les primes
annuelles, ne signifient rien pour les indemnités ; qu'elles les
obligeaient à l'égard des primes, sans obliger les compagnies
à l'égard du sinistre ; que maintenant c'est à eux à justifier de
la valeur actuelle que pouvaient avoir les objets incendiés,
détruits ; et qu'enfin un procès est inévitable !

« Nous ne craignons pas de le dire, cette avide législation
que les assureurs se sont faite a eu, et a chaque jour encore,
en matière d'incendie, la plus funeste influence sociale.

« M. Ardisson n'a pas voulu qu'il en fût ainsi à son égard ;
il a voulu rétablir le droit commun, il a voulu que les évaluations faites par le contrat fussent obligatoires pour les deux
parties, tant pour les primes que pour l'indemnité, si malheureusement ce cas échéait ; voilà pourquoi les estimations ont
été sérieuses ; voilà pourquoi les expertises ont été contradictoires ; voilà pourquoi on a, par suite de la quantité considérable des objets assurés, employé plus d'un an à les terminer.

« Et qu'on ne dise pas qu'avec cette clause les assureurs se trouvent à la merci de la fraude et de l'exagération ; non, mais seulement alors le contrat devient sérieux, moral, et les honteuses déceptions des compagnies ne peuvent plus avoir lieu.

« Sans doute, et il importe à l'ordre social de le proclamer hautement sans doute, il est de l'essence du contrat d'assurance que ce contrat ne puisse jamais devenir un pari, une occasion de gain pour l'assuré, mais qu'il soit seulement un moyen d'indemnité. Sans doute, même lorsque la valeur des objets a été établie contradictoirement, par inventaires débattus et signés entre les parties, même lorsqu'il a été convenu que le dommage se règlerait par cette valeur estimée et non autrement, sans doute, même dans ce cas, nous l'accorderons, s'il était prouvé qu'il y a eu, de la part de l'assuré, surprise, exagération exorbitante et fraude coupable dans l'ensemble total des évaluations, l'assureur pourrait être admis à demander, selon le cas, l'annulation ou la réduction de l'assurance. Mais alors pourquoi la clause ne recevrait-elle pas son exécution? Parce que la compagnie en demanderait préalablement la résiliation pour cause de fraude, et parce qu'elle prouverait l'existence de cette fraude. C'est le droit que lui a donné l'article 336 du Code de commerce : « En cas de fraude dans l'estimation des effets assurés, en cas de supposition ou de falsification. » Alors, comme on le voit, il s'agit de fraude, il s'agit de faux, il s'agit de délit, que l'assureur allègue, et qu'il ne lui est pas permis d'alléguer sans en apporter en même temps la preuve.

« Mais jusqu'à cette preuve que, dans cette hypothèse, l'assureur devrait fournir lui-même, et qu'il devrait fournir avec d'autant plus de rigueur qu'il essaierait de faire tomber des conventions, des engagements, des reconnaissances faites par lui; jusqu'à cette preuve, impossible dans le procès, parce que l'estimation a été non-seulement modérée, mais inférieure à la valeur réelle, comme l'ont démontré les expertises ; jusqu'à cette preuve, la clause subsiste; les compagnies ont beau se débattre, elle les lie, non-seulement de toute la force d'un engagement pris, mais de toute la force qui résulte à la fois de la nature même des objets, du résultat des expertises et de la bonne foi démontrée de M. Ardisson.

« Ainsi, sur ce point, comme pour l'existence des objets au jour de l'assurance, M. Ardisson n'a rien à prouver; le contrat est là, il lie les compagnies, elles ne pourraient y échapper qu'en arguant des faits de falsification ou de fraude; et, dans ce cas, tout le fardeau de la preuve tomberait sur elles.

« Parlerons-nous ici de l'argument que les compagnies ont prétendu tirer devant les premiers juges de ce que la première assurance mobilière, celle du 15 mai 1820, n'a été faite que pour 150,000 francs seulement? Toute la puérilité en a déjà été démontrée dans les *Annotations* publiées devant les arbitres (*pag. 7 jusqu'à* 13). Nous doutons qu'on veuille encore reproduire cet argument. Dans tous les cas il suffit, pour en faire justice, de remarquer la différence entre ces deux assurances, que nous avons suffisamment fait connaître dans l'exposé des faits (*ci-dessus*, p. 76). Il est évident qu'en 1820 M. Ardisson, qui, du reste, était bien loin d'avoir encore réuni auprès de lui la majeure partie de ses collections, n'a fait assurer qu'une minime partie de ce qu'il possédait alors, et sur une estimation minime, les objets étant indiqués en masse et sans désignation individuelle; il est évident que l'estimation de 150,000 francs est faite pour l'assurance seulement; en un mot que c'est, non pas la valeur réelle ou même approximative des objets, mais seulement la somme que l'assuré veut faire garantir et qu'il répartit sur quelques catégories d'objets.

« Enfin, quoique M. Ardisson, nanti de son contrat et des estimations signées par les parties, ne pût être soumis, jusqu'à ce qu'on eût fait tomber ce contrat, à aucune justification sur la valeur des objets, il a voulu donner ces justifications.

« Il suffirait de considérer sur ce point : 1° les évaluations contradictoires qui ont été faites sous la surveillance du directeur du Phénix et de son agent supérieur, le général baron Varlet, par des appréciateurs de la compagnie ; 2° le temps qu'elles ont duré, près de quinze mois, espace de temps qui atteste à la fois et la grande quantité d'objets à expertiser et le soin mis dans les expertises, 3° les augmentations que les appréciateurs des compagnies proposaient fréquemment sur plusieurs objets, et que M. Ardisson refusait constamment, rétablissant de sa propre main une estimation de beaucoup inférieure à la valeur réelle, parce qu'il ne voulait pas se charger de primes considérables (1) ; 4° le refus obstiné, de la part de la compagnie, de représenter, malgré les instances de la justice, les minutes originales de ces inventaires qui attesteraient hautement la vérité, parce qu'elles portent la trace des augmentations faites par les appréciateurs, puis effacées de la main de M. Ardisson. Cependant ces minutes sont restées dans les bureaux de la compagnie ; c'est sur ces minutes et dans ces bureaux que la compagnie a fait faire les expéditions qui ont été jointes au contrat. Pourquoi ces minutes ne sont-elles pas représentées ?

« Joignez encore à tous ces faits les nombreuses expertises qui ont été faites dans l'instruction criminelle et dans l'instruction civile sur les objets restés intacts ou avariés, et même sur les énonciations du catalogue des tableaux ; expertises d'où est résultée la conviction unanime que les évaluations de l'assurance, bien loin d'avoir été exagérées, sont restées

_____

(1) Ce fait a même été attesté par l'instruction : « J'ai vu, dit un témoin, sur quelques originaux, les sommes portées par les experts de la compagnie, et à côté la réduction faite par M. Ardisson. Par exemple, j'ai vu un tableau porté à 12,000 francs par la compagnie, que M. Ardisson n'a estimé qu'à 4,000 francs. » (Déposition de M. Dupré, homme de lettres, âgé de soixante-dix-sept ans, en date du 5 novembre 1834, dossier de l'instruction criminelle, pièce n. 51.)

au-dessous de la valeur réelle des objets. Voici dans quels termes l'ordonnance de non lieu en constate le résultat :

« Quoique la mort ait enlevé la plupart des hommes qui
« ont coopéré à l'évaluation des objets assurés, et quelle que
« soit l'incertitude qui règne sur la valeur des objets d'arts,
« l'instruction est parvenue à des résultats assez positifs pour
« autoriser sans restriction l'opinion que les évaluations prises
« en masse ont été faites avec bonne foi et exactitude. »

« Telle est donc la déclaration, la déclaration sans restriction que fait la justice criminelle, après avoir eu recours à tous ses moyens d'investigation !

« Nous pourrions aussi rapporter le passage de la sentence arbitrale relatif à cette question, passage si concluant, si fortement motivé, comme toutes les dispositions de cette sentence. Mais nous nous bornerons à y renvoyer (1), et nous n'insisterons pas davantage sur une démonstration qui deviendra d'ailleurs plus évidente par les observations particulières qui vont suivre.

« §. IVᵉ. DE QUELQUES OBJETS SUR LESQUELS LES COMPAGNIES ONT ÉLEVÉ PLUS SPÉCIALEMENT LEURS CONTESTATIONS.

« Les compagnies ont contesté plus particulièrement, soit la présence, soit la valeur de différents objets ; mais toujours l'audition des témoins, l'examen des débris et les expertises des hommes de l'art sont venus donner un démenti à leurs allégations.

« DES TABLEAUX.

« Lors des premières opérations, après l'incendie, relatives à l'examen et à l'appréciation des tableaux échappés au sinistre, la compagnie du Phénix fit choix pour son expert de

(1) Ci-dessus, page 65 et suivantes.

M. Henry, expert des musées royaux. Sur le nom et sur la
réputation si bien établie de cet homme de l'art, M. Ardisson,
qui, du reste, était personnellement inconnu de lui, déclara
qu'il s'en rapportait entièrement à son appréciation, et qu'il
renonçait à son droit de nommer un autre expert.

« Le résultat de l'expertise fut que l'estimation portée aux
inventaires était au-dessous de la valeur réelle des tableaux ;
que tel tableau, estimé seulement 300 fr. dans l'assurance,
serait vendu de 3,500 à 4,000 francs; et même que le semblable avait été vendu par M. Henry 6,000 francs, quatre ou
cinq ans auparavant. Enfin l'expert déclara au conseil d'assurance « qu'il se faisait fort, en vendant les tableaux qui res-
« taient, de leur faire avoir au moins 25 p. 100 de plus
« que l'estimation. »

« Que firent les compagnies? Elles révoquèrent M. Henry
et le remplacèrent par d'autres experts (1).

(1) Laissons parler M. Henry lui-même, dans sa déposition du 13 décembre 1834:

« ... Lors de l'incendie de M. Ardisson, je fus appelé par la compagnie du Phénix pour donner mon avis sur les tableaux non incendiés, et
à l'effet d'examiner si les débris qui restaient des autres tableaux provenaient de ceux portés sur le catalogue; je devais donner aussi l'estimation
de ces tableaux... Les tableaux qui n'avaient pas été endommagés étaient
d'un prix supérieur à l'estimation qu'on en avait faite. D'après cela, j'ai
dû penser qu'il en avait été de même à l'égard de ceux qui avaient été
incendiés. Ayant fait part de mes observations au conseil de l'assurance,
il avait été décidé, à ce que je crois, qu'on n'aurait pas recours à d'autres
éclaircissements, et j'avais dit à ces messieurs que, pour prouver que je
ne me trompais pas, je me faisais fort, en vendant ces tableaux, de leur
faire avoir 25 p. 100 de plus que l'estimation. Un de ces tableaux, qui
était estimé 300 fr., serait vendu de 3,500 à 4,000 fr. : j'ai vendu le semblable 6,000 fr. il y a quatre ou cinq ans. Il paraît que ces messieurs n'ont
pas été contents de mon estimation, et, pour en avoir une autre, comme
ils s'étaient fait assurer par l'Assurance générale, ils ont fait nommer
d'autres experts par cette compagnie. Leur expert dans la maison de la
rue du Jardin-du-Roi a reconnu, comme moi, qu'aucun de ces tableaux

« Cependant, dans l'instruction criminelle, un grand nombre d'expertises ont été exclusivement consacrées aux tableaux. Les deux derniers experts des compagnies, MM. Martin et Paillet, ont été réunis à M. Henry, et chargés, par le juge d'instruction d'une commission rogatoire. Quelle en a été encore la conclusion ? Les trois experts, d'un commun accord, ont déclaré que dans leur opinion il y avait balance et vérité dans l'ensemble de l'appréciation portée au catalogue, et ils ont étendu cette décision tant aux tableaux sauvés qu'à ceux détruits dans l'incendie, à les juger par les indications du sujet et du maître (1).

« Deux incidents sont à remarquer relativement aux tableaux.

n'avait d'analogie avec ceux portés sur le catalogue. Il a signé le procès-verbal avec moi. Il paraît qu'après il a dit le contraire. Je persiste à déclarer que j'ai toujours dit la vérité en mon âme et conscience, et à croire que je ne me suis point trompé, et j'en suis même très-certain... Les tableaux qui se trouvent sur le catalogue dont j'ai pris connaissance se vendraient encore aujourd'hui de 12 à 15 p. 100 au-dessus du prix porté au catalogue, quoique le prix de vente des tableaux soit bien diminué maintenant. Les noms des auteurs des tableaux portés sur ce catalogue sont exacts, à l'exception d'un tableau attribué à Girardeau, qui est de Sorgh. Il était estimé 500 fr., et il valait ",000 fr. environ. J'eus à cet égard une discussion avec MM. Martin et Paillet, qui ne purent ni l'un ni l'autre dire de quel maître il était... Si j'avais eu le bonheur de me trouver avec des personnes expérimentées, il n'y aurait pas eu la moindre différence d'opinion. »

(1) Voici comment le rapport des experts s'exprime sur les dix-neuf tableaux sauvés intacts :

« ... Après récollement fait des dix-neuf tableaux confrontés en nature avec le catalogue de tableaux représenté par M. Ardisson et par la compagnie d'assurance, nous les avons reconnus se rapporter avec le dit catalogue, et, quant à leur valeur, quelques-uns nous ont paru surélevés, et d'autres infiniment au-dessous de leur valeur réelle ; d'où nous concluons qu'il peut y avoir dans notre opinion balance et vérité dans l'ensemble de l'appréciation portée au dit catalogue. »

« Celui du tableau de *Páris et Hélène*, peint par David.
C'était une esquisse à laquelle David avait lui-même donné
ses soins et mis sa signature en 1809 ou 1810, et que M. Ardisson avait obtenue de l'amitié du grand peintre, après trois
ans de sollicitations ; il la lui avait payée 10,000 francs. Ce tableau a été brûlé, et les compagnies ont prétendu nier son
existence, sur le motif que le tableau original était au Musée,
et qu'il n'était pas à leur connaissance que David en eût jamais fait une copie ou une réduction ; qu'aucun catalogue,
aucun ouvrage d'art n'en faisait mention.

« Plusieurs élèves de David, peintres distingués aujourd'hui,
ont été entendus, et leurs dépositions, sans pouvoir s'appliquer précisément à l'esquisse que possédait M. Ardisson, ont
attesté l'existence de trois répétitions du *Páris et Hélène*, outre
l'original qui est au Musée, savoir : une esquisse primitive (1),
une copie par Lerougel (2) et une réduction par Sirangelli (3),
tous deux élèves de David, copies faites sous ses yeux, dans
son atelier, probablement ou même certainement, disent les
témoins, retouchées et signées par lui.

(1) Attesté par la déposition de M. Gros. Cette esquisse a été vendue
après le décès de M. Meynier (Déposition du 11 novembre 1834.)

(2) Attesté par la déposition de M. Gérard : « Je crois, dit-il, qu'elle
a été faite pour quelqu'un qui demeure à Vienne, en Autriche. » (Déposition du même jour.)

(3) Déposition de M. Mulard, peintre d'histoire, inspecteur des travaux à la manufacture des Gobelins. « Ce tableau a été fait, dit-il pour
David, qui en a dû disposer et qui même l'a vendu dans le temps, je
ne sais pas à qui. Il est probable que David a retouché à ce tableau, c'est
même certain ; quelquefois il signait des répétitions Par exemple, au Musée, il existe un tableau de Bélisaire en petit, qui est une répétition faite
par différents élèves de David, et retouchée et signée par lui. » (Déposition du 14 novembre 1834.)

M. Isabey dit aussi dans sa déposition du 13 novembre : « Il arrive
quelquefois que des élèves réduisent un tableau, et que le maître le termine ensuite et y met son nom. »

« Ces deux faits, dit l'ordonnance de non-lieu, montrent
« qu'il ne suffit pas du silence des catalogues ou des biogra-
« phies pour révoquer en doute l'existence du tableau dont il
« s'agit ; elle est au surplus attestée par quelques témoins qui
« l'ont vu et admiré dans la galerie de M. Ardisson. »

« L'autre incident est relatif au logement de la rue du Jardin-du-Roi, que les compagnies appellent un appartement
clandestin, et qui a été, de leur part, l'objet de tant de calomnies, démenties d'une manière si éclatante par l'instruction
criminelle.

« Oui, M. Ardisson, membre de la société d'horticulture,
voulant acquérir des connaissances plus étendues pour les
mettre à profit à Marly-la-Ville, où les travaux de la campagne et la création d'un jardin anglais devaient lui offrir de
purs délassements, M. Ardisson avait loué, en juillet 1831, au
prix de 140 francs par an, un petit cabinet, un pied-à-terre
près du Jardin-du-Roi, pour y suivre un cours d'horticulture.
Il avait fait cette location sous son prénom seul d'Amédée Il
a présenté un reçu des *Petites Affiches* et diverses factures passées sous ce seul prénom, qui prouvent qu'il n'y avait là rien
autre de sa part qu'un usage qu'il suivait quelquefois dans
certaines circonstances peu importantes de la vie.

« En juillet 1832, pressé de débarrasser le vestibule de son
hôtel rue du Temple de divers meubles et de médiocres tableaux, tous destinés à sa campagne, qui étaient restés long-
temps, au vu et su de tout le monde, dans le vestibule même,
mais que le propriétaire et la locataire voisine (Mme la
comtesse Charpentier) ne voulaient plus y souffrir, M. Ardisson, dans l'impossibilité où il était de les placer dans ses
appartements, où tout était plein, et forcé cependant de les
déposer quelque part, songea à son cabinet de la rue du
Jardin-du-Roi. Ce fut alors qu'il saisit l'occasion d'échanger
ce cabinet contre un petit logement dans la même maison, au
prix de 200 francs par an, et qu'il y fit transporter ostensi-

blement et au su de chacun les effets qu'il retira du vestibule.

« La justice a fait une descente improviste dans ce logement.
Tout était recouvert d'une poussière épaisse qui attestait que
depuis long-temps personne n'y avait pénétré. « Depuis
« douze ou quinze mois, dit l'ordonnance de non-lieu,
« M. Ardisson n'y avait point paru. » C'est ce que tous les témoignages ont attesté. Du reste, qu'y a-t-on trouvé ? les meubles et les médiocres tableaux destinés à la campagne, mais
rien de plus. M. Ardisson a présenté le bordereau d'achat
des tableaux, en date du 13 octobre 1828, et celui des meubles acquis dans une vente publique, rue Saint-Lazare, n° 20,
le 7 juillet 1832. Ainsi, ces acquisitions, tant celle des tableaux
que celle des meubles, sont postérieures à l'assurance (qui est
du 8 juillet 1828), et par conséquent entièrement en dehors
des objets assurés.

« Que dirons-nous des ridicules analogies de paysage ou de
sujet que les experts mandataires des compagnies ont cru pouvoir signaler entre quelques-uns de ces médiocres tableaux
et ceux de l'assurance ? On peut voir par la déposition de
M. Henry, citée ci-dessus, page 132, ce qu'en pensait cet
homme de l'art. Ces prétendues analogies n'ont pas résisté à
l'examen ; elles se sont réduites en fin de compte à une seule,
pour un tableau de 15 francs.

« Mais, si minime que soit cette somme, de l'analogie conclure à l'identité, prétendre que ce tableau, analogue quant
au sujet, est le même que celui assuré, c'est imputer à M. Ardisson, par simple voie d'analogie, un crime de détournement,
un crime de vol. M. Ardisson proteste contre cet esprit calomniateur qui conclut de l'analogie à l'identité. Le mauvais tableau de la rue du Jardin-du-Roi n'est pas le tableau assuré
avec lequel on a pu lui trouver de l'analogie. Cette analogie,
c'est sur une simple désignation de catalogue qu'on l'a supposée, car le tableau assuré a été détruit et n'était pas là. C'est

une fête flamande. Et quelles fêtes flamandes, jugées seulement par le titre, ne se ressemblent pas ! C'est un tableau de Breughel, et M. Henry a déclaré dans son expertise « qu'il « est arrivé plusieurs fois à cet auteur de composer le même « sujet (1). »

« Il y a plus : des témoins ont été entendus, et ils ont déclaré positivement que ce tableau n'était pas celui qu'ils avaient vu dans la collection de M. Ardisson, qu'il ne pouvait lui être comparé, et ils en ont signalé les différences. La même déclaration a eu lieu pour tous les tableaux. Aussi justice entière a-t-elle été rendue à M. Ardisson sur ce point comme sur tous les autres, et il ne peut que s'en référer aux motifs développés dans l'ordonnance de non-lieu, qui a ordonné que tous les tableaux trouvés rue du Jardin-du-Roi lui fussent restitués.

« DU TABLEAU EN MOSAÏQUE ET DES DEUX COLONNES D'AMÉTHYSTE.

« Les compagnies ont contesté la présence de ces objets sur les lieux de l'incendie, et même, jusqu'à un certain point, la réalité de leur existence.

« Nous n'ajouterons plus rien à ce que nous avons déjà dit sur les colonnes d'améthyste, comprises dans l'inventaire d'assurance pour la somme de 12,000 francs. Les agents des compagnies répétaient hautement et chaque jour, pendant les

(1) M. Henry, après avoir détruit les prétendues analogies signalées par les experts des compagnies, et en avoir démontré tout le ridicule, dit :

« Qu'il y a analogie complète dans un tableau représentant une fête flamande avec celui porté au catalogue sous le n. 88 ; que ce tableau est de Pierre Breughel, et qu'il est plusieurs fois arrivé à cet auteur de composer le même sujet. »

Voilà pourquoi cet expert, dans la déposition qu'il fait plus tard, déclare que s'il avait eu le bonheur de se trouver avec des personnes expérimentées, il n'y aurait pas eu la moindre différence d'opinion.

opérations, que ces colonnes avaient été soustraites avant l'incendie, qu'elles ne se trouvaient plus chez M. Ardisson au
moment du sinistre, qu'il était physiquement impossible
qu'elles eussent été détruites par le feu de manière à ne laisser
aucun vestige apparent. Cependant, par le lavage des cendres,
quarante et quelques morceaux de ces colonnes furent trouvés,
et non-seulement la matière, mais encore le poli, le contour
que la plupart de ces fragments présentaient encore sur une
de leurs faces, attestaient leur identité. Et, qu'on veuille bien
y songer, de quel prix, de quelle rareté ne devaient pas être
deux colonnes de belle améthyste, chacune d'une seule pièce !

« Quant au tableau en mosaïque, assuré pour 50,000 francs,
c'était une grande marine d'un travail admirable, dont les
jointures ne pouvaient s'apercevoir qu'à la loupe, et qu'au
simple secours des yeux on prenait pour une peinture, avec
une mer, un ciel, un beau lointain, des chaloupes et trente-
deux personnages ! Aucune contestation ne nous paraissait
possible désormais sur ce tableau ; son existence et son incom-
parable beauté ont été attestées dans l'instruction par un
grand nombre de témoins qui l'avaient admiré chez M. Ardisson (1); sa présence sur les lieux a été justifiée par le té-

(1) Parmi les nombreux témoignages qui se trouvent au dossier de
l'instruction criminelle, sur l'existence et sur la beauté de la mosaïque,
nous choisirons pour le citer, comme celui d'un homme spécial, le témoignage suivant de M. Baillet, bijoutier :

« ... J'ai vu les collections de M. Ardisson, chez lequel j'allais quelquefois. J'ai vu des choses très-précieuses, entre autres un tableau de
mosaïque qui était admirable et sans prix, et s'il eût été volé on l'aurait
retrouvé, car je crois que dans aucun cabinet de l'Europe on n'en trouverait un pareil. On ne pouvait voir la réunion des pierres qu'au
moyen d'une loupe. Lorsque je l'ai vu, il était placé sur un chevalet dans
le milieu d'un grand salon et près de la cheminée. Il avait environ deux
pieds de long et seize à dix-huit pouces de hauteur. Je ne pourrais cependant pas déterminer sa proportion. Il m'a dit dans le temps qu'il en
avait refusé 70,000 francs de Murat, qui était alors grand-amiral de

moignage de M. Guillaume Saint-Ange (rapporté ci-dessus, page 118, en note) qui l'y a vu quelques jours seulement avant l'incendie ; par l'armure en fer de son cadre, trouvée après l'extinction du feu dans la pièce où il était placé ; et enfin l'on a pu juger de sa valeur, par comparaison, d'après la déposition du directeur de l'école royale de mosaïque, entendu dans l'instruction (1).

« Les compagnies ont feint de s'étonner que ce tableau en mosaïque ait pu être détruit par le feu, et que les émaux ou les pierres qui le composaient n'aient pu être retrouvés et reconnus distinctement dans les débris. Ce serait un hasard, une sorte de miracle bien plus surprenant, si le contraire avait pu arriver! Le travail d'une mosaïque n'est réuni et retenu que par un ciment, une couche bitumineuse sur laquelle il est posé. Quoi de plus inflammable, quoi de plus facile à se fondre, à couler et à s'évanouir en fumée ou en vapeur, que le bitume et les matières analogues qui composent cette couche! Lors de la visite de l'appartement de M. Ardisson, faite par M. Guillaume Saint-Ange quelques jours avant l'incendie, la mosaïque, après avoir été admirée, considérée avec la loupe, fut adossée contre d'autres tableaux, la base inférieure posée par terre, dans une position verticale un peu inclinée. Dans cette position, l'enduit, le ciment bitumineux qui formait sa couche, une fois fondu, enflammé par l'incendie,

France. Je ne puis pas vous dire au juste ce qu'il représentait, mais je me rappelle qu'il y avait de petites chaloupes et des personnages, et un lointain très-beau. — Je lui ai vu de très-beaux tableaux, etc. » (Déposition du 2 décembre 1834)

(1) Voici, sur ce point, la disposition de l'ordonnance de non-lieu :
« Le directeur de l'école royale de mosaïque a été entendu à l'occasion
« d'un tableau mosaïque, inscrit sous l'article 1er de l'inventaire des objets
« d'arts, et évalué 50,000 francs ; et en rapprochant sa déposition sur le
« travail et sur le prix de la mosaïque antique, des termes dans lesquels
« plusieurs témoins ont décrit celle du sieur Ardisson, il paraît certain que
« celle-ci appartenait au genre antique du travail le plus parfait, et que
« l'évaluation de l'inventaire n'est pas exagérée. »

a dû couler, et avec lui tout le travail de la mosaïque. Mais, dit-on, il faudrait retrouver, il faudrait représenter les émaux, les pierres qui composaient ce travail, car il est impossible qu'elles aient été complètement détruites par le feu. Quoi! des pierres imperceptibles, invisibles à l'œil nu, qui ne pouvaient être distinguées qu'à la loupe, incomparablement plus petites que chaque grain de cendre, on veut les retrouver, les reconnaître distinctement; et cela au milieu de débris qui s'élèvent dans la cour jusqu'à la hauteur de l'entresol, au milieu de onze sacs, de quinze cents livres de cendres, quand ces cendres, quand ces débris ont été jetés pêle-mêle par les fenêtres, quand ils ont passé tout l'hiver dans la cour, quand on ne les soumet à l'examen que quatre mois après le sinistre! C'est le comble de l'absurdité. Mais, s'il a été impossible de trier, de reconnaître distinctement dans les cendres et dans les débris ces pierres invisibles, et de les donner, comme l'exigeraient les compagnies, pour les véritables pierres de la mosaïque, les opérations du lavage des cendres ont fait découvrir du carbonate de chaux, du silex et une foule de petites pierres, dont une partie peut à bon droit être attribuée aux résidus de la mosaïque (1). Comment concevoir cependant, dit le mémoire des compagnies, que le travail de la mosaïque ait péri, quand le cadre en bois doré a été trouvé intact? Ceci est une fausseté! on a retrouvé l'armure en fer et le fragment d'un angle supérieur du cadre y attenant : tout le reste a péri. Voilà comment les compagnies racontent les faits!

(1) M. Chevalier, chimiste expert, qui avait opéré le lavage des cendres, dans sa déposition du 13 décembre 1834, s'est exprimé en ces termes : « Dans les résidus de l'incendie de M. Ardisson, il y avait du carbonate de chaux, du silex, et une foule de petites pierres dont nous n'avons pas examiné la nature, parce que ça ne nous a pas été demandé. La compagnie d'assurance prétendait que deux colonnes d'agate avaient disparu avant l'incendie; cependant nous avons trouvé des résidus d'agate dans les débris. Les assureurs ont dû être convaincus que ces colonnes n'avaient point été enlevées. »

« DE LA BIBLIOTHÈQUE ET DES LIVRES.

« Rien n'a été mieux expliqué, mieux vérifié dans la cause, que la division des livres, dont il faut distinguer trois catégories : — Ceux destinés à la campagne, non assurés, et de peu de valeur, achetés postérieurement à l'assurance dans des ventes ou sur les quais ; — Ceux qui se trouvaient dans le cabinet de M. Ardisson, non atteints par le feu, tous bons, excellents ouvrages par leurs auteurs, mais de moindre prix par l'impression ou par la reliure, qui, par cette raison même, avaient été choisis, lors du déménagement, pour former le dessus des caisses contenant de la musique, et placés ensuite dans les armoires du cabinet de travail où ils se trouvaient ; — Enfin les ouvrages les plus précieux et de la plus grande valeur, placés où ils devaient être, c'est-à-dire dans la grande et belle bibliothèque, et quelques-uns aussi sur différents meubles de la même pièce. Comment, en présence de tout ce qui est résulté des débats et de l'instruction à cet égard, comment les calomnies se reproduisent-elles toujours les mêmes?

« Il faut y répondre par quelques observations sur la bibliothèque.

« Les compagnies ont fait à l'égard des livres ce qu'elles avaient fait à l'égard des tableaux. Ainsi, M. Henry, choisi par la compagnie du Phénix pour les tableaux, rendant justice à la vérité, a été remplacé au Jardin-des-Plantes par d'autres experts. De même, M. Guilbert, libraire, d'abord nommé expert par les compagnies, ne disant pas comme elles, est remplacé par M. Sylvestre.

« Que n'entreprendront-elles pas auprès de ce dernier? Ici les calomnies auront plus de chances de succès, non que M. Sylvestre ne soit un homme fort honorable, au contraire, mais parce qu'il n'arrive pour juger que lorsque les objets ont changé de face et de nature.

« L'incendie a eu lieu dans la nuit du 27 au 28 décembre 1833, et c'est après une série d'opérations et de résultats tout-à-fait opposés, qui ont détruit les vestiges même de ce que l'on pouvait mieux rechercher auparavant, que les compagnies appellent M. Sylvestre pour faire un rapport, le 16 juin 1834, c'est-à-dire six mois après.

« Que lui montrent-elles d'abord, pour qu'il juge du mérite des ouvrages de la grande bibliothèque? Une caisse où les compagnies ont déposé de vieux livres communs destinés pour la campagne, et qui n'ont jamais fait partie de la bibliothèque assurée.

« D'où viennent ces livres? Du salon attenant à la grande chambre à coucher; ils y ont été jetés par les pompiers pour éviter un plus grand embrasement du salon, afin de concentrer et de maîtriser l'incendie. Jugez maintenant, monsieur Sylvestre, sur la qualité, quand cette qualité était, avant même le sinistre, tout-à-fait étrangère aux livres de la bibliothèque.

« Les compagnies le savent bien elles-mêmes : les bois des bibliothèques destinées pour contenir les livres pour la campagne se sont trouvés rue du Jardin-du-Roi, les livres ont été achetés en bloc, après l'assurance, sur les quais, à Montmartre et à l'hôtel Bullion. N'importe! disent les compagnies, ces livres n'induiront que mieux M. Sylvestre en erreur, et nous en profiterons.

« Non, messieurs, non, vous n'en profiterez pas. Votre ruse est trop grossière, et déjà M. Sylvestre répond à une de vos questions par ces mots :

« Quant à la quantité, c'est une question qu'il serait dif-
« ficile de résoudre immédiatement après l'incendie, à plus
« forte raison lorsque les débris et les cendres ont déjà été
« soumis à des opérations chimiques. »

(*Rapport de M. Sylvestre.*)

« Il est de notoriété publique, comme nous l'avons déjà dit, que pour se rendre maîtres du feu les pompiers ont jeté par les fenêtres, indistinctement, dans la cour, tous les débris, et que la masse d'objets, de papiers divers, de cadres, de musique et de livres, s'élevait, devant les deux remises et devant l'écurie, jusqu'à la hauteur de l'entresol, le lendemain de l'incendie.

« C'était alors, et dans les premières expertises, qu'il fallait appeler M. Sylvestre, qu'il eût été facile de trouver dans la cour des fragments de livres, de gravures, de feuillets, appartenant réellement à la bibliothèque assurée, aux partitions gravées et autographes, des fragments de reliure et d'autres objets de prix, peut-être. Mais qu'ont fait, au contraire, les compagnies ?

« Elles ont laissé ces débris passer tout l'hiver dans la cour, où les pluies, les vents, le passage continuel d'une multitude d'ouvriers, de chevaux et de chariots, ont entraîné, dispersé, détruit ces fragiles lambeaux de livres.

« Le lavage des cendres arrive enfin; dix-sept grands tonneaux d'eau sont jetés dessus. On aurait arrêté alors de nombreux débris de reliure, de feuillets, de parcelles de dorure de cadres, surnageant, entraînés par les eaux dans les ruisseaux et dans la rue; mais ce n'était pas là l'objet de l'opération en ce moment. On ne cherchait que des débris de colonnes d'améthyste, ainsi tous ces vestiges de livres ont été perdus.

« Les compagnies avancent que M. Ardisson n'était pas possesseur d'une bibliothèque d'un si haut prix. Elles avancent toujours ce qui n'est pas : c'est leur habitude. Mais M. le baron Varlet et M. Joliat, directeur, qui l'ont vue, ainsi que les experts, ont pu juger de son importance. C'est la compagnie du Phénix elle-même qui a fixé la moyenne de 10 fr. le volume, sur le rapport de son directeur, M. Joliat; et maintenant que le sinistre est arrivé, les compagnies voudraient disputer le nombre qu'elles ont reconnu, et le prix qu'elles ont fixé elles-mêmes!

« Au doute de sa bibliothèque, qui n'a pu être assurée au moins sans avoir été vue, M. Ardisson répond qu'il n'a pas attendu le 8 juillet pour en faire le catalogue; de nombreux témoins peuvent l'attester.

« *Copie de la déclaration de M. Demay, relative à la bibliothèque.*

« Je soussigné, ancien commis libraire à Paris, déclare « avoir fait, dans le courant de l'année 1823 à 1824, le clas- « sement et le catalogue de la bibliothèque de M. Ardisson, « demeurant alors rue de Cléry, nº 25.

« Je déclare en outre avoir remarqué dans cette riche bi- « bliothèque que j'estime contenir six mille volumes, des ou- « vrages d'une rare curiosité, et reliés avec luxe, tels qu'El- « zevir, Alde, Etienne, Bodoni, Didot, etc., et qu'indépen- « damment de cette collection nombreuse, j'ai vu chez M. Ar- « disson des manuscrits sur vélin en assez grande quantité, « dont il avait déjà rédigé lui-même le catalogue.

« J'atteste de plus que nous étions quatre personnes occu- « pées au travail de classement de la bibliothèque dont il « s'agit, y compris M. Ardisson.

« Délivré le présent sur la demande de M. Ardisson, et pour « rendre hommage à la vérité.

« Paris, le 28 juin 1834.

« *Signé*, DEMAY,

« *Actuellement chef de bureau à l'admi-* « *nistration des hospices de Paris, ré-* « *dacteur de plusieurs catalogues d'a-* « *mateurs, et de la bibliothèque des* « *avocats à la Cour royale de Paris.* »

« Elle existait donc, car de nombreuses personnes l'ont vue !
Elle existait : plus des lettres autographes de divers grands personnages ; plus encore trois cents manuscrits sur vélin des IXe,
Xe, XIe XIIe et XIIIe siècles, d'une grande richesse de travail et
de matière, dont un de Galilée, confronté avec les manuscrits de
ce savant à la bibliothèque de Florence. Ces volumes de lettres
autographes et ces manuscrits, vus même par M. Joliat et par
M. le baron Varlet, ont brûlé, et n'étaient pas assurés.

    « En voulez-vous une autre preuve ? Voici la déclaration
d'un second libraire qui a travaillé, plusieurs années avant
l'incendie, pendant trois jours entiers à l'arrangement de la
bibliothèque dans l'appartement même de la rue du Temple.

« Déclaration de M. Chimot, libraire.

    « Je déclare en faveur de la vérité qu'ayant été appelé il
« y a environ cinq ans par M. Meissonnier pour arranger la
« bibliothèque de M. Ardisson, demeurant rue du Temple,
« no 102, j'ai travaillé, aidé par M. Ardisson et M. Meisso-
« nier et une autre personne, pendant trois jours entiers, à
« l'arrangement d'une partie de ses livres qui étaient pêle-mêle
« dans la première pièce, et que nous avons placés dans une
« grande bibliothèque en acajou ;
    « Que pendant cette opération, M. Ardisson, allant et ve-
« nant, apportait du fond de son appartement des livres et
« manuscrits fort rares, la plupart sur vélin avec miniatures,
« d'une grande richesse : plusieurs de ces manuscrits étaient
« des XIe, XIIe et XIIIe siècles ;
    « Que dans l'intervalle où l'on arrangeait les volumes de la
« première bibliothèque, M. Ardisson me fit entrer avec ces
« messieurs dans un grande pièce, au fond de son appartement,
« et que là il me dit qu'après l'opération dont on s'occupait,
« il resterait à classer aussi les ouvrages qui se trouvaient dans
« une grande bibliothèque en acajou ;
    « Qu'ayant resté assez long-temps devant cette bibliothèque,

« j'ai eu occasion d'y remarquer un très-grand nombre d'é-
« ditions Elzévir, des Alde et autres livres précieux ; qu'en
« outre de ceux-ci il y en avait sur le lit, dans des paniers et
« sur des tables, pêle-mêle ; il me montra la plus belle collec-
« tion de musique et la plus rare que l'on puisse réunir, tant
« imprimée que manuscrite : elle remontait à l'origine de l'é-
« criture de la musique ;

« Qu'ayant rencontré un jour M. Meissonnier, et lui ayant
« demandé quand nous finirions ce travail, il me répondit que
« M. Ardisson étant presque toujours à la campagne, ce tra-
« vail serait achevé à son retour.

« En foi de quoi j'ai fait la présente déclaration pour rendre
« hommage à la vérité et servir et valoir en ce que de raison.

« Paris, le 1er juillet 1834.

« *Signé*, CHIMOT, libraire,

« *Rue Saint-Dominique-Saint-Germain*, n° 25. »

« Maintenant on le demande : Ces ouvrages étaient-ils chez
M. Ardisson, rue du Temple ? S'ils y étaient avant l'incendie,
et si on ne les retrouve pas après, c'est donc incontestablement
qu'ils ont été dévorés par les flammes.

« Vous demandez des débris, des vestiges ?

« Il ne fallait pas laisser dans une vaste cour des débris pendant tout un hiver aux vents, à la pluie, au milieu d'une foule
d'ouvriers faisant constamment des déblais de matériaux et de
terres.

« Il fallait les chercher surtout avant le lavage des cendres.

« Des débris ! et tant de livres de cendres, presque impalpables, ne montrent-elles pas la combustion la plus intense ?

« Des débris ! et une immense quantité de feuilles et de
demi-feuilles autographes, à demi brûlées, ainsi que des partitions de musique presque détruites, ne se sont-elles pas
trouvées dans la grande pièce de la chambre à coucher et dans
le salon ?

« N'a-t-on pas trouvé dans le lavage des fermoirs et des clous dorés provenant d'antiques et fortes reliures de livres?

« Des six grands volumes, si riches par le travail et par leur antiquité, les seuls sur vélin qu'aient assurés les compagnies, n'en a-t-on pas trouvé quelques vestiges, tout-à-fait consumés, mais reconnaissables, ainsi que l'un des manuscrits du XIᵉ siècle sur vélin, non assuré (1)?

« Ces six volumes avaient des reliures très-épaisses à clous dorés; qu'en est-il resté?

« Les compagnies du Phénix et d'Assurances générales, altérant toujours ce qui est vrai, dénaturent jusqu'aux chiffres même signés par leur expert.

« Le chiffre des volumes brûlés n'est pas, comme le disent les compagnies, de quatre mille neuf cent dix volumes, mais seulement de quatre mille trois volumes, car l'état des volumes sauvés porte mille quatre cent cinquante-un d'une part, et cinq cent quarante-six de l'autre : ôtés de six mille, reste quatre mille trois volumes.

« Il ne faut donc pas se récrier comme sur une impossibilité physique que la bibliothèque de la grande chambre à coucher contînt six mille volumes (2)! il ne faut pas même dire quatre mille neuf cent dix. Les volumes qui ont péri ne sont qu'au nombre de quatre mille trois. Ce serait donc tout au plus ce nombre qui se serait trouvé dans la bibliothèque de la chambre à coucher, et encore n'y étaient-ils pas tous ; M. Ardisson ne l'a jamais dit ; il a toujours dit le contraire.

« Tous les livres assurés qui ont péri n'étaient pas dans la

(1) MM. les magistrats peuvent voir ces divers vestiges dans le magasin où ils sont déposés avec les autres débris de l'incendie. Ces vestiges, surtout ceux des six grands volumes antiques sur vélin, sont un triste et muet témoignage que les compagnies, certes, ne peuvent pas récuser, mais qu'elles s'efforcent toujours de dissimuler.

(2) L'expert des compagnies comme celui de M. Ardisson sont d'accord pour condamner la prétendue impossibilité que les compagnies ont imaginé de fonder sur un prétendu défaut d'espace.

« bibliothèque ; plusieurs, par la hauteur de leur format, n'au-
« raient pu y être placés sans changer la disposition des tablettes.

   « Partie étaient posés sur le lit de parade , ou debout , en-
« veloppés d'un linge.

   « De ce nombre étaient :

   « 1° *Description de l'Égypte*, édition du gouvernement,
« exemplaire papier vélin, figures coloriées ; 11 volumes in-
« folio. . . . . 2,600 fr.

   « Assuré à 10 fr. le volume.

   « 2° *Musée français* et *Musée royal*, par Ro-
« billard et Laurent, six volumes in-folio (exem-
« plaire avant la lettre). 2,800

   « Assuré à 10 fr. le volume.

   « 3° *Galerie de Florence*, quatre volumes in-folio
« (avant la lettre). 800

   « Assuré à 10 fr. le volume.

   « 4° *Les Loges de Raphaël ;* les trois parties grand
« in-folio. L'exemplaire était colorié avec le plus
« grand soin. 1,700

   « Assuré pour 10 fr. chaque partie.

   « 5° *L'Iconographie grecque et romaine*, par Visconti six
« volumes in-folio , assurée pour 10 fr. le volume.

   « *La Calcographie de Piranesi*, exemplaire de l'ancienne
« édition avec le texte , assuré pour 10 fr. le volume.

   « Plusieurs atlas , Vignoles , Palladio , dont on connaît les
« prix, assurés pour 10 fr. le volume.

   « Mes souvenirs , dit M. Ardisson, me rappellent que j'a-
« vais, en formats moyens et petits formats, des Alde et Elze-
« virs, environ douze cents à treize cents volumes.

   « En *Veni Mecum*, tous ceux que j'ai pu trouver en Italie,
« latins, italiens, espagnols même.

   « Quelques livres très-rares , caractères en long ; entre au-
« tres , un qui avait des annotations par Scaliger.

   « De Bodoni , presque la plus grande partie des ouvrages

« qu'il a fait paraître dans son plus beau temps, l'ayant beau-
« coup connu à Parme (1).

« Son *Horace*, son *Télémaque*, son *Poème sur la religion*,
« par Racine fils, et diverses autres éditions de lui, mais en pe-
« tit format.

« De Didot, tous les ouvrages pour l'éducation de monsei-
« gneur le dauphin, richement reliés, et quelques autres plus
« importants.

« *Voltaire*, belle édition de Kell, par Beaumarchais ;
« soixante-dix volumes in-8°.

« Un très-beau *Rousseau*, avec des annotations de la main
« de Grétry, compositeur de musique.

« Des Étienne, des Barbou, *De Variorum*.

« Un *Montaigne* ayant servi à Napoléon, avec quelques
« boutades de sa main, quand Salicetti, à Toulon, voulait
« le faire mettre aux arrêts.

« Des fabliaux, avec figures et vignettes ; des facéties.
« Tous les Cazins. Plenck : *Icones plantarum*, avec six cents
« planches coloriées; complet, très-rare et très-cher : il avait
« coûté 1,400 fr. à celui qui me l'a cédé pour 650.

« Tous ces ouvrages assurés pour 10 fr. le volume.

« La *Vie de tous les peintres*, en italien, avec des annota-
« tions en vers et en prose, du célèbre Salvator-Rosa, grand
« peintre et poète, etc., etc. »

« Ce n'est pas tout. M. Ardisson a perdu, outre beaucoup
d'autres objets précieux non assurés, formant les exceptions
mentionnées dans la police d'assurance même, deux grands
portefeuilles de dessins originaux des premiers maîtres et de
belles gravures (ils étaient très-épais et très-pleins), sans
qu'il en soit resté la moindre trace qu'un petit fragment d'un
dessin d'Isabey.

(1) J'ai encore une lettre de M. Lucien Bonaparte, où il me remercie
de lui avoir fait présent des trois derniers ouvrages qui avaient paru à
cette époque.   (*Note de M. Ardisson.*)

« Sans l'heureuse inspiration qu'eut M. Ardisson de prier M. le capitaine Dupré de faire ouvrir une tranchée par le jardin dans le cabinet du fond, pour que les eaux, en se croisant, pussent plus tôt dompter l'incendie, il serait arrivé de plus grands malheurs encore.

« Comment s'étonner que des livres, des tableaux, des manuscrits autographes et autres assurés et non assurés aient été consumés, lorsqu'il ne reste pas le moindre vestige d'une grande bibliothèque en acajou, d'une grande armoire à glace et autres objets ; lorsqu'on a trouvé des vitrifications même de pierres précieuses, des bronzes rongés, des médailles en bronze presque en fusion et percées à jour, des bustes en marbre détruits, décomposés sans retour?

« Nous terminerons ces explications sur la bibliothèque en rapportant ici l'avis de M. Galliot, libraire expert, en réponse aux questions posées par les compagnies.

Avis de M. Galliot, libraire expert, en réponse aux questions posées par les compagnies après la première expertise faite avec M. Guilbert, expert de la compagnie du Phénix.

« Avant de répondre aux questions posées par la compagnie, « je crois devoir me demander à quoi bon la nouvelle vérifica- « tion faite aujourd'hui, et pourquoi elle n'a pas été demandée « plus tôt, notamment avant le lavage des cendres, qui n'a pu « que détruire entièrement les seuls fragments que l'on aurait « pu trouver de la bibliothèque brûlée et assurée.

« Nous n'avons trouvé, ainsi que je pouvais le prévoir « d'après les observations précédemment faites par moi et mon « collègue, M. Guilbert, expert de la compagnie du Phénix, « qu'une masse confuse de débris et de charbons parmi lesquels « les seuls débris de livres reconnaissables ne faisaient pas, « pour la presque totalité, partie de la bibliothèque assurée, « mais bien de celle destinée à la campagne.

« En effet , il résulte des recherches faites dans le cours des
« opérations qui m'ont amené chez M. Ardisson, qu'il existait
« chez lui trois classes différentes de livres :

« La première, celle des plus précieux , était placée dans
« le corps de la bibliothèque qui a été incendiée, de telle ma-
« nière qu'il ne reste pas de traces du meuble ; les livres qui y
« étaient renfermés ont subi le même sort.

« La deuxième classe , faisant ainsi que la première
« partie de la bibliothèque assurée, et composée des livres les
« moins précieux, choisis comme tels lors du déménagement ,
« pour former le dessus des paniers qui contenaient de la mu
« sique, était placée dans les armoires du cabinet sur la rue, et
« a été sauvée. Elle a été reconnue , estimée par moi et
« M. Guilbert , et forme environ quatorze cents volumes.

« La troisième classe , composée de livres courants desti-
« nés pour la campagne , et achetés par M. Ardisson dans di-
« verses ventes et autres lieux, était placée dans le grand salon
« et ne faisait pas partie de la bibliothèque assurée ; ces livres
« ont été jetés par les pompiers dans la grande chambre à cou-
« cher, dans leur travail pour y concentrer et y maîtriser l'in-
« cendie. Une partie des débris en provenant a été jetée par les
« pompiers avec les autres débris de toute nature dans la cour.
« Ce sont les débris de cette troisième classe qui restent seuls re-
« connaissables. Nous les avons déjà examinés et triés, M. Guil-
« bert et moi, nous avons donné notre estimation à ceux qui
« en étaient encore susceptibles, et qui sont en ce moment pla-
« cés sur la commode et la cheminée du salon.

« Je pense donc qu'il faut conclure de ces faits que les li-
« vres précieux de la bibliothèque assurée ont été détruits au
« point qu'il n'en reste plus que des cendres ou des charbons,
« et que ceux dont les débris sont reconnaissables faisaient par-
« tie des livres destinés pour la campagne ; cette opinion a été
« partagée par M. Guilbert, et la nouvelle opération à laquelle
« je viens de coopérer n'a fait que m'y confirmer de nouveau,

« D'après ces considérations, passant à l'examen des ques-
« tions, j'y réponds de la manière suivante :

« Première question : *la nature.*

« Elle est des diverses classes bibliographiques, puisqu'il s'y
« trouve des sciences, de la littérature et de l'histoire.

« Deuxième question : *la qualité.*

« Qu'a-t-on voulu entendre par cette question ? Est-ce la
« bonté des livres comme mérite ? dans ce cas, ce qui est excel-
« lent pour l'un devient mauvais pour un autre, car tel livre
« qui serait jeté par un bibliomane est cependant fort utile à
« l'homme qui travaille. Ou bien est-ce de leur valeur commer-
« ciale qu'il s'agit ? Je répondrai qu'ils en ont peu, puisque nous
« ne devons pas oublier que ces débris appartiennent aux livres
« qui étaient destinés à la campagne, et qui n'étaient pas com-
« pris dans la bibliothèque assurée. Ce sont les seuls débris de
« livres que l'on ait retrouvés : les recherches faites précédem-
« ment avec M. Guilbert, expert de la compagnie, nous avaient
« convaincus de cette vérité, qu'il ne pouvait exister de dé-
« bris des livres assurés, puisque le corps de la bibliothèque qui
« les contenait n'a laissé lui-même aucune trace.

« Troisième question : *la quantité avant l'incendie.*

« C'est une question sans doute mal posée ; car comment ré-
« pondre en présence des débris carbonisés qui ont essuyé dix-
« sept eaux de lessivage, sans compter les eaux pluviales ? Ces
« débris contenant le résidu d'autres objets de l'incendie, il me
« semble impossible de répondre à cette question.

« Paris, le 18 juin 1834.   *Signé* GALLIOT,

« *Libraire, boulevart de la Madeleine, n.* 11. »

« DES COLLECTIONS MUSICALES.

« De toutes les collections de M. Ardisson, celles qu'on aurait dû croire plus que toutes les autres encore à l'abri de
toute controverse possible, ce sont ses collections musicales.

Les richesses, les dépenses de M. Ardisson pour tout ce qui concerne l'art musical ; son beau talent, son amour passionné de cet art, sont, en quelque sorte, de notoriété générale. Cependant les contestations se sont étendues même sur les collections musicales.

« Les deux experts désignés, l'un par la compagnie du Phénix, M. Troupenas, l'autre par M. Ardisson, M. Richaud, ont fait chacun un rapport séparé, dont les conclusions sont bien différentes. Il suffit de lire ces deux rapports pour juger de quel côté sont la raison et la justice, de quel côté la science de l'art, la connaissance des auteurs, des œuvres et des valeurs musicales.

« Pour pouvoir prononcer sur cette contradiction d'opinion entre les deux experts, de nombreux témoignages ont été entendus dans l'instruction criminelle. Voici comment l'ordonnance de non-lieu en résume le résultat :

« Les débris des partitions musicales et des livres ont été
« soumis à l'examen des hommes de l'art. Les avis ont été
« partagés sur la valeur de la musique, et encore paraît-il
« certain que l'immense collection qui a été la proie du feu
« n'a pas été jugée sous le rapport scientifique ; des hommes
« de l'art entendus en témoignage ont attesté la supériorité
« de cette collection, le nombre et le grand prix de ses parti-
« tions authographes (1). »

« Quelques détails démontreront, sans laisser le moindre

(1) Parmi les nombreux témoignages entendus, nous ne citerons que le suivant de M. Taskin, professeur de musique, compositeur, qui, dans son interrogatoire du 3 décembre 1834, s'exprime en ces termes : ... « Je connais M. Ardisson depuis plus de trente ans. J'ai vu toute sa musique. Il possédait la collection la plus rare et la plus complète qui existe en Europe. Il y avait six ou sept cents ouvrages manuscrits que le Conservatoire de musique de France ne possède pas. M. Ardisson depuis l'âge de seize ans était maître de sa fortune ; il a fait souvent des voyages en Italie où il faisait des recherches, surtout dans les couvents, de manuscrits et ouvrages autographes, qu'il achetait au poids de l'or.

doute, combien sont justes et fondées ces conclusions de l'ordonnance de non-lieu.

« M. Troupenas dit que les partitions qui ont été conservées
en tout ou en partie sont des ouvrages composés en général
par des auteurs ignorés, dont les titres même sont absolument
inconnus, et qui appartiennent à une époque trop récente pour
pouvoir servir à l'histoire de l'art.

« Les ouvrages que possédait M. Ardisson tenaient à tous
les âges et à toutes les époques; ils remontaient depuis la
naissance de la musique jusqu'à la mise en partition des premiers ouvrages dits opéras, messes, oratorii; ils pouvaient au
contraire démontrer les progrès de l'art musical en science,
en instrumentation.

« Certes, les manuscrits de Cimarosa, Paesiello, Paër,
Rossini, Spontini, Haydn, Mozart, Cherubini, ne datent
que de trente à soixante ans; mais dans l'âge musical qui
précède, combien d'auteurs recommandables ont servi d'instruction et de modèle à ces auteurs distingués?

« M. Troupenas prétend que dans les partitions sauvées de
l'incendie il n'a vu que des noms ignorés; c'est une grande
erreur, car il n'est point d'artiste qui n'apprécie et n'honore
les noms et les œuvres des Jommelli, des Lotti, des Palestrina, des Durante, des Clari, des Galuppi, Hasse, Scarlatti,
et du célèbre Hændel, etc.

« Traiter ces noms d'ignorés, c'est demander, qu'est-ce que
Montaigne, Pascal, Newton, le Dante ou le Tasse?

« Pour être convaincu de la haute importance et de la valeur des manuscrits musicaux, pour un instant opposons
M. Troupenas à lui-même.

Tous les ouvrages de musique tant manuscrits qu'autographes, chants,
quatuors, morceaux séparés, etc.. se montaient au moins à dix-huit mille.
M. Ardisson est un musicien très-distingué, tant pour la composition
que pour l'exécution sur le violon. Comme amateur exécutant, il est un
des plus forts de l'Europe. »

« Lorsqu'il se présenta la première fois chez M. Ardisson, comme expert du Phénix, il dit :

« Si M. Ardisson était possesseur de la partition manuscrite
« de *Don Juan*, de *Mozart*, quoique gravée, et depuis long-
« temps, ce manuscrit eût valu 6,000 francs. »

« M. Ardisson n'a jamais eu la partition manuscrite de *Don Juan*, il ne pouvait pas s'en dire possesseur ; mais il avait celle de *Cosi fan Tutte*, manuscrite, de Mozart ; ainsi, si le manuscrit de *Don Juan* peut valoir 6,000 francs, celui de *Cosi fan Tutte* doit valoir au moins 4,000 francs.

« D'autre part, si des partitions manuscrites s'élèvent à des prix aussi hauts dans l'opinion publique, quoique ces manuscrits soient depuis long-temps gravés et dans les mains de tout le monde, combien ne devra-t-on pas apprécier encore plus des manuscrits autographes, appartenant à des auteurs renommés, et qui, n'ayant pas encore été gravés, sont d'autant plus précieux qu'ils sont uniques?

« M. Troupenas avait été flatté par les compagnies de l'espérance de remplacer les partitions gravées ; nous ne tirerons de ce fait aucune conjecture, mais il existe ; et nous dirons seulement qu'à lire son rapport, on y chercherait vainement autre chose que l'esprit de commerce et la préoccupation d'un éditeur.

« M. Ardisson n'a pas formé ses collections pour avoir de la musique se vendant bien, c'est-à-dire souvent, tous les jours, dans un fonds de commerce : les morceaux les plus futiles souvent ont cet avantage.

« Il est bon d'observer qu'il existe à la bibliothèque du roi, dans les grandes collections de Vienne et autres villes, dans celles des particuliers, telles que la collection Adam, Zimmermann, etc., des partitions ou morceaux gravés de grand prix, soit par leur ancienneté ou par leur rareté, qui seraient cependant d'une valeur tout-à-fait nulle, si on les plaçait dans un fonds de commerce, à moins que le connaisseur ne vînt les y chercher.

« La quantité considérable des collections musicales de
M. Ardisson ne peut pas plus être mise en question que leur
haute valeur. Cependant les compagnies l'ont contestée, en
objectant, comme elles ne cessent de le faire, que tant d'objets
ne pouvaient être contenus dans les lieux incendiés, tandis
qu'on aurait pu, s'ils eussent été classés, en faire contenir deux
et trois fois davantage. Nous avons déjà démontré d'une manière générale l'absurdité de cette objection. Cependant,
comme elle a été adressée plus spécialement à l'occasion de la
musique, quelques développements plus étendus trouveront
ici naturellement leur place.

« Tout le monde sait qu'en Italie il existe une foule de partitions, non-seulement de morceaux détachés, mais même
d'opéras entiers, d'oratorii, de messes à grand orchestre, en
petit format et sur du papier très-mince. Les voyages continuels des habitants de ces contrées, des artistes chantants, des
amateurs (et ils y sont en si grand nombre!), des compositeurs
surtout, ont multiplié à l'infini cet usage commode pour les
voyageurs, qui renferment deux cents fois plus d'ouvrages
dans un espace plus petit que deux ou trois partitions d'opéras
sur du grand papier n'en occupent ordinairement.

« Dans ses voyages en Italie, M. Ardisson, par la facilité de
transport que ce moyen offrait, et par amour de l'art, a acheté
tout ce qu'il a pu trouver de bon dans ce genre, et il était
parvenu à en faire une collection très-considérable.

« Il a fait plus : les partitions profanes ou sacrées qu'il ne
pouvait acquérir à prix d'argent et qu'on voulait bien lui permettre, par obligeance, de faire copier, il les faisait faire de
préférence sur du papier très-fin et de petit format. Ce moyen
n'était pas une économie, au contraire, il coûtait beaucoup
plus cher, car il exigeait plus de travail, et un copiste plus
exact et plus habile, la finesse du papier s'opposant à toute
correction et à toute rature.

« Rendu à Paris, et continuant toujours à recevoir, sinon
en totalité, du moins en grande partie, des ouvrages d'Italie

dans ces formats, M. Ardisson ne cessa de faire mettre en partitions, sur du papier plus fin encore, une quantité de morceaux de musique instrumentale, des quintetti, des sextuors, septuors, nonetti, et même des symphonies à grand orchestre.

« Le feu, dans ses affreux ravages, n'ayant pas pénétré heureusement dans son cabinet de travail, qui lui servait provisoirement de salon, et dans sa petite chambre à coucher, quelques partitions instrumentales et de chant de ce format, outre un grand nombre de grandes, ont été conservées. Elles ont servi plus particulièrement à prouver, en réponse aux chicanes de mauvaise foi toujours renaissantes des compagnies, que, dans un petit espace tel que le dessous d'un bureau ou d'un piano carré, par exemple, on pourrait facilement placer, dans ce petit format et dans ce papier surtout, plusieurs milliers de ces morceaux détachés en partition.

« Ajoutez qu'il est d'usage, en Italie principalement, que ces partitions de morceaux détachés de chants, d'opéras entiers même, ne soient pas reliés, et qu'ils étaient restés tels qu'ils avaient été acquis ;

« Que les opéras, les messes, les oratorii, sauvés dans les pièces non atteintes par l'incendie, étaient en partie au nombre des ouvrages les plus volumineux, sans être tous pour cela les meilleurs ni les plus rares ;

« Qu'il est de notoriété incontestable que plus les partitions sont anciennes, moins elles sont volumineuses ; que nul compositeur ni musicien instruit ne peut contester cette vérité irréfragable, classique ; qu'une foule de ces partitions n'étaient écrites que pour les voix sans instruments, ou bien, long-temps après, avec une seule partie d'accompagnement, une basse ; et pourquoi ? Parce que les instruments n'étaient ni connus ni employés à cette époque ; que, par conséquent, vouloir présenter, pour le volume, les partitions anciennes comme moyen de comparaison avec des partitions modernes, surchargées presque à chaque ligne de cinquante ou soixante instruments de plus, avec un surcroît de voix et de chœurs, c'est, non pas une erreur, mais une preuve de mauvaise foi de plus.

« On le demande, pour un homme studieux comme M. Ardisson, compositeur, littérateur et passionné pour les sciences, s'occupant depuis plusieurs années d'une histoire de la musique qu'il avait presque terminée et que le fatal incendie a dévorée, d'une histoire infiniment plus étendue et plus profonde que toutes celles connues jusqu'à nos jours, remontant à l'origine, pour ainsi dire, de ses premiers accents, suivant ses développements et ses progrès, tant en science qu'en instrumentation ; nous le demandons, est-il difficile de concevoir de quelle haute importance il était pour lui, pour la science, de réunir toutes les partitions des grands maîtres, les autographes surtout, quelque prix, quelque sacrifice qu'on pût exiger de lui ?

« Lorsque tous les jours le prix d'une simple lettre autographe d'un homme distingué dans les lettres ou les sciences s'élève à 4, 5 et 600 francs, et si elle appartient aux sommités des grandes renommées, à Montaigne, par exemple, à Voltaire ou à Rousseau, à 1,000, 1,200, 1,500 francs même, doit-on s'étonner qu'une simple demi-page autographe de Gluck ait été payée 200 francs, et une seule fugue de la main de Mozart plus de 1,000 francs, à Paris même ?

« L'expert des compagnies n'a-t-il pas dit que le manuscrit de *Don Juan* eût valu 6,000 francs ?

« Ce qu'il y a de certain, c'est que la grande bibliothèque musicale était plus riche en manuscrits autographes que celle du Conservatoire de France, et que la bibliothèque de Vienne.

« Que dans les partitions sauvées, quoique en partie endommagées par les flammes, on a même trouvé chez M. Ardisson plusieurs oratorii en deux actes, autographes, des meilleurs compositeurs, écrits en langue latine.

« On en chercherait vainement des copies au Conservatoire de France, à Vienne, à Florence, à Naples même. Impossible de les trouver ! Impossible, parce qu'en Italie les grands seigneurs, les princes, les cardinaux même, faisaient composer chez eux, et gardaient religieusement les manuscrits des grands maîtres, parce qu'ils ambitionnaient surtout de les posséder seuls.

« Ici se place un des moyens habituels des compagnies qu'il est bon de démasquer.

« M. Troupenas déclare, dans son rapport, que, dans le lieu même de l'incendie, il n'a trouvé qu'une seule feuille de musique gravée; d'où les compagnies, dénaturant les actes et les paroles, mentant aux faits patents qui leur sont pourtant bien connus, de s'écrier, d'imprimer, de faire plaider que de tant de musique que M. Ardisson prétend avoir possédée, il n'a été trouvé qu'une seule feuille !

« Mais les compagnies se gardent bien d'ajouter que M. Troupenas déclare en outre dans ce même rapport qu'il a trouvé existant encore, en débris, dans la pièce dite grande chambre à coucher, « une masse considérable de partitions manus- « crites ! »

« Les compagnies se gardent bien de dire qu'en effet on a trouvé sur le lieu principal de l'incendie, tant dans le salon que dans la grande chambre à coucher, les débris de plus de huit mille feuilles différentes de partitions manuscrites, dont la grande variété d'écritures diverses atteste le grand nombre d'œuvres musicales auxquelles ces feuilles appartenaient.

« Et cela même est une preuve de la richesse et de la rareté des collections de M. Ardisson, puisque c'est une preuve maté- rielle du grand nombre de manuscrits qui les composaient en plus grande partie.

« Qu'eût-ce été si on n'eût trouvé qu'une seule feuille de grande partition de musique manuscrite ?

« C'est alors qu'on aurait trouvé bien d'autres chicanes à établir. Les partitions autographes ou manuscrites étant plus précieuses et portées à un prix plus élevé, on aurait dit : Vous voyez bien que vous n'aviez pas en manuscrits toutes les richesses que vous prétendiez posséder ! Vous voyez bien qu'on ne trouve dans les débris qu'une masse de musique gravée, sans en trouver de manuscrite !

« Du reste, de ce que M. Troupenas déclare qu'il n'a trouvé dans le lieu même de l'incendie qu'une seule feuille de musique gravée, il faut bien se garder de conclure qu'il n'en ait été trouvé nulle autre part. Les compagnies, dans leur bonne foi accoutumée, le donnent ainsi à entendre, le disent ainsi hautement, et cependant M. Troupenas ne parle que du lieu même de l'incendie, qu'il a visité long-temps après le sinistre ; et cependant une grande quantité de musique gravée, placée dans les pièces non incendiées, fait partie du sauvetage ; et cependant les débris jetés par les croisées dans la cour en ont offert de nombreux vestiges encore ! Et pourquoi n'en a-t-on trouvé qu'une seule feuille dans le lieu même de l'incendie, après tous les moyens employés pour l'éteindre ? parce que les opéras gravés étant plus près des croisées, la première opération faite par les pompiers, en y parvenant avec des échelles et une pompe, a été de jeter par les fenêtres, dans la cour, les partitions enflammées, pêle-mêle, manuscrites et gravées. Que l'on juge, par cet exemple, joint à tant d'autres, de la foi qu'on peut avoir dans les moyens et dans les assertions des compagnies.

« Nous avons considéré les collections musicales sous le rapport de leur mérite et de leur volume. Nous dirons quelques mots sur leur évaluation.

« Comment ne pas être surpris des évaluations portées par l'expert de la compagnie du Phénix pour la musique manuscrite, et si la promesse à lui faite d'avance qu'il fournirait aux compagnies six cents partitions gravées a été sans influence sur son esprit dans l'appréciation de la musique manuscrite, peut-on s'empêcher d'y voir une fâcheuse coïncidence ?

« Comment cet expert n'a-t-il pas vu que les morceaux détachés manuscrits comprenant jusqu'à des quatuors, des quin- tetti de chant, des finales même d'opéras, assurés pour le mo- dique prix de 2 francs pièce, ce prix était le plus inférieur possible et n'équivalait pas même à la valeur du papier ? A-t-il eu seulement le temps d'y faire attention ?

« Qu'il nous soit permis pour cet objet de citer l'opinion du second expert, dont le rapport est ainsi conçu :

« *Troisième catégorie de la grande collection musicale.* Pour « juger de suite que cette collection était des plus rares et des « plus précieuses, et que le modique prix de 2 francs porté « dans l'état n'est nullement en rapport avec la valeur réelle, « entre autres exemples on peut citer celui qu'il existait trois « exemplaires des *Psaumes de Marcello,* l'un donné par Mar- « cello lui-même à Venise, où il a été acheté par M. Ardisson, « les deux autres gravés, l'un de l'édition de Naples et l'autre « de celle de Paris. Le prix du cours commercial pour les « exemplaires gravés est en ce moment de 150 francs ; le ma- « nuscrit devait avoir une valeur beaucoup plus élevée (1). »

« C'est ainsi que s'exprime M. Richaud, éditeur de musique, dans son rapport. Les compagnies n'ont parlé que de celui de M. Troupenas, leur expert ; mais du moins l'équité, la bonne foi, voulaient que les deux rapports ne fussent pas séparés.

« Veut-on se faire une idée de l'extrême modicité du prix d'assurance fixé dans l'inventaire musical, comparativement à la valeur des objets assurés ? en voici un nouvel exemple.

« Il est d'autant plus frappant qu'il ne s'agit ici ni d'anti- quité, ni d'autographie, qui nécessairement en rehausse- raient de beaucoup le prix, mais strictement, uniquement, de la main d'œuvre, du temps matériel seulement que d'ha- biles copistes ont été forcés d'y consacrer.

---

(1) Ils sont compris dans l'assurance à la moyenne de *deux francs.* Les experts ont vu les vestiges qui en restent.

« L'article 6 de l'inventaire est ainsi conçu :

« Trois mille quatre cent soixante dix-sept morceaux de mu-
« sique instrumentale en partitions, tels que quatuors, quin-
« tetti, sextuors, septuors, octuors, concertos, trios, suite
« d'harmonie de toute espèce, symphonies concertantes, sym-
« phonies à grand orchestre, dont plus de trois mille trois cent
« cinquante partitions copiées, tant pour les instruments à
« cordes, le piano avec instruments, que pour les instruments
« à vent; collection la plus rare et la plus considérable qui
« existe incontestablement en Europe dans ce genre, à une
« moyenne de 6 francs le morceau complet. »

« Voici l'opinion d'un des experts (1) pour l'appréciation de
la musique sur ce sixième article :

« La mise en partition ne peut pas être faite par des copistes
« ordinaires, mais bien par ceux qui sont eux-mêmes tous bons
« musiciens. Ainsi le prix n'a plus de proportion avec celui
« payé ordinairement pour la seule copie.

« On conçoit, d'après ce que j'ai vu des objets restants, que
« pour former une collection aussi considérable, et peut-être
« unique dans ce genre, de morceaux en partition, ayant fait
« travailler à la fois à Venise, à Milan, à Marseille, à Paris
« et autres grandes villes, que cette collection ait dû revenir
« à une somme très-considérable. Je pense donc qu'il y a peu
« de morceaux qui n'aient coûté de 15 à 20 francs, et beau-
« coup d'autres de 30 à 60 francs et même au delà. »

« Maintenant, sans prendre la plus haute évaluation, quoique régulière, de 30 à 60 francs, et même au delà, évaluation
d'ailleurs dont tout artiste, compositeur ou éditeur, ayant
fait mettre souvent en partitions des morceaux de musique

_____

(1) M. Richaud, éditeur de musique, a pu d'autant mieux apprécier
la grande différence du prix de la simple copie à celui de la mise en partition, qu'il s'est trouvé souvent lui-même dans le cas d'en faire usage,
surtout pour les morceaux très-compliqués de musique instrumentale.

instrumentale surtout, peut apprécier la justesse; mais en se bornant à une moyenne seulement de 15 francs, au lieu de 6 francs portés dans l'assurance pour chaque morceau, la différence est assez grande pour juger de la modération des prix dans l'inventaire d'assurance.

« Ainsi (sans même y comprendre les partitions gravées de cet article), trois mille trois cent cinquante morceaux mis en partition, à la moyenne de 15 francs chaque, forment un total de . . . . 50,250 fr.

« Et suivant la moyenne établie à 6 fr. dans l'inventaire, le total de cet article n'a été assuré que pour 20,862

« Différence au dessous de la valeur la plus faible approximative, d'après l'opinion de l'expert . . . . 29,388 en plus sur ce seul article.

« § Vᵉ. DE L'INCENDIE ET DES RISQUES.

« Les compagnies font des efforts inouïs pour substituer l'erreur à la vérité dans tout ce qui concerne l'incendie. Elles dissimulent sa violence, son étendue, sa durée; elles lui créent aussi des impossibilités physiques qu'elles imaginent; et ne pouvant lutter contre les faits elles les taisent, les nient ou les dénaturent.

« Le feu, à les entendre, n'a eu aucune violence. Et le procès-verbal du capitaine des sapeurs-pompiers, qui déclare que « le feu s'annonçant avec violence, il a envoyé chercher une « seconde pompe, celle des Arts-et-Métiers », et les dépositions de cet officier, et celles des pompiers entendus dans l'instruction, et l'énergie des efforts employés avant de se rendre maître du feu, et les alarmes de toute la maison, et celles de tout le voisinage? N'y a-t-il pas en tout cela autant de démentis à l'assertion des compagnies? « Le feu a été si peu im- « portant, a-t-on dit dans la plaidoirie, que la personne oc-

« cupant l'étage supérieur ne s'en est pas même aperçue. »
Nous le croyons bien, elle était morte depuis dix mois (c'était
la propriétaire), et personne n'habitait cet étage ! Mais les
débris ; mais les quinze cents livres de cendres recueillies
dans une seule pièce ; mais les plus gros meubles détruits,
sans qu'un seul vestige, sans qu'une seule parcelle en soit
restée ; mais les marbres décomposés, les glaces détruites,
fondues, sans plus laisser aucune trace ; les deux colonnes d'a-
méthyste disparues, et des morceaux retrouvés seulement par
le lavage des cendres ; les bronzes rongés ; les médailles percées à jour ou même en fusion, dont les métaux pour quelques-unes s'étaient, en coulant, mêlés et réunis en guise de
chapelet ; enfin, même des vitrifications de pierres précieuses :
tous ces faits, tous ces vestiges, n'attestent-ils pas quel a été
l'incendie ? à ses œuvres ne reconnaît-on pas sa violence (1) ?
Il est vrai qu'il a été dompté, et que l'hôtel n'a pas péri ;
mais fallait-il donc que l'hôtel lui-même fût consumé, pour
que les compagnies crussent à l'intensité du feu et à la destruction des objets mobiliers qui lui ont servi de premier aliment !

« L'incendie n'a eu aucune durée, disent les compagnies :
deux heures tout au plus ; il a été éteint rapidement.

« Il est vrai que les pompiers se sont rendus maîtres de
l'incendie et sont parvenus à l'éteindre après une heure de

(1) Les preuves de ce que nous disons ici sont visibles et palpables ; il
suffit de se transporter dans le magasin de la rue Meslay, n° 22, où
se trouvent déposés les débris conservés ; on y verra des restes de la
fusion des glaces et des métaux, et même des vitrifications de pierres.
—Du reste, qu'on lise la description qui accompagne le plan, le tout
dressé contradictoirement par les experts ; à l'article *chambre à coucher*,
on y verra « : Les plâtres, même ceux des quatre faces, sont calcinés (c'est-
à-dire réduits en chaux); les bois entièrement brûlés ou charbonnés
c'est-à-dire réduits en charbon) ; le marbre de la cheminée décomposé ;
les deux glaces de la cheminée et du trumeau détruites. » Et remarquez
que les experts ne s'occupent que de l'état des lieux, et nullement des
meubles et des objets qui y étaient contenus.

travail; mais n'est-ce rien qu'une heure de travail des pompiers, lorsqu'un détachement y est employé, avec un capitaine qui le commande (1), avec un officier ingénieur et avec
le secours de deux pompes? Le feu a été attaqué de toutes
parts; il l'a été de l'intérieur par la salle à manger; il l'a été
de la cour par les fenêtres ; il l'a été du jardin par une tranchée que M. Ardisson a fait ouvrir dans le gros mur, à la
place qu'il a désignée. C'est cette idée lumineuse, instantanée,
qui a fourni le moyen de faire croiser les pompes, et de combattre à la fois les flammes par les deux côtés opposés. Aujour-
d'hui ce secours, dû à l'inspiration de M. Ardisson, le fera-
t-on tourner contre lui, parce qu'il a rendu l'extinction de
l'incendie plus prompte, et qu'il a préservé de plus grands
malheurs? L'ordonnance de non-lieu a rendu justice entière
à la conduite de M. Ardisson dans ces circonstances.

« L'information, d'après les documents recueillis, justifie
« d'une manière complète la conduite de M. Ardisson, porte
« cette ordonnance, car, dans l'affliction que lui causait l'in-
« cendie, au milieu du trouble et des dangers qui en résul-
« taient, il excitait le zèle des pompiers, et suppliait leur
« capitaine de faire ouvrir une tranchée dans le mur du cabi-
« net qui suit la chambre où était le principal foyer de l'in-
« cendie ; il donnait aux pompiers des indications pour
« sauver les objets les plus précieux. Toutes les dépositions
« des pompiers et des chefs s'accordent à reconnaître dans
« le langage et dans la conduite de M. Ardisson l'expression
« d'une douleur sincère et profonde. »

« Quant à la durée de l'incendie, qui peut la dire? M. Ardisson s'était couché la veille, à dix heures du soir environ,
après avoir, selon son habitude constante, visité ses grands
appartements, éteint et couvert le feu. C'est le lendemain,

(1) M. le capitaine Dupré, qui dernièrement encore, comme le rapportent
les journaux, a dirigé avec tant de courage et d'habileté les travaux des
sapeurs-pompiers pour éteindre l'incendie de la rue de Cléry, n° 52.

vers cinq heures du matin , que les indices du feu et de la fumée, pénétrant jusque dans sa chambre à coucher, l'ont
éveillé. Déjà , lorsque après avoir traversé , à travers une fumée toujours plus épaisse , le cabinet de travail, l'antichambre et la salle à manger ; déjà, lorsqu'il a posé les mains sur
la porte du salon, cette porte était brûlante ; déjà l'on en-
tendait dans l'intérieur de cette pièce le bruissement des
flammes, le craquement des vitres et des glaces : c'était l'incendie. Depuis combien de temps existait-il? Personne ne peut
le dire.

« L'incendie, à entendre les compagnies, n'a eu aucune
extension ; il est resté concentré uniquement dans la chambre
à coucher. Cela n'est pas. L'incendie a tellement pénétré de
la chambre à coucher dans le salon, et du salon dans la salle
à manger, que les flammes sortaient en tourbillon, même par
la dernière fenêtre de cette salle, que chacun a pu les voir,
et que Mme la comtesse Charpentier, qui occupait l'autre aile
de l'hôtel, en fut plus particulièrement effrayée, croyant que
le feu allait gagner jusqu'à cette aile. Du reste, la présence
matérielle des objets, tant assurés que non assurés, qui ont
péri ailleurs que dans la chambre à coucher, est là. Des tableaux en très-grande quantité, des colonnes, des bas-reliefs,
des bustes en bronze et en marbre , une belle statue en bis-
cuit, haute de deux pieds et demi , des vases, des bustes et
des statues en albâtre , la pendule de la cheminée , des car-
tons de dessins, des monceaux de partitions musicales, un
grand piano organisé, un violoncelle, un médaillier ayant appartenu à François Ier, une table à la Tronchin, dont il n'est
resté qu'un tiroir carbonisé, et tant d'autres objets précieux
dont l'énumération serait trop longue , tant assurés que non
assurés, qui étaient dans le salon, et qui y ont été trouvés après
l'extinction du feu , soit détruits , soit calcinés , en débris, en
éclats ou avariés, devraient cependant mettre M Ardisson à
l'abri des mensonges obstinés et intéressés de ses adversaires.
Ce sont des objets, des débris, des restes, qui existent, qui

ont été vus et recueillis sur place. L'état détaillé s'en trouve au
dossier de M. Ardisson. Les compagnies elles-mêmes ont été
forcées de convenir, devant les arbitres, qu'une grande partie
des débris si nombreux de la musique autographe incendiée
provient du salon. Tous les objets assurés n'étaient donc pas
dans une seule pièce! Le feu n'a donc pas exercé ses ravages
dans une seule pièce! Et si le feu n'y avait pas exercé ses ravages, pourquoi et comment les pompiers, après y avoir pénétré, auraient-ils jeté par les fenêtres de ce salon tant d'objets, tant de débris enflammés qu'ils précipitaient à la hâte
dans la cour, et qui s'élevaient jusqu'à la hauteur de l'entresol, non-seulement sous les fenêtres de la chambre à coucher,
mais sous celles du salon ?

« La chambre à coucher a été le seul foyer de l'incendie. Oui,
sans doute ; mais à moins que le feu ne prît en même temps
à différents endroits, il ne pouvait y avoir qu'un seul foyer.
Le feu a été plus violent dans la chambre à coucher. Oui,
sans doute, parce qu'il doit être plus violent à son foyer, surtout lorsqu'il y trouve tant d'aliments. Mais dire que le feu
n'a produit de ravages que dans la chambre à coucher, dire
que les objets assurés n'étaient que dans la chambre à coucher,
dire que ceux détruits ou avariés n'ont pu l'être et ne l'ont été
que dans la chambre à coucher, ce sont autant d'assertions
mensongères, que démentent les faits matériels.

« Il est vrai que l'état descriptif dressé par les experts, en
marge du plan, signale, dans le salon, des dégradations moins
considérables que dans la grande chambre à coucher ; cela
doit être ainsi, puisque le salon n'a été, ni le foyer, ni le siège
principal de l'incendie. Mais il faut en outre remarquer que
cette description est uniquement relative à l'état des lieux,
aux murs, portes, croisées et boiseries de la pièce, sans s'occuper en aucune manière des objets qui y étaient contenus et
qui ont été la première proie des flammes ; et, toutefois, cet
état indique, même dans le salon, que les glaces ont été cas-
sées, le plafond et sa corniche en plâtre calcinés, le marbre

de la cheminée décomposé ! Peut-on douter des ravages qu'y a faits le feu ?

« Enfin, nous rappellerons une déposition déjà rapportée en extrait ci-dessus, celle du fourrier des sapeurs-pompiers, qui déclare avoir vainement essayé de pénétrer par le salon et n'avoir pu y parvenir, ni lui, ni le sergent, et qui ajoute : « Jamais je n'ai éprouvé une aussi forte chaleur que celle qui « se développait dans le salon. » On sait cependant quelle chaleur supportent les pompiers, et comment ils se précipitent à travers les flammes, ou sur des poutres embrasées, dans les lieux mêmes de l'incendie !

« Les impossibilités physiques imaginées par les compagnies sur les effets du feu ne résistent pas plus à l'examen et à l'exposé véridique des faits que les allégations dont nous venons de démontrer la fausseté.

« L'incendie se trouvait dans un lieu hermétiquement « fermé, disent les compagnies; aucun courant d'air ne pou- « vait l'alimenter »; mais, au contraire, la porte qui servait de communication entre la grande chambre à coucher et le salon était ouverte, et le courant d'air était établi, par conséquent, entre les deux cheminées de ces pièces.

« Le parquet n'a pas été brûlé, c'est-à-dire détruit, réduit « en charbon dans toute l'étendue de la grande chambre à « coucher »; mais il l'a été dans diverses parties où l'amas d'objets combustibles était plus considérable, où la combustion de ces objets a été complète, où elle n'a laissé aucune trace que des cendres, et a dévoré, non-seulement les objet qui y étaient entassés, mais après eux le parquet qui leur servait de base. Dans les endroits, au contraire, où les objets posés sur le parquet n'ont pas brûlé en totalité, dans ceux, par exemple, où l'on a trouvé encore tant de débris de partitions manuscrites, le parquet a bien été attaqué, noirci par le feu, mais il n'a pas été détruit, parce qu'avant de l'être il fallait que tous les manuscrits qui le couvraient le fussent, ou que tous deux brûlassent en même temps. Qui ne sait, d'ailleurs, que l'action du feu se développe principalement de bas en haut, et non pas de haut en bas!

« Il est resté sous le lit et dans tout le prolongement du « même côté une bande du tapis qui couvrait toute la pièce! » mais ce tapis a été détruit partout ailleurs; s'il ne l'a pas été sous le lit, c'est que la combustion s'opérait au-dessus, parmi tous les objets qui s'y trouvaient posés, et qu'au-dessous le lit formait une sorte de voûte garantissant le tapis.

« Mais ces livres précieux de la bibliothèque, mais cette « quantité considérable de linge, qui ont brûlé sans laisser un « seul feuillet! Leur combustion est impossible; il n'y a rien « qui brûle aussi difficilement que les livres et le linge! »

« D'abord, il est faux de dire qu'on n'ait trouvé absolument aucun vestige des livres précieux. Nous avons déjà parlé ci-dessus (page 147) des débris de ces volumes sur vélin, si riches de travail et d'antiquité; les seuls que la compagnie eût assurés, et dont des fragments entièrement consumés, mais reconnaissables, ont été trouvés, et sont encore déposés dans le magasin de la rue Meslay, n° 22.

« En second lieu, comment s'étonner de la combustion totale des livres placés dans la bibliothèque, lorsque le grand corps de cette bibliothèque où ils étaient contenus a été détruit, a disparu, quoiqu'il fût en chêne massif, recouvert d'acajou, sans que la moindre parcelle, sans que la moindre trace en soit restée? Cependant on ne niera pas, on ne nie pas la présence du corps de la bibliothèque, objet si considérable qu'il n'aurait pas pu être emporté. « La plainte et l'instruc- « tion , porte l'ordonnance de non-lieu, s'accordent à re- « connaître que le corps de la bibliothèque a été entière- « ment consumé; les livres qu'il contenait ont eu le même « sort. » Et lorsqu'on feint de s'étonner que les livres pré- cieux aient entièrement péri, tandis qu'on a retrouvé des livres de peu de valeur, destinés à la campagne, non assurés, on est de mauvaise foi ; la raison de ce fait est toute simple : c'est que les livres de peu de valeur, destinés à la campagne, n'étaient pas et n'ont jamais été dans la bibliothèque ; ils n'étaient pas même dans la grande chambre à coucher, mais principalement dans le salon près de la porte d'entrée, et dans la salle à manger ; par conséquent, n'ayant pas la même place, ils n'ont pas pu avoir dans l'incendie la même destinée.

« Quant aux livres, dit encore l'ordonnance de non-lieu,
« le sieur Ardisson a fait une distinction dont l'exacti-
« tude est vérifiée par plusieurs témoignages : la biblio-
« thèque de six mille volumes, évalués en bloc à 60,000 fr.,
« ne doit pas être confondue avec des livres épars sur les
« parquets ou placés dans des paniers remplis de musique.
« Ces livres avaient été achetés dans des ventes ou sur les
« boulevarts, et étaient destinés à sa maison de campagne ;
« ses livres de choix, latins, italiens, français, étaient rangés
« dans un grand corps de bibliothèque. »

« On crie à l'impossibilité de cette combustion des livres et de celle du linge ; on cite des anecdotes, on se fait conteur. Sans parler ici de l'incendie de Westminster, dans lequel la bibliothèque et les archives immenses du parlement britannique ont si rapidement péri, ni de celui tout récent de la rue du Pot-de-Fer, qu'il nous soit permis, à notre tour, de rappeler un fait :

« Il y a quelques mois à peine, un charretier conduisant une grande charrette de roulage chargée de ballots de soie s'engage, le soir, dans une rue de Paris ; il trouve à quelque distance le passage interdit, et les lampions lui signalent les travaux de réparation qui encombrent la rue. Il veut tourner ; le feu, par un lampion, ou je ne sais par quel accident, se communique à sa charrette. En moins d'un quart d'heure, en pleine rue, au milieu des secours, la charrette et les ballots de soie sont consumés, consumés entièrement, sans qu'il soit possible d'en rien sauver. Qui ne sait cependant combien peu la soie est combustible, surtout lorsqu'elle est ramassée, pressée, enveloppée et cordée en ballots!

« Mais qui peut expliquer les caprices et les phénomènes du feu? L'incendie de M. Ardisson en a fourni un exemple bien extraordinaire; le grand corps de bibliothèque a été consumé sans laisser de trace, et avec lui les livres qu'il contenait; le tapis du parquet a été entièrement détruit à l'entour et dans toute la pièce, sauf le côté du lit : eh bien! la bande de ce tapis, sur laquelle posait la bibliothèque entièrement consumée, cette bande est restée seule intacte, et comme découpée par le feu!

« Nous savons bien que, dans un incendie, les livres brûlés, si rien n'est venu les déranger, peuvent quelquefois rester sur la place où ils ont été consumés, retenant encore leur apparence première, comme une forme éphémère qui s'envole au moindre souffle, ou se dissipe au moindre toucher. Mais faudrait-il s'étonner que cela ne fût point arrivé dans des pièces qui ont été traversées en tous sens par le jet des pompes, par la quantité considérable de projectiles que les pompiers y ont lancés de toutes parts pour étouffer l'incendie; dans des pièces enfin qui ont été escaladées par les fenêtres, et d'où tous les débris, tous les objets tombés sous la main, ont été jetés indistinctement par les fenêtres dans la cour où ils ont passé tout un hiver? Et cependant on a trouvé dans ces pièces plusieurs manuscrits conservant ainsi leur forme apparente; mais lorsqu'on y portait la main, ils s'évanouissaient en cendres impalpables. Toutefois, quelques-uns ont pu être recueillis dans cet état; ils ont été enfermés dans un carton qui se trouve au dépôt de la rue Meslay, n° 22, et si le laps de temps, si l'humidité ou les cahots du transport n'ont pas détruit leur forme si fragile, ils doivent la présenter encore.

« En somme, lorsqu'à cinq heures du matin l'incendie a été découvert, depuis combien de temps existait-il? Qu'avait-il

fait? Quels avaient été ses ravages, ses caprices au milieu de
ces pièces et de ces objets précieux dont il faisait sa proie?
Quelle cause l'avait produit? Ce sont autant de mystères sur
lesquels tout n'est que conjecture.

« Ceci nous conduit à un dernier point, l'examen des fautes
et des changements de risques que les compagnies prétendent
imputer à M. Ardisson.

« La cause de l'incendie (porte l'ordonnance de non-lieu)
« a été l'objet des conjectures de ceux qui ont travaillé
« à l'éteindre et de ceux qui en ont observé les effets. On
« s'est accordé généralement à l'attribuer à une étincelle
« ou à un éclat de charbon enflammé, lancé du foyer sur le
« tapis de la grande chambre à coucher, après la visite du
« sieur Ardisson. Un témoin, qui a visité cette chambre quel-
« ques jours après l'événement, a remarqué, dans la chemi-
« née, une bûche droite, de laquelle il suppose que l'étincelle
« ou le charbon aurait pu se détacher. Les personnes qui ont
« pénétré les premières dans cette chambre, après l'extinction
« du feu, ont observé aussi que des bûches étaient enflam-
« mées dans le foyer de la cheminée. Mais cela s'explique aisé-
« ment, soit par l'effet de la chaleur, soit par le contact des
« flammes qui ont dû chercher, et qui ont, en effet, trouvé
« une issue par la cheminée. »

« Cet extrait de l'ordonnance de non-lieu répond suffisamment aux compagnies qui présentent ce dernier fait comme
voulant en conclure que ces bûches, trouvées à cinq heures
du matin en combustion au milieu d'un ardent incendie,
avaient été, non pas rallumées par cet incendie, mais laissées
dans cet état d'inflammation par M. Ardisson lui-même, à
neuf heures et demie du soir, c'est-à-dire qu'elles auraient
brûlé toute la nuit sans se consumer.

« La vérité est que M. Ardisson, la veille au soir, à neuf
heures et demie, fit la revue accoutumée de ses grandes piè-

ces, éclairé par une lampe portative garnie d'un tube de verre. Il éteignit et couvrit le feu de la cheminée dont le foyer était garni de deux chenets à grille ; devant ces chenets se trouvait un garde-cendres ordinaire, puis un garde-feu en toile métallique qui entourait entièrement la cheminée à la hauteur d'environ vingt pouces. C'est dans cet état encore que la cheminée a été retrouvée le lendemain après l'extinction du feu, ainsi que l'a constaté, par son procès-verbal, le commissaire de police (1). Du reste, lors de la visite faite par M. Ardisson, tout lui parut en ordre dans ces pièces ; aucune odeur ni fumée ne lui décela le malheur qui est ensuite survenu : il ne peut, comme tous les autres, que hasarder des conjectures sur les causes qui ont pu l'amener. Mais quelles qu'elles soient, ces causes, purement fortuites, ne peuvent certainement pas être imputées à faute à M. Ardisson.

« M. Ardisson est en faute, selon les compagnies, pour avoir permis qu'on allumât du feu dans l'appartement qui servait de dépôt à ses collections : « lui qu'on représente si passionné « pour les arts, mettant en eux la félicité et l'orgueil de toute « sa vie, il a commis par là un acte de vandalisme. » Non, certes, le vandalisme eût consisté à laisser ces tableaux, ces riches collections, au milieu de la saison pluviale, durant tout l'hiver, se détériorer, sans garantie, sans secours contre l'humidité. M. Ardisson était trop éclairé pour agir ainsi ; déjà plus de deux ou trois cents fois peut-être il avait fait faire du feu, sans qu'aucun accident en fût résulté.

« Mais que dira-t-on de ces compagnies d'assurances qui

(1) « Nous avons aussi reconnu que l'âtre de la dite cheminée est ga- « ranti par une grille en cuivre appelée garde-feu, et, en avant de cette « grille, par un grillage en forme de parc-à-feu, de la hauteur d'environ « vingt pouces, et dont la destination était d'arrêter les étincelles qui « auraient pu s'échapper du foyer. » (Procès-verbal du commissaire de police, présent à l'extinction de l'incendie.) *Voir* aussi sur ce fait l'ordonnance de non-lieu.

veulent bien garantir contre l'incendie pourvu qu'on ne fasse pas de feu ?

« Nos bibliothèques publiques, disent-elles, restent sans « feu pendant l'hiver ; nos musées sont chauffés par des con-« duits de chaleur » (page 22 de leur mémoire). Mais alors un peu de franchise, et mettez dans vos polices d'assurance qu'il ne sera pas permis aux assurés de faire du feu, même pendant l'hiver, ou qu'ils devront se chauffer tout au plus par des conduits de chaleur.

« M. Ardisson est en faute, toujours selon les compagnies, « pour avoir allumé le feu dans la grande chambre à coucher, « depuis quatre heures du soir jusqu'à neuf heures et demie, « et pour n'être pas resté constamment à le garder lui-même « ou pour n'y avoir pas mis un gardien. » En vérité, nous ne savons que répondre à de tels raisonnements. Quoi ! lorsqu'un feu modéré aura été allumé pour préserver un appartement de l'humidité ; lorsqu'on l'aura garanti par des chenets à grille, par un garde-cendres, et par un garde-feu haut de vingt pouces, enveloppant toute la cheminée, il ne sera pas permis de s'absenter ? Qu'est-ce donc qu'un contrat avec les compagnies d'assurances ? Est-ce un contrat d'inféodation ? Pactiser avec elles est-ce se donner à elles corps et biens ?

« Mais, disent-elles, la disposition des objets était telle qu'ils « se trouvaient exposés à un péril certain. » Cela n'est pas, puisque depuis cinq ans bientôt on avait fait du feu plus de trois cents fois peut-être, sans accident. Un espace de plus de six pieds avait été ménagé et laissé entièrement libre devant la cheminée dans toute sa largeur, comme l'état de la pièce après l'incendie a permis encore de le vérifier.

« Du reste, les précautions de toutes sortes prises constamment par M. Ardisson contre le danger du feu étaient poussées si loin, qu'il pouvait quelquefois en paraître même méticuleux aux yeux de ses amis ou des personnes qui l'approchaient, ainsi que l'ont attesté de nombreux témoignages dans l'instruction.

« Il est donc bien constant qu'aucune sorte de faute n'est établie et ne peut être établie contre M. Ardisson.

« Mais admettons, par pure hypothèse, qu'il en fût autrement, et voyons quel serait le degré de responsabilité qui pourrait peser sur M. Ardisson.

« Permis à la compagnie du Phénix de citer à tout propos l'ouvrage de MM. Grun et Joliat, pour établir que du moment qu'il y a faute de la part de l'assuré en matière d'incendie, aucune indemnité ne lui est due. On sait que M. Joliat était directeur de cette compagnie : c'est donc l'opinion de son directeur qu'elle invoque en sa faveur. Ainsi, après s'être fait elle-même sa législation dans ses polices imprimées, elle se fait aussi sa doctrine et sa jurisprudence dans les ouvrages de ses employés ; tout cela est au mieux.

« Mais la compagnie cite en outre, à l'appui de son opinion, le savant Toullier et une série d'auteurs recommandables qui sont précisément d'un avis tout opposé. Nous pensions jusqu'à ce jour qu'on devait se faire scrupule de tronquer, et à plus forte raison de fausser complètement les opinions imprimées des jurisconsultes. Il paraît que la compagnie en a jugé autrement.

« Nous rétablirons les citations et en même temps les principes. Ainsi, après l'extrait que le mémoire de la compagnie publie comme l'opinion de Toullier, il faut ajouter, pour compléter cette opinion, le passage suivant qui appartient au même auteur :

« Il nous semble, dit le savant jurisconsulte, que cette pro-
« position, l'assureur n'est point tenu du sinistre qui arrive
« par la faute reconnue de l'assuré, doit être modifiée et res-
« treinte au cas de la lourde faute équipollente au dol ; car,
« lorsque je fais assurer ma maison contre l'incendie, mon
« intention est bien de la préserver de tout accident, même
« de celui qui proviendrait involontairement de mon propre

« fait. Ainsi, supposons que le feu prenne dans ma cheminée
« et qu'ensuite il se communique à la maison et la consume,
« la compagnie, pour se soustraire au paiement du sinistre, ne
« serait pas reçue à prétendre que le feu a pris par ma faute,
« parce que j'aurais dû faire ramoner ou réparer ma chemi-
« née. » (Toullier, tome II, page 214.)

« Voici une autre citation d'un auteur qui a eu l'avantage
d'écrire après tous les autres, et lorsque les monuments de la
jurisprudence lui offraient un ensemble de principes mieux
assis et mieux arrêtés :

« 15. Une grande différence existe pour les risques (dit
« M. Persil dans son *Traité des assurances terrestres*, page 24)
« entre l'assurance maritime et l'assurance terrestre. Dans le
« premier contrat, l'assureur se charge seulement des acci-
« dents de force majeure, sans jamais prendre à ses risques le
« dommage provenant de la faute de l'assuré. (Art. 352 du
« Code de commerce.) Dans le second, au contraire, l'assu-
« rance comprend, dans le silence de la police sur l'étendue
« des risques, le dommage provenant de la faute de l'assuré.
« Plusieurs auteurs, entre autres MM. Grun et Joliat, se
« sont trop laissés préoccuper par la législation sur les assu-
« rances maritimes. Ils ne se sont pas bien pénétrés de la dis-
« tance énorme qui sépare ces deux espèces d'assurances.
« L'assurance maritime n'a jamais existé... que pour se pré-
« munir contre les hasards nombreux de la mer. Mais si l'as-
« surance terrestre devait garantir l'assuré contre les événe-
« ments de force majeure seuls, cette garantie serait illusoire.
« Le prix donné à l'assureur ne constituerait plus une indem-
« nité des risques à courir, car ces risques se présenteraient si
« rarement que la prime ne serait plus qu'une donation.
« MM. Grun et Joliat citent à l'appui de leur opinion Valin,
« Émérigon, Pothier. Ces jurisconsultes méritent, sans contre-
« dit, une grande autorité ; mais ils ont écrit pour les assu-
« rances maritimes, etc. » (M. Persil, des *Assurances terres-
tres, page 24.)

« Enfin, il est une dernière opinion que nous invoquerons encore entre tant d'autres, opinion d'un de nos estimables confrères, dont les écrits sur *la Coutume universelle des commerçants* jouissent d'un crédit mérité, et que ne voudra probablement pas récuser la compagnie d'Assurances générales, puisque c'est l'opinion même du défenseur qu'elle s'est choisi dans cette cause, de M. Fremery. Le mémoire de la compagnie du Phénix, avec sa véracité accoutumée, cite, à l'appui de sa doctrine, le nom de cet auteur; mais il y est diamétralement opposé.

« Une différence importante (dit M. Fremery) sépare du
« contrat d'assurance maritime le contrat d'assurance contre
« l'incendie. Dans le premier, l'assureur ne prend à ses risques
« aucun dommage provenant de la faute de l'assuré; le second
« perdrait toute son utilité si l'assureur ne garantissait que le
« sinistre procédant d'une cause purement fortuite; aussi la
« convention comprend, d'après la coutume universelle, et
« malgré le silence de la police sur l'étendue des risques, la
« garantie du dommage résultant d'une faute de l'assuré. »
(Fremery, *Études de droit commercial*, page 342.)

« Ainsi ce n'est pas nous qui le disons, c'est le défenseur même des adversaires, ce sont les auteurs, c'est M. Toullier :
« La convention comprend, d'après la coutume universelle,
« la garantie du dommage résultant de la faute de l'assuré.
« — Autrement, l'assurance contre l'incendie perdrait toute
« son utilité; — Cette garantie serait illusoire; — Le prix
« donné à l'assureur ne constituerait plus une indemnité de
« risques à courir; — La prime serait une donation. »

« Voilà probablement ce que voudraient les assureurs de M. Ardisson; mais alors un peu de franchise : mettez donc dans vos polices que vous ne garantissez d'aucun autre incendie que de ceux provenant de force majeure et de cas purement fortuits !

« Toutefois nous ne prétendons pas que l'assuré ne soit res-

ponsable d'aucune faute ; cette doctrine serait injuste et elle
aurait de pernicieux résultats. De quelle faute répondra-t-il
donc? Le savant Toullier nous le dit : « De la faute équipollente
« au dol. » C'est aussi ce qu'a jugé la sentence arbitrale. Après
cela, permis à la compagnie du Phénix, dans son mémoire,
d'essayer de tourner agréablement en dérision ces expressions
contenues dans la sentence : « fautes qui, en droit, sont pres-
« que comparées au dol, c'est-à-dire fautes équipollentes au
« dol. » Ce sont les expressions des lois romaines (*lata culpa quæ
dolo æquiparatur*), ce sont les expressions des jurisconsultes anciens et modernes, les expressions des arrêts. Si les compagnies les ignorent, ou si elles les trouvent mal sonnantes dans
la sentence arbitrale qui les condamne, que pouvons-nous y
faire !

« Cependant, pour donner une mesure encore plus précise
de cette faute dont l'assuré, en matière d'incendie, doit répondre, nous adopterons la définition qu'en donne M. Fremery, à la suite du passage que nous avons déjà cité :

« L'assuré supporte le dommage qu'il a causé par sa faute,
« quand cette faute est telle qu'évidemment, s'il n'eût point
« été assuré, il ne se serait pas abandonné à cet excès de négli-
« gence. » (Fremery, même ouvrage, page 343.)

« Nous ne voulons pas d'autre principe que celui-là, qui est
posé par le défenseur même de la compagnie d'Assurances générales. Or, nous le demandons, y a-t-il rien de semblable à
la charge de M. Ardisson?

« Le reproche qu'on lui a fait de réticence et fausse déclaration des risques, ou bien de *changement* et aggravation des
risques, est-il mieux fondé en fait et en droit ? Les compagnies prétendent le motiver par l'accumulation considérable
des objets dans le salon et dans la grande chambre à coucher,
et par leur défaut de classement.

« En droit, cela ne supporte pas l'examen.

« Quant à la prétendue réticence ou fausse déclaration des

risques, nous ne la concevons pas. Elle aurait eu lieu, selon les compagnies, en 1828, par l'effet du déménagement opéré des rues de Cléry et du Sentier à la rue du Temple. Mais le changement de domicile a été déclaré dans les formes prescrites ; mais le nouveau local a été visité, examiné dans toutes ses parties, et agréé par la compagnie ; mais le déménagement des objets a été surveillé, suivi par elle ; ces objets ont été visités par ses agents avant leur départ et après leur arrivée ; le contrat d'avenant a été signé en conséquence, le 19 novembre 1828. Où sont les prétendues réticences, les prétendues fausses déclarations ? Nous avons beau chercher, nous ne les voyons pas.

« Le mémoire cherche à tirer parti d'une clause de la police de 1828, dont il dénature l'esprit et le motif. On sait qu'à cette époque M. Ardisson avait ses collections dans deux appartements séparés, l'un rue de Cléry, n° 25, l'autre, moins important, rue du Sentier, n° 9. La clause en question lui donne la faculté de transporter de l'une à l'autre de ces deux maisons tous les objets qu'il lui conviendra, sans être obligé d'en donner avis à la compagnie ; mais la clause ajoute que, dans tous les cas, la compagnie, en cas de sinistre, ne pourra jamais être tenue de rembourser au-delà de 400,000 fr. sur les objets rue de Cléry, et de 269,000 fr. sur ceux rue du Sentier. Le motif de cette clause est évident. Qui ne voit que c'est une limite imposée à la faculté sans contrôle qu'a l'assuré de transporter les objets d'un endroit dans un autre ? Qui ne voit que c'est une sorte de répartition des risques, faite selon l'importance de chaque appartement, afin de guider les parties, en cas d'incendie, au milieu du vague illimité qui serait résulté, sans cela, de cette faculté de transport (dont M. Ardisson n'a, du reste, jamais usé) ? Aujourd'hui le mémoire prétend que, par cette clause, la compagnie avait voulu empêcher la trop grande accumulation des objets dans un seul local. Cela est évidemment démenti par la clause

même; car s'il en eût été ainsi, la compagnie aurait dit que
si on dépassait, dans le transport des objets, tel maximum,
elle ne répondrait plus en aucune manière des risques, et
non pas qu'elle ne répondrait des risques que jusqu'à concurrence de ce maximum. Ainsi, la clause était la mesure de l'indemnité possible, mais non pas la décharge du risque pour
cause de changement. Si M. Ardisson avait transporté et ac-
cumulé toutes ses collections dans un seul appartement, dans celui de la rue de Cléry, par exemple, ou même dans celui, beaucoup plus petit, de la rue du Sentier, et qu'un incendie fût
arrivé, la compagnie n'aurait pas pu lui dire qu'il avait
changé les risques, qu'elle se trouvait affranchie de toute responsabilité; elle aurait été obligée, aux termes du contrat,
de payer l'indemnité dans les limites du maximum convenu.
Donc, par les termes mêmes du contrat, on voit que l'accumulation des objets ne changeait pas les risques, et n'affran-
chissait pas la compagnie de sa responsabilité. La démonstration est évidente.

« La compagnie parle aussi, dans son mémoire, d'un second étage qui aurait dû se trouver dans l'appartement rue du
Temple, n° 102 ; et elle paraît vouloir donner à entendre que,
malgré cette énonciation, les objets de M. Ardisson n'étaient
pas répartis au second étage. — Ce prétendu second étage était
une soupente prise sur le grand cabinet coupé en hauteur ; on
y parvenait par un très-petit escalier et par une porte particulière ; elle servait de fruitier. M. Ardisson y avait remisé
quelques boiseries, quelques ferrures ; il eût été impossible
de lui donner une autre destination. Cette pièce a été vue
telle qu'elle était par la compagnie du Phénix lorsqu'elle a
fait visiter tant de fois, soit par son directeur, soit par M. le
général baron Varlet, l'appartement rue du Temple. Elle a
agréé cet appartement tel qu'il était, le connaissant bien :
l'avenant a été signé en conséquence. Nous ne voyons pas où
l'on peut trouver en cela matière à contestation.

« Y a-t-il eu, de la part de M. Ardisson, changement ou aggravation de risques, de nature à rompre le contrat d'assurance et à dégager les assureurs de leurs obligations ?

« Et d'abord qu'est-ce en droit que changer les risques ? Évidemment ces expressions ne doivent pas être prises, en droit, dans le sens qu'on pourrait leur donner en fait : autrement, dans une assurance mobilière, par exemple, il faudrait dire que tout changement de place d'un objet change le risque et rompt l'assurance ; car il est certain que si des meubles sont transportés de telle pièce dans telle autre, ou même seulement de telle place à telle autre, le risque n'est plus le même, il est changé. Avec cette interprétation, qui n'est autre chose que celle du mémoire des compagnies poussée dans ses dernières conséquences, on arriverait à dire qu'une fois l'assurance mobilière contractée, tout doit être frappé d'immobilité chez l'assuré, tout doit rester à la même place, sans bouger, comme dans le palais enchanté de la Belle-au-bois-dormant, sous peine, en cas de malheur, de perdre tout droit d'indemnité.

« Tel n'est certainement pas le sens du droit : changer le risque, en droit, c'est substituer au risque garanti un autre genre de risque ; et l'art. 6 de la police invoqué par la comgagnie nous en fournit les exemples, nous n'en voulons pas d'autre démonstration. C'est, d'après cet article, transporter les objets assurés d'un lieu dans un autre ; établir dans la maison une fabrique, une usine, une manipulation ou une profession dangereuse ; y introduire des matières qui, par leur nature, aggravent évidemment les risques, par exemple de la poudre, des alcools, ou d'autres matières inflammables ; en un mot, c'est changer la nature du risque, en l'aggravant.

« Y a-t-il rien de semblable dans la cause de M. Ardisson ?

« Et remarquez que lorsque l'article 6 dit : « Transporter « les objets d'un lieu dans un autre », cela signifie : du lieu désigné par le contrat, dans tel autre qui y est étranger ; par exemple, de telle maison ou même de tel étage pour lequel on avait stipulé l'assurance, dans tel autre auquel l'assurance ne s'applique pas. Mais y a-t-il dans le contrat de M. Ardisson, et dans l'avenant par lequel le domicile de la rue du Temple a été agréé, y a-t-il une clause qui porte que les objets ne pourront pas être transportés, en telle ou telle quantité, dans telle pièce ou dans telle autre? M. Ardisson n'est-il pas fidèlement resté dans les termes et dans les lieux de la police?

« Remarquez encore que lorsque l'art. 6 dit : « Introduire « des matières qui par leur nature aggravent évidemment les « risques », il s'agit de nouvelles matières, imprévues dans le contrat et ayant une nature dangereuse. Mais si ce sont les matières mêmes assurées, si, par exemple, un artificier qui a fait assurer ses magasins de poudres et d'artifices, y introduit du salpêtre ou de la poudre; si un marchand d'eau-de-vie qui a fait assurer ses caves de liqueurs et d'esprit de vin y introduit de pareilles marchandises, les assureurs n'ont rien à dire, à moins qu'il n'y ait dans le contrat une clause qui limite la quantité qu'il ne pourra dépasser. M. Ardisson, dit-on, aura acheté depuis l'assurance, des meubles, des livres pour sa campagne, ou même de nouveaux objets d'arts qu'il a ajoutés à ses collections! Soit, mais ce sont toujours des objets de même nature que ceux assurés; ce ne sont donc pas des matières qui par leur nature nouvelle et imprévue aggravent évidemment les risques. Y avait-il dans la police une clause qui défendît à M. Ardisson d'acheter de nouveaux objets d'arts d'une manière absolue ou jusqu'à telle limite?

« M. Ardisson a laissé ses objets d'arts agglomérés en grande «quantité dans quelques pièces, sans en achever le classement.» Nous répondrons bientôt, en fait, à ce reproche; mais, en droit, y avait-il dans la police une clause qui stipulât que les collections de M. Ardisson seraient toujours classées, qu'il ne pourrait pas en modifier, en commencer, en interrompre le classement, et qu'il serait obligé de l'avoir terminé dans tel délai?

« Il est un principe qu'il ne faut pas perdre de vue à cet égard, c'est que l'assurance contre l'incendie est un contrat spécial pour la personne et pour les choses assurées. C'est un contrat spécial quant à la personne, ou, en d'autres termes, un contrat personnel, parce qu'on garantit l'assuré avec les chances de risque qui peuvent résulter de ses habitudes, de ses occupations, du plus ou du moins de prévoyance ou de soins résultant de son caractère. Tous les auteurs reconnaissent ce principe, et nous nous contenterons de citer encore le défenseur de la compagnie d'Assurances générales, M. Fremery (page 345). Cela est même stipulé dans les polices de la compagnie du Phénix, comme dans celles des autres compagnies, puisque d'après l'article 8, en cas de changement de propriétaire, l'assurance est résolue.

« Le contrat est spécial quant aux choses, puisque s'il est dans leur nature d'être réunies en grande quantité, d'être classées ou non classées, inflammables ou non inflammables, toutes ces considérations sont entrées dans le contrat d'assurance. Les compagnies ne peuvent donc pas objecter, comme aggravation de risques, que les manuscrits, que les livres, que les tableaux, que les objets d'arts réunis dans les grandes pièces de M. Ardisson, étaient inflammables, puisque, quels qu'ils fussent, ils avaient été assurés par elles.

« Mais le mobilier, disent-elles, d'après les termes mêmes de la police, devait être réparti dans les appartements. D'abord nous ferons remarquer que ceci est encore cité à faux ; la police, dont nous avons, du reste, rapporté ci-dessus (page 78) les propres expressions, dit : « 1. Mobilier personnel réparti « dans les appartements, etc. » Ainsi, c'est au mobilier personnel seulement que s'applique cette locution ; mais rien de semblable n'est dit pour les numéros 2, 3, 4, 5, 6, 7, des objets assurés, c'est-à-dire pour les collections, soit des tableaux, soit de la musique, soit des livres, soit des objets rares et précieux, en un mot, pour aucun des autres objets. En effet, n'est-il pas dans la nature même de ces collections, pour celui qui les rassemble, qui les cultive comme objets d'arts, d'être, non pas dispersées dans tout l'appartement, mais réunies exclusivement dans une ou dans quelques pièces consacrées à cet usage? Et la compagnie, par la nature même des choses, ne savait-elle pas que ces objets se trouveraient presque tous assemblés dans une ou dans quelques pièces? Cela n'est-il pas entré forcément dans les engagements de son contrat, comme constituant la nature des choses assurées?

« Du reste, les compagnies en imposent lorsqu'elles parlent de cette prétendue agglomération des objets. A les entendre, on dirait que toutes les pièces de l'appartement de M. Ardisson étaient vides, et que tout, le mobilier et les collections, tout avait été refoulé dans la seule grande chambre à coucher. Chaque chose avait reçu sa destination naturelle ; les meubles de service et d'usage réel étaient dans les petits appartements qui servaient à l'habitation réelle de M. Ardisson ; les meubles de parade et d'art, dans les grands appartements. Les livres d'étude et d'un usage fréquent étaient dans les bibliothèques de son cabinet de travail, avec une grande quantité de musique Les livres précieux étaient dans la grande bibliothèque de la chambre à coucher qui leur était spécialement destinée. Des objets d'un très-petit volume et d'un grand prix, qu'il était prudent d'avoir sous ses yeux, étaient cachés dans le secrétaire de la chambre où couchait M. Ardisson et dans un placard y attenant : c'est ainsi qu'ils ont été sauvés et représentés avec empressement aux agents et aux directeurs des compagnies dès leur première visite. Toutes les pièces, toutes sans exception, étaient ornées de tableaux. Si les grands appartements, composés du grand salon, de la grande chambre à coucher et du grand cabinet disposés en galerie, isolés du service quotidien et fermés aux gens de la maison, renfermaient la majeure partie des collections, c'est que, d'après la disposition même des lieux, d'après les règles de la prudence et de l'art, telle devait être leur destination.

« En un mot, sans entrer ici dans une énumération fastidieuse et longue, que l'on jette les yeux sur l'*état* que M. Ardisson a fourni de la disposition de son appartement et des objets qu'il renfermait ; que l'on passe avec lui d'une pièce dans l'autre, en suivant l'indication de tous les meubles et de tous les objets d'arts que chaque pièce contenait, de ceux qui ont péri, qui ont été sauvés ou qui sont restés à l'abri du feu, tant assurés que non assurés, et l'on verra s'il est vrai que tout fût aggloméré dans la seule chambre à coucher, si tout, au contraire, n'était pas réparti, selon sa nature, son usage et sa destination, dans toutes les pièces de l'appartement (1).

« En parcourant cet état, il est une chose qui frappe l'attention, c'est que les objets non assurés, qui formaient les deux tiers environ des richesses d'arts de M. Ardisson, se trouvaient presque tous dans les pièces qui ont été la proie des flammes et où ils ont péri, tandis que presque tous les objets placés et restés à l'abri dans les pièces non atteintes par le feu appartenaient à l'assurance. Ainsi, pour ne parler que des tableaux : dans la salle à manger, sur cinq tableaux qui s'y trouvaient et qui ont été sauvés, quatre sont assurés ; dans le cabinet de travail, sur six tableaux, cinq assurés ; dans la petite chambre à coucher, sur treize tableaux, onze assurés.

« Aussi, le sauvetage a-t-il été pour les compagnies de plus de 100,000 fr., presqu'un sixième de l'assurance, et pour M. Ardisson, qui avait cependant les deux tiers hors de l'assurance, rien ou presque rien.

« Ainsi, à côté d'une perte de 564,570 fr. en objets assurés, se trouve une perte absolue, sans aucun dédommagement possible, de 891,000 fr., en objets non assurés !

« Ainsi, pour une indemnité de 564,570 fr. dont le sinistre a ouvert le droit, il a dévoré et les objets assurés représentant cette somme, et les objets non assurés représentant, en plus, une somme de 891,000 fr. !

(1) Cet état a été fourni aux compagnies.

« Et dans un nouveau mémoire qui vient se joindre à tant d'autres calomnies , la compagnie du Phénix parle de l'intelligence des flammes !

« Si les flammes avaient été intelligentes , elles n'auraient pas consumé tant d'objets non assurés : ni les trois cents manuscrits des IXe , X^e, XI, XIIe et XIIIe siècles sur vélin , ni la table sculptée du célèbre Donatello , ni un bas-relief de Jean Goujon , ni les tableaux des grands maîtres , Corrége , Ruysdallers , Claude Lorrain, Morillos, et tant d'autres, ni les médailles , les bronzes , ni les instruments , encore moins les manuscrits composés par M. Ardisson, son voyage pittoresque en Italie, son histoire de la musique, et tant d'objets non assurés! Voilà comment les flammes auraient montré de l'intelligence.

« Mais ne faire grâce à aucune de ces richesses des beaux-arts , à aucun des objets non assurés qu'elles ont rencontrés , à aucune des affections de M. Ardisson ! ah ! c'est un grand désastre, auquel est venu se joindre le malheur bien plus grand encore des attaques de la calomnie (1), de la calomnie puissante , riche , organisée en associations, avec son or qui suborne les domestiques, qui achète les témoignages , avec ses ignobles moyens de persécution , de mensonge , de tortures

(1) La compagnie du Phénix renie aujourd'hui tous les moyens odieux employés contre M. Ardisson , et dans un mémoire qui n'est autre chose que la suite du même système, elle s'y déclare étrangère. Mais devant la Cour royale, chambre des appels de police correctionnelle, les sieurs Arragon et de Gourcuff ont déclaré que, par une délibération, la compagnie du Phénix avait consenti à tout ce qu'entreprendrait la compagnie générale, et s'était engagée à en supporter les frais par moitié ; que le sieur Arragon, d'ordre du sieur de Gourcuff et du conseil d'administration, rendait chaque jour au sieur Pallard , directeur du Phénix, au président et à l'avoué de cette compagnie, un compte fidèle des moyens odieux employés contre M. Ardisson. Cette déclaration a été faite en plein tribunal, en présence de M. Pallard , qui ne l'a point démentie. Comment la compagnie du Phénix ose-t-elle maintenant nier sa participation ? (*Note du mémoire.*)

toujours renaissantes; de la calomnie contre laquelle un homme moins énergique, moins indigné que M. Ardisson aurait peut-être vainement lutté, et sous laquelle, avec quelques témoins, quelques misérables de plus que l'appât de l'or aurait rendu faussaires, l'innocent aurait pu succomber! Mais le jour de la sentence est venu. La justice criminelle avait un exemple à faire, elle l'a fait. Aujourd'hui, devant la justice civile, pour la sûreté des engagements, pour la garantie commune, pour la moralité, pour le crédit de l'institution même des assurances, qui, dans des mains loyales, peut adoucir tant d'infortunes, il reste un autre exemple à faire: M. Ardisson l'attend avec confiance.

« AMÉDÉE ARDISSON.

« CHAIX-D'EST-ANGE,
« avocat plaidant.

« ROGRON,
« avocat au conseil du roi et à la Cour de cassation.

« MASSOT,
« avoué à la Cour royale. »

IV. COUR ROYALE DE PARIS.

(*Deuxième chambre, présidence de M. Hardoin.*)

AUDIENCES DU 25 FÉVRIER ET DU 3 MARS 1836.

L'audience du 25 février a été consacrée tout entière a entendre la plaidoirie de Me Delangle, qui a développé avec son talent habituel, pour la compagnie du Phénix, tous les moyens déjà réfutés, et par conséquent exposés dans la sentence arbitrale (1).

Me Chaix-d'Est Ange a plaidé à l'audience du 3 mars.

(1) Un malentendu entre deux sténographes qui se sont reposés l'un sur l'autre nous a privés de la plaidoirie de Me Delangle, dont nous avons toutefois recueilli la réplique. (*N. du R.*)

V. PLAIDOIRIE DE Mᵉ CHAIX-D'EST-ANGE.

« MESSIEURS,

« Dans un mémoire publié et distribué, l'on prend la vie de M. Ardisson en 1820. Non pas, s'il vous plaît, M. Ardisson est plus vieux que vous ne le faites ; vous devez interroger sa vie entière. Vous avez remué ciel et terre, frappé à toutes les portes, pour scruter chacun des jours de son existence ; vous avez été partout, pour savoir ce qu'il avait fait ; et si, dans toute une carrière déjà avancée par l'âge et bien plus encore par les chagrins, vous aviez trouvé un seul trait mauvais, une seule action douteuse, vous ne diriez pas, la vie de M. Ardisson commence en 1820, vous diriez : M. Ardisson a fait telle mauvaise action, voici quels soupçons il a éveillés, voilà ce que nous avons à lui reprocher.... Mais après mille investigations, comme il s'est rencontré que M. Ardisson était le plus honnête homme du monde, qu'il n'y avait pas un acte à reprendre dans toute sa vie, vous vous êtes dit : La vie de M. Ardisson commence en 1820.

« M. Ardisson, jeune encore, se trouva maître d'une liberté extrême, d'une fortune assez considérable ; ardent comme il l'était, il pouvait se perdre : s'est-il perdu ? Il était encore mineur lorsque son père est mort ; il avait la passion, et s'il n'était pas si malheureux et si sacré par tant de malheurs, je dirais qu'il avait la folie des beaux-arts ; il y a consacré sa vie tout entière ; tout jeune, encore enfant, il fit le voyage d'Italie. C'était le début d'une exploration artistique à laquelle il devait consacrer bien des années.

« En 1819, après son cinquième voyage sur cette terre des arts, M. Ardisson revint à Paris. En 1820 la compagnie d'assurances du Phénix venait de naître. Vous savez, messieurs, et mon adversaire sait à merveille ce que font les compagnies d'assurances, surtout à leur naissance. Elles ont des employés qu'elles rémunèrent par des primes ; ces employés viennent dans nos maisons, nous pressent de nous faire assurer ; s'ils trouvent quelque aboutissant, ils se servent de ces recommandations, et ne nous lâchent qu'après avoir en quelque sorte forcé notre consentement. Eh bien ! on pressa de cette manière M. Ardisson ; il résista d'abord, parce que ses collections n'étaient pas encore en ordre. puis céda enfin aux instances des employés de la compagnie du Phénix, et fit assurer une partie de ses collections pour une très-faible valeur.

« A la fin de cette période d'assurances, en 1827, on le pressa de nouveau, non plus de faire assurer le tiers, la moitié de ses collections, mais leur totalité. Il résista de même ; mais en 1828, il céda encore, et l'assurance portant sur un bien plus grand nombre d'objets, s'éleva à une somme de 669,000 francs. Il faut dire comment cette assurance a été faite. Est-ce en bloc? Persuadé que le feu ne prendrait pas, a-t-on dit à M. Ardisson : Je m'en rapporte à vous pour la somme d'évaluation ? Non, ce sont des experts, et des experts des compagnies, qui ont dressé des inventaires, et qui, après quinze mois seulement, ont fixé cette valeur, M. Ardisson se débattant avec eux non pas pour l'augmenter, mais pour la diminuer ; faisant réduire à 3,000, à 4,000 fr. les tableaux estimés 12,000 et 16,000, leur valeur réelle, en effet, et c'est après ces quinze mois de contradictions qu'on a mis à la suite de la police cette clause importante : « En cas « d'incendie, le dommage sera réglé pour les objets détruits « d'après le prix porté dans les quatre inventaires ci annexés, « et non autrement. »

« Il y avait treize ans que M. Ardisson payait la prime, lorsque, dans la nuit du 27 au 28 décembre 1833, le feu prit chez lui.

« Après avoir demeuré rue des Filles-Saint-Thomas, dans un grand logement plus tard devenu trop petit par le grand

nombre de caisses et d'objets qui lui étaient arrivés d'Italie,
M. Ardisson avait transporté son domicile à la rue deCléry;
puis, ce nouvel appartement étant insuffisant, il en loua un
second, rue du Sentier ; ces appartements divisés étant incom-
modes, il alla rue du Temple dans une fort belle et fort
grande maison, où il prit un appartement beaucoup plus
vaste. Là ses collections n'étaient pas encore arrangées ; les
artistes sont ainsi faits, il faut nous prêter à leur folie ; ils
sont comme l'avare : nous ne comprenons pas le plaisir de
l'avare s'enfermant dans une cave pour contempler ses richesses, ses trésors ; pour nous l'artiste, au milieu de ses collections, y trouvant toute sa joie, nous paraît aussi difficile à
comprendre. Le projet d'arranger, d'étaler ses collections
était formé depuis long-temps, mais jamais il n'avait eu le
temps de le réaliser; d'ailleurs, il avait acheté des maisons de
campagne, il les faisait réparer, embellir; il avait acheté
des meubles nouveaux pour les orner, tout cela le dérangeait
de son projet de mettre en ordre ses collections.

« Dans une pièce de cet appartement, il avait entassé la plus
grande partie de ses richesses, et parmi ses richesses les plus
belles et les plus précieuses. Cette pièce s'appelait la grande
chambre à coucher. Il fallait mettre tous ces objets à l'abri
de l'atteinte des domestiques, de leur imprudence, de leur
infidélité ; aussi cette chambre n'était jamais ouverte que par
M. Ardisson. Cependant l'humidité pénétrait quelquefois, ris-
quait de gâter les tableaux, les objets d'arts ; par conséquent
on ne pouvait se dispenser d'y faire du feu. Toutes les pré-
cautions que la prudence humaine peut prendre étaient obser-
vées ; M. Ardisson avait mis des garde-feu, des garde-cen-
dre de vingt pouces de hauteur. Le 27 au soir, il ouvre
cette pièce ; le feu brûlait encore dans la cheminée ; il l'é-
teint, autant que possible, puis, après avoir traversé cette
chambre, il va se coucher. . . . A quelle heure, de quelle
manière sera-t-il averti du désastre qui se prépare? C'est à
cinq heures du matin qu'il est éveillé par une fumée épaisse

qui le prend à la gorge, à l'autre extrémité de l'appartement ;
elle avait traversé un grand nombre de pièces. Il se lève,
ouvre la salle à manger, marche vers la porte d'un salon qui
précède la chambre à coucher; impossible de l'ouvrir, elle
était brûlante ; il crie : Au feu ! Les voisins, le portier se ré-
veillent.... Mon adversaire a dit que c'était un feu si simple
que personne ne s'en était aperçu. Il n'a pas lu un mot de la
cause ; s'il l'avait lue, il aurait vu au contraire que le feu était
très-vif, qu'il était dans l'intérieur de l'appartement. Comme
les flammes sortaient par les cheminées, le portier crut que
c'était un feu de cheminée, quoique M. Ardisson s'écriât : Le
feu est dans la maison ! Immédiatement on va chercher les
pompiers ; bientôt les pompiers arrivent ; M. Ardisson est là
qui les presse, qui les conjure de venir à son secours. Que déposent les pompiers, leur capitaine, le commissaire de police ?
Que M. Ardisson les implorait, lui, homme mûr, avec des larmes qui lui sillonnaient le visage, leur criant : « Sauvez ma for-
« tune qui est là ! » Puis les pompes arrivent, et un plus grand
nombre d'hommes ; il faut entendre la déclaration du capitaine, il vous peint cette douleur si vraie, si expressive de
M. Ardisson, qui lui dit : « Toute ma fortune est là, je vous
« en prie, sauvez tout cela. » M. Ardisson, l'incendiaire (vous
le dites maintenant !), indique au milieu de son désespoir le
moyen d'attaquer le feu. Il s'adresse à un des hommes les
plus habiles, M. le capitaine Dupré, et il lui dit : « Au fond
« de cette cour, vous ferez une trouée dans la chambre ; alors
« vous mettrez le feu entre deux pompes, vous en deviendrez
« plus facilement le maître. » C'est en effet à l'aide de ce
conseil qu'au bout de deux heures ou deux heures et demie
de travail l'incendie est maîtrisé. Écoutez les sapeurs-pompiers qui déposent dans l'instruction criminelle ; vous verrez
qu'ils disent n'avoir jamais senti une chaleur plus forte.

« C'était si peu de chose, dit mon adversaire, que cet incendie, que le reste de la maison n'en était pas informé,

que le locataire de dessus dormait tranquille (1) ; c'est une
inexactitude : il n'y avait personne au dessus. Le feu était tel,
que les médailles ont été fondues, non pas seulement les médailles d'or et d'argent... mais celles de bronze ont été percées
à jour ; et je fais remarquer que ces médailles n'étaient
pas assurées, pas plus qu'une foule d'autres objets précieux,
pas plus qu'un tableau de Claude Lorrain, pas plus qu'un
Corrége. Dans un magasin dont vous avez la clé, où je n'ai pas
pu pénétrer moi-même, ces médailles, par l'effet de la fusion,
sont attachées ensemble en chapelet; les glaces ont été vi-
trifiées, non-seulement dans cette chambre, mais dans le
grand salon. Cent objets ont été réduits en poussière, les
marbres ont été calcinés, le tableau de Claude Lorrain n'a
laissé que de malheureux et tristes débris sur lesquels il
est impossible de voir aucune trace de peinture ; ces marbres, statues, buste, bas-reliefs, sont décomposés ; ce buste,
cette Cérès corrodés par la flamme, avaient été trouvés dans
les ruines de Pompéia, et étaient du plus beau marbre de
Paros. Voilà ce qu'était le feu, voilà ses ravages !

« Le feu a pris, comment? nous l'ignorons. Est-ce parce
que M. Ardisson en traversant la pièce le soir aurait laissé
échapper une flammèche de sa lampe, quoiqu'elle fût garnie
d'un tube de verre? Est-ce que le feu n'aurait pas jeté une
étincelle sur le tapis? Il est de fait qu'il a pris sourdement,
et qu'il a duré plusieurs heures. Il a sourdement miné, il
s'est étendu peu à peu sur les papiers, il a tout desséché dans
la chambre, puis, trouvant des tableaux peints à l'huile, une
mosaïque enduite de bitume, des instruments de musique,
ce qui brûle comme des allumettes, des masses de vieux papiers, de vieux manuscrits, c'est alors qu'après avoir miné et
desséché tout cela, il a éclaté, et a répandu une odeur qui
a averti de sa présence.

(1) La propriétaire qui habitait cet appartement était morte depuis un
an ; personne ne l'avait occupé depuis.

« Le jour même de l'incendie M. Ardisson informa la compagnie du Phénix du malheur qui venait de lui arriver : les agents de cette compagnie, assistés des agents de la compagnie générale, se présentent ; M. Ardisson avait le droit de repousser ceux de la compagnie générale, il les admet, il admet tout le monde.

« Il est impossible de vous dire jusqu'où ont été les chicanes, les procédés odieux des compagnies d'assurances. On vous a dit : « Les compagnies n'ont jamais de procès ; elles ont payé « 20,000,000 de sinistres. » Il est facile de concevoir comment elles n'ont pas de procès. Quand un malheureux est brûlé, qu'il n'a plus de ressources, les compagnies lui disent : « Il « y aurait bien des objections à vous faire, vous avez dé- « rangé telle chose, nous pourrions fort bien vous intenter un « procès, et un procès de deux ou trois ans, mais soyez con- « tent ; tenez, voilà le quart, la moitié de ce que vous deman- « dez. » On transige, on étouffe ainsi les procès, parce qu'on abuse de la misère des gens. C'est ce qu'on a voulu faire avec M. Ardisson ; on a cru que cet amateur des beaux-arts, tout passionné qu'il était, mourrait sous les ennuis de la discussion, que lui, ardent, s'empresserait de dire à tout prix : Ne parlons plus de tout cela. Mais il a résisté. Qu'est-ce que vous vouliez de M. Ardisson ? tout le contraire de ce qui était dans la police, ce que vous avez le courage de demander encore ici devant les magistrats ; vous l'eussiez réclamé avec bien plus de force et d'audace vis-à-vis d'un malheureux ! Vous lui demandiez la généalogie des objets qu'il avait possédés et qui étaient brûlés (telle était l'heureuse expression dont on se servait) ; alors, disait-on, nous vous paierons. M. Ardisson vous répondait : Est-ce que je suis tenu à démontrer cela, à présenter des généalogies ? De l'instruction criminelle, provoquée par vous, résulte la vérité de ce que j'ai dit.

« J'ai été étonné, disait dans sa déposition du 12 décem- « bre 1834 M. Galliot, l'un des experts appelés pour l'esti-

« mation des livres, j'ai été étonné d'entendre les demandes
« entortillées que les employés de l'assurance faisaient à
« M. Ardisson et à moi ; il y avait de quoi rendre M. Ar-
« disson fou. »

« Cela indignait tout le monde. Cependant, à la suite de ces
chicanes, un incident s'élève : c'est au moment où l'on va être
jugé qu'une plainte, dont j'aurai occasion de vous parler très-
brièvement, est formée par les compagnies. Sans doute, ce
n'est pas un argument pour nous ; mais ce qui n'est pas un argument pour nous, est un argument contre vous. Il faut que
ceci soit connu, apprécié de tout le monde, qu'on sache ce
que c'est que les compagnies d'assurance.... Quelle est leur
allégation ? M. Ardisson est un voleur qui a détourné les
objets ; M. Ardisson est un incendiaire qui a mis le feu chez
lui : voilà l'incident criminel. On le sait, nous gagnons partout, sans exception, devant toutes les juridictions. C'est fâ-
cheux pour vous, ces précédents-là ! Le réquisitoire du ministère public, qui nous rend parfaitement hommage, termine
cet incident criminel, et une ordonnance de non-lieu est rendue. Premier succès, triste succès, quand il faut se débattre
ainsi, prouver à cinquante ans qu'on n'est pas un incendiaire,
un voleur ! Après quoi, nous portons une plainte à notre tour,
en dénonciation calomnieuse ; nous gagnons en police correctionnelle ; devant la Cour notre succès est encore plus éclatant, nos adversaires sont condamnés à 10,000 fr. de dommages-intérêts. Bien ! Nous reprenons devant des arbitres le
procès civil. Parmi ces arbitres, se trouve Me Hocmell, qui
plaide souvent les procès d'assurances, qu'il entend à merveille ; il y a aussi Me Auger et Me Ph. Dupin. Nous disons
nos raisons. Alors intervient cette sentence que vous connaissez, dont je n'ai pas besoin de vous parler. Un appel en est
interjeté, examinons-en la valeur.

« L'appel se fonde sur deux chefs différents : le premier,

c'est que M. Ardisson a commis une imprudence, qu'en conséquence il ne peut rien réclamer; le second, c'est que les
objets qu'il réclame n'ont pas été brûlés.

« Nous avons commis une imprudence! Quelle est-elle? Les
arbitres ont cherché dans le droit; ils ont dit qu'en pareille matière l'assuré était passible de la faute, mais de la faute lourde,
de la faute équivalente au dol? Là-dessus, on se récrie dans
le mémoire, on dit : Qu'est-ce que cela veut dire? Cela veut-il
dire qu'il faut qu'il ait mis le feu lui-même? Non, messieurs.
Tout le monde sait ce que c'est que la faute équivalente au
dol; ce n'est pas le crime, c'est une faute si grave, si lourde,
qu'en droit elle est comparée au dol. Je suppose qu'un homme
commette une imprudence telle, que le résultat était infailli-
ble pour tout homme de sens. Il n'y a pas là crime, mais
une faute équivalente au dol, et vous concevez pourquoi il
faut, pour que les compagnies d'assurances soient dégagées,
qu'il existe une pareille faute. Comment! un homme se
fait assurer, est-ce seulement contre le feu du ciel? Vous
auriez dû, s'il en est ainsi, en faire une clause expresse.
Si je me fais assurer, c'est contre les imprudences de moi
ou de mes gens. Ainsi, je traverse une pièce dans laquelle
il y a quelques objets combustibles; une étincelle met le
feu; verra-t-on là une imprudence? Ainsi, dans la chambre où nous travaillons, où nous lisons nos combustibles
dossiers, là, autour de nous, par terre, comme j'étais
hier en travaillant la cause, nous sommes auprès du feu. Si
après avoir couvert le feu comme tout homme prudent doit
le faire, si après avoir mis, ce que je ne mets pas, un garde-
feu devant la cheminée, nous allons tranquillement nous
livrer au sommeil, est-ce que, s'il arrive un malheur, nous
n'avons pas le droit de dire : Payez-moi; il n'y a pas d'imprudence. — Mais vous avez laissé le feu mal couvert, vous avez
fait du feu dans la cheminée; ce sont les dossiers qui ont trans-
mis l'étincelle! De telles oppositions seraient intolérables. Il

faut alors supprimer les compagnies d'assurances, qui sont faites pour réparer les fautes, les imprudences, pour réparer les dégâts qui arrivent par des accidents qu'il n'était pas possible de prévoir et d'éviter !

« Cependant, nous dit-on, il y a eu aggravation de dommage ; vous avez un grand appartement dans lequel devaient être également répartis les objets d'arts. Je répondrai d'abord que mon appartement était plein partout. Mais est-ce que je n'avais pas le droit de réunir le plus grand nombre de mes objets dans une pièce particulière ? Est-ce que dans toutes les galeries de tableaux il n'y a pas un dernier sanctuaire où sont les objets les plus précieux, où l'avare seul, l'artiste seul va visiter son trésor, n'y admettant que quelques rares connaisseurs ? C'est là ce que j'ai fait ; montrez-moi dans la police que je ne devais pas mettre plus d'objets dans une chambre que dans d'autres. Ce sont là des objections qu'il faut écarter rapidement pour arriver à ce qui est la véritable objection du procès, la seule objection raisonnable, si elle avait même quelque apparence de raison : « Vous ne justifiez pas de la « valeur des objets ; vous ne justifiez pas de l'existence des « objets. Les objets dont vous réclamez la valeur n'ont pu « être brûlés ; en conséquence, je vous fais un procès. »

« Vous ne justifiez pas de la valeur...—Examinons sommairement ce point. D'abord, comment donc ont été faites les polices d'assurances ? Des inventaires y ont été joints. Ont-ils été dressés légèrement ? Ils ont demandé quinze mois ; chaque objet a été vu. Permettez-moi de vous lire une lettre du général Varlet, alors agent principal de la compagnie. M. Varlet, homme dévoué à cette compagnie, qui, la voyant engagée dans un énorme procès qu'elle mettait un immense intérêt à gagner, n'a pas craint de nous écrire une lettre à la date du 4 juin 1834, une lettre dans laquelle il dit :

« J'atteste que tous les objets ont été vus par M. Joliat, direc- « teur, et par moi, qui étais l'agent-général de la compagnie. »

Voilà qui est positif. Ensuite, quant à la valeur des objets, elle a été fixée au moment des inventaires. Vous voulez
qu'on la débatte maintenant; mais permettez, il y a un contrat qui fait notre loi, qui règle nos conditions et dont vous
ne pouvez sortir. C'est le contrat dont j'ai eu l'honneur de
vous lire les clauses, qui décide qu'en cas d'incendie, les
prix portés par les inventaires seront les seules bases que l'on
prendra. Quand un marché a été fait, quand des bases ont
été prises, comment en sortir pour fixer de nouveau la valeur
des objets, des objets qui n'existent plus! Je le comprendrais
à merveille s'il s'agissait d'objets matériels qui ont un cours à
la Bourse; mais des objets d'arts, quelle base prendrons-nous
quand ils sont brûlés : il n'y en a point de raisonnable. Mais je
suppose même qu'ils existassent, quelle base prendriez-vous?
N'y a-t-il pas tel tableau qui pour moi vaudra 10,000 fr.,
qui pour un autre n'en vaudra que 3,000 fr. Si moi je l'ai estimé 10,000 fr., si j'ai cru faire un marché admirable; si j'ai
dit, regardez-le bien, faites-le voir, faites-le estimer, en voulez-vous pour 10,000 fr.? Si les choses se sont ainsi passées,
pouvez-vous faire venir aujourd'hui un expert, lorsque déjà
vous avez consenti à l'estimation de 10,000 fr.? Quand on
songe combien, suivant les personnes, est variable la valeur
des objets d'arts!.... Je ne vous citerai pas des exemples, mais
parmi vous il est des hommes qui s'y connaissent assez pour
m'en dispenser. Il y a un tableau du Corrége qui a été acheté
10,000 fr., porté tout de suite en Angleterre, et qui un mois
après (le temps du voyage) a été vendu à sir Robert Peel,
80,000 fr. Je pourrais citer mille exemples; ce sont des choses
dont la valeur est idéale. Franchement, j'aimerais mieux
80,000 fr. que le tableau du Corrége, moi, et vous aussi peut-
être : cela dépend du prix que l'on y attache. Vous comprendrez donc que nous ne pourrions pas nous livrer au hasard
d'une expertise faite après coup, en supposant que les objets
existassent encore. L'expertise doit avoir lieu au moment où
l'assurance est faite, quand les parties peuvent en débattre

les prix ou les accepter. Eh bien ! les prix ont été convenus, il me semble impossible aujourd'hui d'en sortir.

« Au surplus, vous savez comment les choses se sont passées à l'époque de l'assurance : à cette époque les objets valaient-ils le prix qu'y attachait M. Ardisson ? J'ai dit qu'il avait fait tous ses efforts pour restreindre les estimations bien au-dessous de la valeur des objets. Il a sommé les compagnies, depuis l'origine de ce procès, de montrer les minutes des inventaires préparés durant quinze mois. Il a dit que si on représentait ces minutes on verrait que les prix portés par la compagnie à 12,000 fr., M. Ardisson les a fait réduire à 3,000. On s'est gardé de montrer ces minutes. Nous avons un témoin, M. Dupré, (1) qui atteste avoir vu les minutes bâtonnées par M. Ardisson, l'avoir vu réduire les prix fixés par les experts de la compagnie.

« Il y a mieux que la déclaration de M. Dupré, c'est celle de M. Henry. Il y a peut-être parmi vous plusieurs personnes qui l'ont connu. M. Henry était le premier expert appréciateur du Musée, c'était l'homme le plus intraitable qui fût au monde ; une illusion, il n'y avait pas moyen de la garder avec lui ; il était rude autant qu'on pouvait l'être. Il disait des plus grands tableaux : Vous n'avez qu'une copie ; ce n'est pas un Corrége, un Poussin. — Rien ne l'attendrissait. — Ça vaut 500 fr.

« J'ai vu un monsieur qui s'appelait M. le marquis de..... j'aime mieux ne pas dire le nom. Il avait acheté des collections d'arts, il fit appeler M. Henry. Celui-ci, avec sa grosse voix rude, sur presque chaque objet lui répétait : Ça ne vaut rien ; ça ne vaut rien. La vente en fut faite, elle justifia les jugements de M. Henry. — Si c'était l'homme le plus rude, c'était aussi l'expert le plus habile. C'était une chose prodigieuse que de voir opérer M. Henry. M. Henry fut appelé par la compagnie ; on lui dit : Allez voir les tableaux qui restent de M. Ardisson ; on jugera par ceux qui restent si l'estimation de ceux qui ont été détruits a été bien faite ? M. Henry se présente :

_____

(1) *Voyez* page 130.

« Descendez ces tableaux. » Il les visite, il retourne à la compagnie, il lui rend compte de sa mission... On le met de côté, M. Henry ne paraît plus. Nous l'appelons, nous lui demandons d'expertiser ; que dit-il? « Tous ces tableaux-là excepté un « seul appartiennent généralement aux maîtres auxquels ils sont « attribués ; quant à leur valeur, je m'engage (parce que la « compagnie levait les épaules) à faire porter la valeur en vente « publique à 10, 15, 25 p. 100 au-dessus des estimations qui « ont été faites. » Cette déclaration est fort importante (1).

« Je ne crains pas d'être démenti par mon adversaire quand je dis que M. Henry était l'homme le plus habile, le plus rude, flattant le moins les illusions, les détruisant d'un mot.

« Les collections de M. Ardisson ne se bornaient pas à des tableaux seulement. C'était une partie considérable de l'assurance ; mais ce n'était pas la seule. Nous voilà justifiés sur ce point (la déclaration de M. Henry en place la valeur au-delà de l'estimation). Il y avait une bibliothèque de six mille volumes, ils n'ont pas tous brûlé, il n'y en a eu que quatre mille cent de détruits. — Ils sont estimés à 60,000 francs. C'est une exagération épouvantable. — Dans l'instruction criminelle on a appelé M. Chimot et M. Demay. M. Chimot est un libraire très-habile qui fait des ventes très-importantes. M. Demay est également très-connaisseur en livres. Ces deux messieurs s'étaient occupés de la bibliothèque de M. Ardisson, l'avaient classée, mise en ordre. Qu'ont-ils déclaré dans l'instruction criminelle? Que la valeur n'était pas exagérée, qu'il y avait un grand nombre de livres très-rares. M. Ardisson avait été en Italie. Une de ses passions était celle des livres (je dois dire aussi en passant qu'en musique il a été un des amateurs les plus distingués, peut-être le plus fort) ; sa bibliothèque contenait des Elzevir, les petits livres qu'on appelle *Veni-Mecum*, des Alde, des Bodoni ; le tout en collections complètes, ce qui ajoutait à

(1) *Voyez* page 132.

leur valeur. Ces livres avaient été assurés 10 fr. pièce ! c'est-
à-dire infiniment au-dessous de leur valeur !

« Quant à la mosaïque, elle était du travail le plus précieux
qu'il fût possible de voir... 50,000 fr. !. Elle était plus grande
que le tableau vendu à sir Robert Peel. Elle représentait un
port de mer. Elle était faite de manière qu'il était impossible
de voir le réseau qui forme la mosaïque. A l'œil nu c'était un
tableau glacé. M. Guillaume Saint-Ange, quelques jours avant
le feu, traversant cette immense pièce garnie d'immenses richesses, manqua heurter la mosaïque, alors, la regardant, il
dit : Mais c'est un tableau sous verre ! Ce n'était pas un tableau, c'était une mosaïque. M. Guillaume Saint-Ange donne
un démenti à M. Ardisson qui lui dit : Mais non, c'est une
mosaïque ! Alors M. Guillaume Saint-Ange prend sa loupe, et
il reconnaît, il voit avec admiration le travail de cette grande et
magnifique mosaïque.

« Quant à la musique, cela demande des explications. C'est
une chose qui vous renverse que d'entendre dire : J'avais chez
moi pour 206,000 fr. de musique. J'avoue que cela m'a
étonné, moi qui n'ai pas le bonheur d'être musicien. Je me
suis informé et cela a cessé de m'étonner. La passion dominante de M. Ardisson, la première entre toutes, c'est celle de
la musique, et, en fait de passions, il n'a eu que celle des
beaux-arts, il a vécu tout entier au milieu des beaux-arts ; la
passion de la musique a été portée à l'excès chez lui, vous ne
le contestez pas ; il a été un des premiers amateurs de l'Europe sur le violon. Il avait réuni une immense quantité de
musique très-précieuse ; précieuse si elle était vendue en détail, mais infiniment plus précieuse lorsqu'elle formait un
corps de bibliothèque complète à tous égards, sous tous les
rapports ; plus complète qu'aucune de celles qui existent en
Europe ; beaucoup plus que celle du Conservatoire. De quoi
se composait-elle ? De partitions imprimées très-rares et la plupart uniques, de partitions manuscrites de la main des auteurs
et des plus fameux auteurs, impossibles à retrouver nulle au-

tre part : il en avait des premiers temps d'un auteur, de son beau temps, de sa vieillesse, et chez lui-même j'ai vu, quoique vous prétendiez qu'il ne lui en soit pas resté, une partition écrite de la main d'un auteur à quarante ans, et, à quarante-quatre ans d'intervalle, une autre partition écrite à quatre-vingt-quatre ans, d'une main affaiblie. Il avait des partitions de la main de Mozart, de Jomelli, de Palestrina, et d'autres dont je n'ai pas su retenir assez les noms.

« C'était sa première passion, sa plus ardente passion, celle à laquelle il avait consacré le plus de moments dans sa vie. Il avait formé des collections uniques dans le monde; ces partitions l'une dans l'autre avaient été fixées à un prix bien inférieur à leur valeur. La partition de la main de Mozart serait achetée 4,000 fr., une fugue de la main de ce maître se vend de 800 à 1,200 francs. Il avait en énorme quantité des partitions autographes.

« Voilà comme nous justifions de la valeur de ces objets, valeur fixée irrévocablement entre nous.

Vous prétendez que tous ces objets ont été brûlés, nous dit-on, je vous soutiens le contraire. — Disons franchement ce que c'est que ce procès. Vous dites que j'ai détourné ces objets, par conséquent que je suis un voleur, et par suite que je suis un incendiaire. Voilà le procès actuel. Si j'ai détourné des objets, que j'en aie demandé le prix alors qu'ils n'ont pas été brûlés, c'est que j'aurai mis le feu volontairement. Messieurs, j'aime mieux la marche suivie d'abord, au lieu de ces moyens. Vous aviez des soupçons, vous avez porté une plainte, vous avez dénoncé M. Ardisson, et maintenant que vous avez succombé dans cette marche, vous venez ressusciter les mêmes accusations du procès criminel, et, après qu'elles ont été anéanties, les reproduire dans un procès civil. C'est honteux, c'est un moyen qui doit disparaître de la cause : c'en est cependant le seul et unique.

« Si d'abord je les ai détournés, serait-ce à moi à faire la

preuve que je ne les ai pas détournés? J'ai fait preuve qu'en
1828, époque de l'assurance, j'avais les objets. Les ai-je détournés? C'est à vous de prouver. Dure condition! je le con-
çois; mais la nôtre serait pire, si, après nous être fait assurer,
il y a deux, trois, quatre ou cinq ans, par une compagnie
d'assurance, le feu prenant chez nous, nous étions obligés de
vous démontrer que nous n'avons pas volé, que tous les objets étaient dans cette chambre entièrement dévastée par le
feu, où il ne reste que quelque débris de tapis et quelques
matelas. Demandez une pareille preuve à un marchand, je
l'admets; il a des livres, il y a chez lui un mouvement de meubles qui [se fait journellement. Que l'on dise à un marchand
de curiosités du quai Voltaire : Oui, j'ai assuré cet objet il
y a cinq ans, qui est-ce qui me dit que vous ne l'avez pas
vendu? — Mais moi je ne vendais rien, bien au contraire, j'ai
toujours acheté; je n'ai pas de livres pour justifier. Dans quelle
condition voulez-vous donc me placer, me réduisant à l'impossible pour toucher le montant du sinistre, quand pendant treize ans j'ai payé la prime? Si je suis obligé de fournir des preuves, toutes les preuves me seront bonnes, même
les plus légères; vous devez les accepter telles que je pourrai les
faire, telles qu'un bourgeois de Paris pourra les faire pour
prouver que sa commode était là. La police dit : « L'assuré fera
« la preuve par tous les moyens en son pouvoir.» Je n'ai pas de
livres, je ne peux pas les produire, je n'ai pas non plus de preuves écrites. Des témoins pour dire que je n'ai pas volé, vous
en avez entendu un assez grand nombre dans l'instruction
criminelle, qui, dans des temps voisins de l'incendie, étaient
venus chez moi, avaient vu mes tableaux, admiré ma mosaïque, visité mon immense collection de musique. Disons-le
franchement, vous vous moquez de nos bons témoins, vous qui
payez les vôtres pour déposer contre nous pour nous perdre.
Ces commissionnaires qui n'ont pas accepté votre prime, ils
ont fait un chemin à travers la chambre, afin que, la maison
étant à vendre, on pût la visiter. M. Guillaume St-Ange vous

dit : « Huit jours auparavant j'ai vu la mosaïque, je l'ai exami-
« née. » Mais voici une preuve complète que nous a réservée la
Providence. Dans les premiers temps, quand on élevait quelque
chicane civile, on nous disait : Vous avez pu vendre, vous avez
vendu quelquefois. — Que répondait M. Ardisson? « Si vous
« pouvez me prouver que depuis le premier jour de mon assu-
« rance j'ai vendu un seul objet, un seul, quelque minime qu'il
« soit, je vous le déclare publiquement devant tout le monde,
« je renonce à l'assurance. » Vous le voyez, cet artiste, cet homme
passionné, cet avare qui tient à toutes ses pièces, pour rien au
monde il ne se serait défait de quoi que ce soit. En effet, le docteur Grundler voulait lui acheter un alto pour un ami,
M. Ardisson pouvait s'en passer, car il en avait beaucoup d'autres. Mais non. « Je ne le donnerai pour rien au monde, lui
« dit M. Ardisson ; d'ailleurs je ne le puis pas, il est assuré, et
« je ne puis pas vendre des objets assurés sans en prévenir la
« compagnie, et ce n'est pas la peine de recourir à de telles
« formalités. » Voilà, je le répète, quelle était la condition
que se faisait M. Ardisson lui-même : « Si j'ai détourné un seul
« objet, je renonce à l'assurance. »

« A peine cette parole imprudente a-t-elle été lâchée devant
la compagnie, qu'à l'instant on fait appeler tout le monde
pour savoir si M. Ardisson n'a pas fait quelque trafic ; on cherche, on écrit partout, on va sur le quai Voltaire, et l'on dit à
chaque marchand : Vous devez connaître M. Ardisson, n'a-t-il
pas échangé quelque chose? On va de boutique en boutique,
on n'a pas pu découvrir que M. Ardisson se fût dessaisi d'un
seul objet.

« Et c'est ici qu'il faut vous parler sommairement des abominables moyens employés par les compagnies d'assurances ;
c'est ici que votre sollicitude doit être appelée sur ces moyens,
que vous devez compatir au sort des assurés. Il y a des gens
riches qui se forment en compagnie, qui réunissent leur argent, qui pressent les propriétaires de se faire assurer, qui

reçoivent leurs primes. Quand l'incendie a dévoré leurs richesses, quand ces malheureux sont accablés, les compagnies
leur font d'abominables procès, dirigent contre eux d'abominables dénonciations. Vous verrez des notes confidentielles,
qu'on n'aurait pas dû nous livrer, dit-on, comme si, dans
des procès criminels, il était permis d'accuser les gens sans
mettre son nom, en se bornant à dire : Poursuivez cet
homme, car je vous le demande par une note confidentielle....
Ce sont des infamies, il faut flétrir ceux qui les ont com-
mises.

« Le procès civil allait être jugé ; c'est alors que naît l'instruction criminelle ; mais avant (on était au mois d'avril) vous
savez quelles effroyables scènes, quels déplorables événements
ont ensanglanté Paris ; le 20 ou 21 avril 1834, au sortir de
cette émeute, voilà qu'une dénonciation anonyme parvient au
préfet de police contre M. Ardisson, contre un homme studieux et paisible, tout entier au culte des beaux-arts, et qui ne
s'est jamais occupé de politique !

« On aurait dû savoir contre qui elle était dirigée avant d'y
avoir le moindre égard ; mais ces instants de troubles excusent
bien des choses. Une perquisition est faite à la campagne de
M. Ardisson ; on enfonce toutes les portes, depuis la cave jusqu'au grenier ; on fouille partout, on trouve quelques tableaux, quelques meubles à peine (parce qu'il n'était pas
établi), quelques livres courant les uns après les autres ; mais
aucun objet, aucun qui eût jamais fait partie de l'assurance.
M. Ardisson n'était pas présent, et ne se doutait pas que
sa maison fût ainsi bouleversée. M. le préfet de police com-
prit alors la légèreté de sa démarche ; il se confondit en
excuses auprès de M. Ardisson, et lui donna connaissance de la
dénonciation dont il avait été l'objet. Qui a fait cette dénonciation? Il n'y a pas à en douter, c'est la compagnie d'assurances, la compagnie du Phénix.... »

Me *Delangle* : Je ne puis pas laisser passer une telle accusation...

Mᵉ Chaix-d'Est-Ange : Vous êtes ici pour me contredire, mais seulement quand j'aurai plaidé.

« Ce n'est pas tout : la dénonciation anonyme n'a pas produit d'effet. L'agent spécial de la compagnie du Phénix attend le commissaire de police au sortir de l'expédition, et apprend de lui qu'il n'y avait pas d'objet détourné.

« Alors redouble un système d'espionnage épouvantable. M. Ardisson avait un cocher qu'on appelait Casset, qu'il avait pris misérable, qui avait une femme misérable aussi ; ce malheureux avait eu le choléra, M. Ardisson le soigna comme un frère. Peu de temps après, cet homme devient riche, relativement ; il est en marché pour acheter un fonds de commerce sur le boulevart : cet homme dépose contre M. Ardisson. Et puis, messieurs, les domestiques, ce sont les témoins nécessaires avec lesquels on traîne un homme à l'échafaud ! Après s'être assuré de Casset, on va à un témoin plus intime encore, à la fille Eugénie ; car Casset couchait au dehors, et pouvait, lui, objecter qu'il n'avait rien vu, tandis que la fille Eugénie pouvait être censée révéler ce qu'avait fait son maître. On lui dit : Votre maître s'est volé, vous le savez. On lui promet 10,000 francs : Avec 10,000 francs, vous aurez 500 francs de rente. — Elle résiste. On lui glisse 200 francs malgré elle, qu'elle va porter chez le commissaire de police : Ah ! vous ne voulez pas déposer contre lui ! Vous serez considérée comme sa complice... Et cet homme... dont je ne veux pas dire le nom, parce qu'il a une honnête famille, un fils parmi nous, va partout traitant M. Ardisson de filou, de brigand, et il dit à qui veut l'entendre : Il a beau faire, nous l'aurons. On va chez un autre témoin ; on lui donne de l'argent. On en porte plusieurs fois chez lui, on arrive jusqu'à lui proposer 25,000 francs. Voilà les procédés des compagnies d'assurance. D'un autre côté, des agents que la police elle-même a chassés parce qu'ils déshonoraient la police, on les met aux trousses de M. Ardisson. On se présente chez lui sous de faux prétextes, sous de faux noms ; il en est qu'on arrête en flagrant délit : conduits devant le commissaire de police, ils sont obligés de déclarer leurs véritables noms ; que disent-ils ? *Je travaille* pour M. un tel, qui *travaille* pour la compagnie d assurance.

« Voilà un fait réel, c'est que les compagnies d'assurance comptent dans leur sein, à leur service, des agents indignes, chassés de la police.... L'avocat qui plaide contre moi se relève... Eh quoi ! vous dites que la compagnie du Phénix n'y est pour rien ! c'est l'agent de la compagnie d'Assurances générales ! Mais quelle qualité prenait donc M. Arragon ? (Ah...! son nom m'est échappé...) La voici : la qualité d'agent du contentieux de la compagnie d'Assurances générales, et spécialement chargé par la compagnie du Phénix de suivre l'affaire contre M. Ardisson. — Je sais bien qu'en police correctionnelle la compagnie du Phénix a dit : « Je suis étrangère à « tout cela. Vous ne pouvez pas me prouver que j'y aie parti-« cipé ; je démens cet homme.» — Et moi, simple que j'étais, malgré mon client, qui ne le voulait pas, et qui avait plus raison que moi, je dis : Il faut abandonner la compagnie du Phénix. Savez-vous, messieurs, ce qui se passe en appel, quand nous avons abandonné la compagnie du Phénix ? C'est que le directeur de la compagnie générale, M. de Gourcuff, étant traduit devant la cour d'appel à côté de son agent, nous plaidons contre lui. Mais le directeur et son agent s'empressent de dire : « Comment ! on veut nous jeter l'odieux de tout cela ! » Alors ils plaident et ils font plaider qu'ils ont constamment agi de concert avec la compagnie du Phénix ; que cette compagnie n'a rien ignoré ; que l'agent mis en œuvre, le sieur Arragon, était porteur de ses pouvoirs, ainsi que des pouvoirs de la compagnie générale ; que tous les jours M. Arragon rendait compte à M. Pallard et au président du conseil de ce qui s'était fait contre M. Ardisson... Voyant là le directeur de la compagnie du Phénix, qui ne s'empressait pas d'avancer pour dire : « Ces hommes mentent ; je suis étranger à ces infamies », je compris que j'avais fait une sottise, puisque, au dire du directeur de la compagnie générale, de son agent, en pleine audience, ils étaient ensemble pour employer ces abominables manœuvres.

« Dans cette instruction criminelle suivie par la justice, dans cet espionnage clandestin et odieux employé par vous, dans ces subornations de témoins pour lesquelles vous n'avez pas pu être condamnés, parce que les témoins n'avaient pas à lever la main, avez-vous trouvé un indice que M. Ardisson ait détourné un meuble, quelque chose? Non, rien. Et cette accusation, vous osez la soutenir encore! vous osez dire encore que les objets n'ont pas été brûlés par l'incendie! Que sont-ils devenus? Montrez-moi la trace d'un seul. Il y avait une découverte importante faite aux environs du Jardin-du-Roi. Avez-vous trouvé dans cet appartement un seul objet assuré par vous? — Non. — Vous demandez compte à M. Ardisson, et vous lui dites : Pourquoi aviez-vous un appartement clandestin, vous ne nous l'aviez pas dit. — M. Ardisson répond : Je n'étais pas tenu de vous le dire... Et là dessus il a donné une raison pour justifier cet appartement du Jardin-du-Roi. Eh bien! oui, il avait un appartement, mais il n'était pas tenu de vous le dire. — Et remarquez que dans ce petit appartement où il allait à de si rares intervalles que depuis quinze mois il n'y avait pas mis le pied, vous n'avez pas trouvé un seul objet compris dans l'assurance.

« Notre adversaire nous dit : « Il y a preuve matérielle « que tous les objets n'ont pu être incendiés par ce feu de quel- « ques instants. » J'ai déjà dit que les pompiers avaient déclaré que jamais ils n'avaient senti une chaleur aussi forte. Mais peu importe à mon adversaire qu'il y ait eu besoin de 6,000 francs de réparation pour les pierres de taille, que des cheminées de marbre blanc aient été calcinées, que les médailles de bronze aient été fondues !

« L'on dit encore que la grande chambre ne suffisait pas pour contenir les objets brûlés. — Je vous demande pardon, vous avez fait un très-mauvais calcul. — Nous avons, nous,

des salons qui sont libres et dégagés; il était impossible au
contraire de passer dans la grande chambre, tout y était encombré. M. Ardisson avait entassé là une partie considérable
de ses collections, la partie la plus précieuse, à ce point qu'il
avait fallu faire un chemin à travers la pièce pour pouvoir la
visiter. Rappelez-vous la dimension de la salle, elle était
énorme, d'une hauteur inusitée, quatorze pieds. J'ai fait faire
le plan de la grande chambre avec le plan de chaque objet.
On a pris des volumes in-4°, in-12, in-32; on a pris neuf
pieds au lieu de quatorze, ainsi on a diminué plutôt que
d'exagérer. On a reconnu que la bibliothèque pouvait contenir dix mille cent dix volumes; prenez la moitié ou environ,
ce qui a brûlé, c'est quatre mille cent volumes. Sans doute,
les volumes serrés sont difficilement atteints par le feu; mais
remarquez que le feu s'attache d'abord au bois de la bibliothèque, que les livres tombent, que les feuilles s'entrou-
vrent, et qu'ainsi ils deviennent très-facilement la proie des
flammes; voyez l'incendie de la rue du Pot-de-Fer, où des
millions de volumes ont été brûlés. — On a calculé ce qui
pouvait tenir au milieu de la pièce, sur le lit de parade qui
était entièrement chargé de livres et de musique à une assez
grande hauteur. On a calculé quatre pieds et l'on n'a pas
exagéré.

« J'ai une observation à faire quant à la musique. Nous
sommes aujourd'hui habitués à voir des partitions du format
de ce quintetto dédié à M. Ardisson par Haensel; comment
un si grand nombre de partitions de ce format pouvait-il se
trouver à cette place? Il faut dire que M. Ardisson avait une
grande quantité de concertos et de partitions manuscrites.
Ces manuscrits étaient faits par des gens habiles, afin qu'ils
tinssent moins de place, sur petit papier et en très-petites notes. Ensuite, à une époque plus reculée, au commencement
de la musique, les partitions tenaient moins de place, c'étaient
simplement des morceaux de chant sans accompagnement; le
musicien n'avait pas à sa disposition soixante instruments

différents pour faire le plus de bruit possible. C'était de la musique de chant, elle tenait sur une ou deux feuilles.

« Je ferai passer tous ces calculs sous les yeux de la Cour, elle aura la bonté d'y jeter les yeux. Elle verra que tous ces objets pouvaient tenir dans la pièce. Si vous êtes étonnés en effet que cette immense quantité d'objets aient été brûlés, si vous n'êtes pas entièrement édifiés par ces calculs, nous vous dirons : Voyez les débris, quinze cents livres de cendres. Réfléchissez combien dans nos cheminées il nous faut brûler de voies de bois pour réunir une certaine quantité de cendres, vous en serez effrayés et vous comprendrez qu'il faut qu'il y ait eu une énorme quantité d'objets brûlés. Vous n'en serez pas étonnés, parce que vous réfléchirez que tous les objets étaient combustibles.

« Lorsque mon adversaire dit : On n'a pas trouvé un seul objet, une seule portion de la mosaïque, y a-t-il bien pensé ? Comment a-t-il pu oublier les éléments du procès ! Dans les premiers moments M. Ardisson réclamait des colonnes d'améthyste, qu'on prétendait n'avoir pas brûlé ; on fit laver les cendres ; en cherchant avec soin, on a trouvé une foule d'objets très-précieux, notamment plus de quarante débris de colonnes d'améthyste. Vous reconnûtes que vous vous étiez trompés, que les colonnes d'améthyste avaient brûlé. Eh bien ! l'on dit dans un mémoire qui est un libelle, où l'on trompe le public, où l'on avance que l'incendie a duré trois quarts d'heure, l'on dit qu'on a trouvé le cadre de la mosaïque intact, et qu'on n'a pas trouvé la mosaïque. Non, messieurs, ce n'est pas le cadre qu'on a trouvé, mais une armure en fer qui servait à tenir la mosaïque parce qu'elle était lourde, et à laquelle était encore attachée, par les deux encognures supérieures, un fragment du cadre entièrement consumé dans toutes ses autres parties. Vous savez que les pierres d'une mosaïque sont si fines, si ténues, qu'il faut les prendre avec la pointe d'une aiguille quand on les place ; elles ont dû être réduites en cendres, d'autant plus que c'est sur du bitume qu'elles sont montées. Cepen-

dant on fouille les cendres : mon adversaire vient dire qu'on
n'a pas trouvé des débris de la mosaïque ; je réponds qu'on en
a trouvé. M. Chevalier dit dans son rapport qu'on a trouvé du
silex et du mastic qui a dû servir, sans qu'il puisse l'affirmer, à
une mosaïque. On a trouvé d'autres matières encore qui se
rapportent à la composition de la mosaïque.

« Voilà ce procès, voilà comment les choses se sont passées,
voilà la bonne foi de M. Ardisson. Si vous doutez de cette
bonne foi pour laquelle il faut que je plaide plus que pour son
procès, je vous supplierai, messieurs, dans votre impartia-
lité, dans votre justice, pour rendre hommage à un honnête
homme dont la vie a été abrégée par toutes les circonstances
de cet abominable procès, de jeter les yeux un moment sur
l'instruction criminelle ; vous y verrez à chaque ligne, à chaque
mot percer la vérité. Je vous supplierai d'interroger, en feuil-
letant le dossier, les gens appelés les premiers, c'est-à-dire
les meilleurs juges de l'affaire, de la vérité, de la sincérité
des déclarations de M. Ardisson ; vous y verrez les dépositions
du capitaine des sapeurs-pompiers, des pompiers, du commissaire de police ; il vous diront la douleur de cet homme qui
se regardait comme ruiné. Vous y verrez d'autres circonstances ; une entre autres, importante surtout au procès : son bonheur en retrouvant une tabatière d'un travail infini, précieux,
assurée pour 25,000 fr. Vous y verrez comment il reparut triomphant, montrant cette tabatière et d'autres objets précieux :
« Voilà quelque chose de sauvé, s'écriait-il ; quel bonheur ! les
« compagnies n'auront pas cela à payer ! » Il vous sera impossible
de conserver le plus léger doute sur la bonne foi de M. Ardisson. Dans un tel état de choses, vous devez lui donner un gain de
cause éclatant en n'opérant aucune réduction. Ce n'est pas que
sa fortune encore considérable ne pût lui permettre d'en subir,
mais ayant perdu son talent, toute la joie de sa vie, vous
n'opérerez pas une réduction qui serait en quelque sorte une
flétrissure pour lui. En même temps il me semble qu'il vous

faudra ordonner la suppression de ce mémoire qui a pour objet de tromper le public, et sous le coup duquel nous ne pouvons pas demeurer. Après que l'on a épuisé contre nous toutes les abominables ressources d'une instruction criminelle, nous devons être à couvert de ces indignes accusations, nous ne pouvons y rester plus long-temps en butte. Je vous recommande le mémoire, vous y verrez la vérité défigurée d'une manière si dégoûtante, que vous n'hésiterez pas à en ordonner la suppression. »

M⁽ᵉ⁾ *Delangle* insiste pour répondre.

M. le président : Toutes les récriminations avaient dû être prévues par vous, vous pouviez les prévenir. D'ailleurs, l'affaire ne sera pas jugée aujourd'hui, vous ferez passer à M. l'avocat-général les notes que vous jugerez convenable de lui adresser.

AUDIENCE DU 10 MARS 1836.

M⁽ᵉ⁾ Caron aîné, avoué de la compagnie d'assurances, présente une requête nouvelle.

VI. DÉVELOPPEMENTS PAR M⁽ᵉ⁾ DELANGLE.

M⁽ᵉ⁾ Delangle, avocat de la compagnie du Phénix, développe en ces termes les nouvelles conclusions :

« MESSIEURS,

« Après les plaidoyers qui ont eu lieu, après les mémoires publiés, après surtout les visites que vous avez jugé convenable de faire (1), il ne s'agit pas de s'expliquer sur le fond

---

(1) Dans l'intervalle entre les plaidoiries et les conclusions du ministère public, MM. les conseillers et M. l'avocat-général se sont transportés, sur l'invitation de M. Ardisson, au domicile de ce dernier, pour y examiner les objets échappés aux flammes. et ensuite dans le magasin où sont ren-

du procès ; mais vous avez entendu des déclamations, et, je
dois le dire, des diffamations dont la compagnie du Phénix a
été l'objet. Ces diffamations ont été reproduites dans un mémoire : une réparation nous est due ; nous venons la solliciter
de la justice.

« Voici le fait. M. Arragon, l'un des agents de la compagnie
générale, pendant qu'on était à l'arbitrage pour fixer le montant du sinistre éprouvé par M. Ardisson, apprit que M. Ardisson avait près du Jardin-des-Plantes un logement qu'il avait
loué sous le simple nom d'Amédée. On crut voir un mystère,
on supposa que, dans cet appartement, on pourrait trouver une partie des objets qui n'auraient pas brûlé dans la rue
du Temple. En conséquence, une plainte fut adressée au ministère public, une instruction fut commencée. Vous savez
quel en a été le résultat ; vous savez aussi qu'une note avait
été déposée, qu'on y accusait M. Ardisson d'avoir lui-même
préparé l'incendie et disposé les choses de manière à acquérir
une créance contre la compagnie du Phénix.

« Une ordonnance de non-lieu fut rendue, et M. Ardisson
intenta un procès aux deux compagnies en police correctionnelle.

« Là, il prétendit que les compagnies avaient procédé par
espionnage, par des dénonciations calomnieuses, occultes, qui
avaient appelé toute espèce de maux sur lui. Il demanda que
les compagnies fussent considérées comme diffamatrices, que
des condamnations fussent prononcées contre elles. Là, les
parties ont été entendues, et au nom de la compagnie du
Phénix, on a repoussé hautement, énergiquement, toute espèce de participation aux actes signalés par M. Ardisson. Là,

---

fermés les débris des objets incendiés. La Cour a pu se former ainsi, par
ses propres yeux, une opinion sur les ravages du feu, sur la portée des
estimations, et sur la nature des articulations et des faits de la cause.

(*Note du rédacteur.*)

on a interrogé M. Arragon, qui avait agi au nom de la compagnie générale, qui dans une note avait paru agir au nom de la compagnie du Phénix, pour faire les actes répréhensibles qui ont été établis en police correctionnelle ; là, en présence du directeur du Phénix, M. Arragon a été obligé de déclarer qu'il n'était pas l'homme de la compagnie du Phénix, mais qu'il était l'agent du contentieux de la compagnie d'Assurances générales. Après cette explication, le défenseur de M. Ardisson n'insista plus contre la compagnie du Phénix ; cette compagnie a été mise hors de cause dans les termes les plus convenables. M. Arragon a été condamné comme diffamateur.

« On a interjeté appel, se fondant sur ce motif unique, que M. Arragon n'était qu'un instrument. Devant la Cour, les faits autrement précisés, M. de Gourcuff a été condamné comme diffamateur ; le jugement a été confirmé, et la peine augmentée contre M. Arragon. Aucun appel n'avait été interjeté contre le Phénix ; il avait été acquitté irrévocablement ; il était en dehors du débat ; il avait été jugé que toutes les mesures fâcheuses employées par M. Arragon devaient rester pour le compte de M. Arragon, que seul il en assumait la responsabilité. Nous n'étions pas accusés, et nous étions dans notre droit en demandant à M. Ardisson l'exécution des articles 13 et 16 de la police. Eh bien! malgré l'autorité de la chose jugée, voilà qu'on imprime tout, en ayant soin de dire : « Encore un procès comme celui-là, et les compagnies « n'existeraient plus. » M. Ardisson a pensé que, pour tuer la compagnie du Phénix, tous les moyens étaient bons. Voici les passages dont nous demandons la suppression :

« Cependant quels moyens n'ont pas employés les compa-
« gnies ; elles ont eu recours à tous.... Elles ont procédé par
« l'espionnage..... Elles ont procédé par une police de rebut
« qu'elles se sont faite à leur solde de tout ce qu'il y a de vil
« et d'abject.... Elles ont procédé par la subornation des té-
« moins et des domestiques, etc. » —Voilà ce qui est imprimé.

« Maintenant je demande si ce n'est pas là la plus odieuse,

la plus exécrable des diffamations. Comment ! il y a eu un procès, les parties ont été entendues contradictoirement, M. Pallard a été interrogé, et il a porté le défi à M. Arragon de jamais établir ou même d'oser dire devant lui qu'il avait été autorisé par la compagnie du Phénix... Et cependant on imprime de pareilles infamies, on les répand. On dit que la compagnie du Phénix, ayant à payer un sinistre, a employé la police de rebut... Oui, c'est une diffamation que rien ne peut excuser, car l'autorité de la chose jugée était là pour protéger la compagnie du Phénix.

« Comment a-t-on cru expliquer ceci ? Dans une note jetée à la fin du mémoire, on argumente contre nous de la défense de M. de Gourcuff, et de ce que M. Pallard n'a point donné un démenti en pleine audience aux allégations d'un prévenu !

« Ainsi, parce que M. de Gourcuff, lorsqu'on plaidait devant la Cour, cherchait, dans un intérêt qui se comprend, à se défendre de la plainte dirigée contre lui, vous dites que tout s'est fait d'accord avec la compagnie du Phénix ; parce que M. Pallard, qui était présent, n'aurait pas voulu enlever un moyen de défense à M. de Gourcuff, il en résulterait que le jugement rendu sur la demande du défenseur de M. de Gourcuff doit être mis au néant, qu'on doit considérer la compagnie du Phénix comme ayant participé à tous les actes odieux signalés ! Nous sommes accusés d'avoir appelé les investigations de la police sur le domicile de M. Ardisson à une époque de troubles, au mois d'avril 1834 : c'est vous qui avez à faire la preuve de cette accusation. Nous voulons bien mettre la chose jugée, qui nous protégé, de côté, et nous vous portons le défi de faire cette preuve. Il est évident que c'est la plus odieuse de toutes les calomnies.

« Quelle est en définitive la position dans laquelle se trouve la compagnie du Phénix vis-à-vis de M. Ardisson ? Elle lui dit : Prouvez l'existence des objets dans le lieu où a éclaté l'incendie, avant cet incendie ; c'est-à-dire que l'on a traduit en conclusion les articles 13 et 16. Ensuite on vous dit : Prouvez la valeur des objets. C'est là le débat qui de toute éternité s'engage entre les assurés et les assureurs. Vous prétendez qu'implicitement, et par des suppositions indignes, on vous a accusé de détournement. Non. — Les éléments du procès étaient puisés dans la police d'assurance, et la compagnie aurait manqué à son devoir si elle ne l'avait pas fait.

« Des conclusions ont été posées, qui peuvent jeter un grand jour sur cette affaire. Parmi tous les objets évalués à un prix considérable, il en a été sauvé un des plus précieux ; c'est une tabatière en améthyste. Si, d'après les renseignements, cette tabatière, qui a été estimée 25,000 francs, ne valait pas 500 francs, ne faut-il pas dire que M. Ardisson, qui ne peut donner explication sur rien, qui ne peut dire le prix que lui a coûté un seul des objets, a exagéré leur valeur, et que cette exagération ne peut pas être imposée au Phénix.

« Il y a encore un mobilier échappé aux flammes. Un travail a été fait par un expert ; vous verrez par les prix portés que ce mobilier peut valoir 25,000 francs, qu'il a été estimé 50,000.

« Puis, quant à cette mosaïque de 50,000 francs, en supposant qu'elle ait été brûlée, qu'on prenne un point de comparaison ; il y a chez M. André Leroux, agent de change, la plus merveilleuse mosaïque qu'on puisse voir ; toutefois, elle a son pendant dans une même mosaïque faite pour le pape et qui se trouve à Rome. Cette mosaïque, sur laquelle sont incrustés douze tableaux, a été achetée par M. Leroux 140 louis.

« M. Rochette a chez lui une mosaïque admirable qui lui a coûté 800 francs. Je conviens qu'elle est moins grande que celle de M. Ardisson ; mais, en définitive, il y a des vérifications à faire, afin de s'assurer si effectivement M. Ardisson n'a pas exagéré de la manière la plus révoltante la valeur des objets qu'il faisait assurer.

« Enfin, il est un point sur lequel, en terminant, j'appelle votre attention, c'est cet appartement découvert près du Jardin-du-Roi. Là des tableaux ont été trouvés ; on a mandé des experts ; un d'eux a pensé que *douze* avaient une parfaite analogie avec les tableaux assurés ; un autre, *quatre*. M. Henry, lui qui sur une toile où il ne restait presque plus rien, a pu affirmer que ce tableau appartenait à tel maître, n'a trouvé aucune ressemblance. M. Henry n'a pas voulu être de l'avis des autres experts ; cependant il y avait parmi eux M. Paillet, connaisseur assez distingué.

« Voilà des points qui méritent qu'on les examine attentivement.

« Le Phénix peut perdre le procès ; on lui rendra cette justice, que le procès a été fait avec sincérité. — On ne doit accuser de ces débats que M. Ardisson, ses tergiversations, l'embarras, la nullité de ses réponses sur des faits qu'il devait connaître, et sur lesquels il devait donner des explications satisfaisantes ! C'est là ce qui a provoqué les soupçons. Si nous perdons notre procès, ce que je ne crois pas, qu'on ne vienne pas au moins nous diffamer, qu'on ne reproduise pas dans des mémoires des imputations calomnieuses qui devaient rester étrangères à la cause. Il y avait condamnation contre la compagnie générale, on ne peut pas étendre cette condamnation contre la compagnie du Phénix. Je persiste dans mes conclusions. »

VII. RÉPLIQUE DE Mᵉ CHAIX-D'EST-ANGE.

« MESSIEURS,

« Les conclusions du Phénix ont deux objets distincts sur lesquels je dois m'expliquer très-brièvement.

« Le premier, c'est la suppression du mémoire publié par M. Ardisson. Il faut que je précise les faits.

« M. Ardisson ayant été incendié, un débat civil a commencé, une plainte criminelle l'a suspendu ; cette plainte a été suivie par M. Arragon. Dans une note confidentielle déposée par ce dernier à l'occasion de cette plainte, M. Ardisson était accusé d'être un voleur, d'avoir détourné des objets portés dans les inventaires ; ensuite d'être un incendiaire et d'avoir mis le feu volontairement.

« Qui a remis cette note? M. Arragon. Qu'est-ce que ce M. Arragon ? Nous le trouvons en tête de la note, en tête de la plainte, en tête de la déclaration, dans tous les actes de la procédure : M. Arragon est l'agent de la compagnie d'Assurances générales. Il a dans cette administration le cabinet où il travaille, où il se tient ; mais, en outre, M. Arragon se déclare spécialement chargé par la compagnie du Phénix de suivre le procès contre M. Ardisson. Or, l'instruction criminelle se continue pendant cinq mois entiers sur les errements, sur les indications de M. Arragon ; la compagnie du Phénix l'ignore-t-elle? Elle est mêlée à ces actes de l'instruction criminelle, elle y a un intérêt, elle est avertie de toutes les phases de ce procès qui lui feront gagner sa cause, si M. Ardisson est reconnu comme un incendiaire et un voleur. Eh bien ! le procès suscité, dirigé dans son intérêt aussi bien que dans l'intérêt de la compagnie d'Assurances générales, l'est par un homme qui se déclare spécialement chargé de suivre le procès pour et dans l'intérêt du Phénix. Voilà exactement comme les choses se sont passées. Le procès est terminé. Il arrive un réquisitoire du ministère public, qui flétrit les moyens employés par les compagnies, une ordonnance de non-lieu qui proclame qu'il n'est pas résulté de l'instruction criminelle un seul indice pour étayer leur odieuse accusation…. Nous avions porté plainte en subornation de témoins, mais le ministère public ayant dit qu'il n'y avait pas matière à ce délit, parce que les témoins n'étaient pas venus lever la main à l'audience, nous accusons nos adversaires en dénonciation calomnieuse. Nous engageons le procès contre M. Arragon, contre M. de Gourcuff et contre le directeur de la compagnie du Phénix, qui avait chargé M. Arragon de suivre le procès. Là, à l'audience, M. Pallard nie sa participation à cette procédure suivie à son vu et su, cette procé-

dure dont il avait pleine et entière connaissance. Moi, sur sa dénégation, me retournant vers mon client, je lui dis : « Il faut
« abandonner M. Pallard. » Il s'y opposait, j'insistai : M. Pal-
« lard nie, cette dénégation est la flétrissure la plus énergique
« des moyens employés contre nous. » Mon client consentit.

« Ensuite, messieurs, l'affaire a été portée en appel. Alors,
que s'est-il passé? Ce que sait mon adversaire, ce que personne
ne peut nier. M. Pallard était là parmi le public, M. de Gourcuff et M. Arragon se levant : « On nous fait un crime, disent-
« ils, de ces moyens employés vis-à-vis de M. Ardisson; mais
« nous les avons employés avec le Phénix : chaque matin on
« allait rendre compte à cette compagnie de ce qui se passait,
« chaque matin elle approuvait la marche suivie, elle se co-
« tisait avec nous pour arriver jusqu'à M. Ardisson. » Alors
des regrets amers se sont emparés de mon client d'avoir laissé
échapper M. Pallard, il savait qu'il était mêlé à tout cela. Que
voulez-vous? tout était fini, il n'y avait plus rien à faire vis-à-
vis de lui.

« Que se passe-t-il maintenant? Chacun a son rôle dans
l'affaire. La compagnie d'Assurances générales suivi plus
spécialement, plus directement, je le veux bien, le procès
criminel ; nous le reconnaissons, aussi nous parlons beaucoup
plus de cette compagnie que de l'autre qui a disparu dans
ces poursuites. Il faut voir cependant le fond du procès actuel. C'est un procès sous lequel il y a toutes les allégations,
car enfin si les objets ont été assurés à leur valeur, s'ils ont
véritablement brûlés, qu'est-ce qu'il y a de plus juste, lorsqu'on a assuré un homme et que l'incendie a éclaté chez lui,
que de lui payer les objets consumés par l'incendie? Pourquoi faites-vous donc un procès?

« Vous dites que M. Ardisson a fait estimer 50,000 fr. une mosaïque qui valait 100 écus, 1,000 écus, parce qu'il se disait : Le
sinistre arrivera, on me paiera 50,000 fr. pour cette mosaïque. Dans la perspective d'un sinistre, il s'exposait à payer
des primes considérables pendant douze, treize ans, bien sûr

qu'au bout de douze, treize ans, il serait dédommagé des exagérations de sa police. Ceci est écrit dans toutes les lignes de votre mémoire. Voilà le fond du procès.

« Il porte encore sur un autre point. Ces objets étaient réunis dans une chambre très-grande ; mais c'est impossible, dites-vous, tous ces objets n'y étaient pas. Qu'est-ce que cela veut donc dire? Que je suis un voleur! il n'y a pas de doute possible.

« Ces objets, vous n'avez pas le droit de les réclamer, nous dit-on encore. — Si nous n'avons pas le droit de les réclamer, c'est que nous les avons détournés et mis de côté. Vous vous êtes livrés à toutes les perquisitions, et, il faut l'avouer, avec une habileté merveilleuse ; on a mis en œuvre et payé tous les agents chassés de la police, et l'on n'a pu découvrir un seul objet. Voilà ce que vous ne dites pas, parce que vous n'en avez pas le courage.

« La compagnie générale a soutenu son procès ouvertement, elle a dit ce qu'elle pensait peut-être ; elle a employé toutes les ressources possibles, ressources frauduleuses, détestables, pour arriver à ce résultat. Vous, vous n'avez pas eu le courage de faire le procès criminel, et vous avez cependant celui de plaider au civil que l'incendie a pris dans une chambre dépouillée d'avance des objets assurés. Comment! il ne se trouvera pas des hommes honorables qui répondront à un pareil procès? qui, convaincus de l'innocence de M. Ardisson ; qui, sachant qu'il a rassemblé pendant toute sa vie des collections d'arts qu'il a évaluées à un prix quelconque, des collections où étaient le bonheur et la joie de sa vie; qui, convaincus de l'innocence de M. Ardisson, que vous avez tué par vos poursuites, essayé de tuer dans l'opinion publique par vos mille actionnaires auxquels vous avez fait partager vos soupçons et le désir de les voir triompher ; il n'y aura pas, dis-je, parmi ces hommes un homme qui vengera M. Ardisson, qui flétrira ses accusateurs, qui dira avec énergie et courage que ce sont des infâmes?... Eh bien! oui, c'est ainsi que les choses doivent se passer lorsque vous intentez des procès pareils; lorsque vous, compagnies d'assurances, tutrices des intérêts des assurés, chargées de les payer, vous mettez tout en doute, la probité, la loyauté de l'homme malheureux ; lorsque vous l'exposez à un procès criminel; lorsque vous le mettez en présence de l'échafaud ; oui , lorsque vous publiez un mémoire dans lequel les faits sont dénaturés, tronqués, bouleversés, il est permis à M. Ardisson d'en publier un autre, de se venger de vos calomnies par d'accablantes vérités. Je vous supplie, messieurs, de peser ce mémoire , vous y trouverez tout ce qu'a dû dire M. Ardisson, vous trouverez de la modération dans un homme tué par les poursuites, chez qui tout esprit, toute intention paraît morte maintenant, qui est aujourd'hui tout entier à sa douleur.

« Tous ces chefs expliqués, il reste une autre question soulevée dans les conclusions. C'est l'usage des compagnies : toutes les fois qu'un procès est sur le point d'être jugé, elles demandent que la Cour veuille bien nommer des experts pour évaluer tous les objets qui restent. Qu'est-ce à dire? c'est là la manière dont vous exécutez vos contrats! N'y a-t-il pas une convention entre nous, une stipulation formelle ajoutée à votre police? Je sais bien que dans la police se trouve un article déplorable, une véritable clause de déception pour les assurés ; c'est celui qui consiste à dire : J'assure tel objet pour 100,000 francs, mais s'il brûle on sera obligé de justifier de la valeur.... Étrange chose! moi, compagnie d'assurances, je toucherai la prime sur 100,000 francs, l'objet vaut 100,000 fr. pour toucher la prime; mais aujourd'hui il ne vaut plus que 10,000 francs pour en payer la valeur. Oui, je le répète, cette clause est une déception. Nous n'avons pas voulu nous y soumettre; on a mis dans notre contrat « qu'en cas de sinistre, il « serait payé d'après les prix portés aux inventaires, et non « autrement. » Eh quoi! Y a-t-il donc eu fraude dans les inventaires? Ils ont duré quinze mois; ils n'ont été arrêtés qu'après les dires réitérés des experts ; il résulte de l'instruction criminelle même que M. Ardisson, diminuant constamment les évaluations de la compagnie, faisait porter à 3,000 francs des objets estimés 12,000 par les compagnies. Y a-t-il eu fraude? dix-neuf tableaux sont restés (1); ils ont été estimés, non-seulement par M. Henry, qui était, sans contredit, le premier expert de France, par M. Henry qui a dit : « Moi, je m'engage à les faire vendre 10, 15, 25 p. 100 en « dessus du prix estimé », mais par les experts mêmes de la compagnie. Quant à la mosaïque, il y a des mosaïques qui valent des trésors. Tout cela, messieurs, oui, tout cela n'est qu'une nouvelle chicane, c'est une misérable chicane soulevée par la compagnie pour retarder autant que possible l'exécution de son contrat ; elle échouera devant vous. »

Mᵉ Frémery déclare que c'est seulement pour ne pas abuser des moments de la Cour qu'il s'abstient de répondre aux accusations dont la compagnie d'Assurances générales a été l'objet.

VIII. CONCLUSIONS DE M. PÉCOURT,
AVOCAT-GÉNÉRAL.

« MESSIEURS,

« M. Ardisson, propriétaire d'une riche collection de tableaux et d'objets d'arts, de partitions, d'instruments de musique, a renouvelé en 1828 un contrat d'assurance avec la compagnie du Phénix. Les travaux préliminaires de cette assurance, c'est-à-dire la rédaction du catalogue et les estimations, ont duré quatorze mois environ. Quatre inventaires ont été dressés, et par ces inventaires les valeurs assurées par la compagnie du Phénix ont été fixées, d'accord entre les parties, à la somme de 669,000 francs ; il a été convenu en outre que les dommages, en cas de sinistre, seraient réglés d'après les différents prix portés aux inventaires, et non autrement. Une

(1) Il reste encore une quarantaine de tableaux que le feu a presque entièrement effacés, outre les débris de beaucoup d'autres.

clause particulière de la police d'assurance exclut une quantité considérable d'objets appartenant à M. Ardisson, tels que bronzes, statues, médailles, camées, armes de chasse et de combat.

« A la date du mois de décembre 1828, M. Ardisson, qui avait son domicile dans deux maisons différentes, rue du Sentier et rue de Cléry, l'a transporté dans la rue du Temple. A cette époque une nouvelle visite des objets assurés fut faite par les agents de la compagnie du Phénix. Le déménagement de M. Ardisson fut surveillé par les mêmes agents, et un nouveau contrat dit *avenant* avait été signé au mois de novembre 1828 entre M. Ardisson et la compagnie du Phénix. Depuis, le Phénix a cédé la moitié de cette assurance à la compagnie d'Assurances générales.

« Dans la nuit du 27 au 28 décembre 1833, un incendie se déclare dans l'appartement de M. Ardisson ; inutile de vous en retracer les circonstances. En peu d'heures les flammes avaient dévoré la presque totalité des riches collections auxquelles depuis trente ans M. Ardisson avait consacré une partie très-importante de sa fortune. M. Ardisson se mit en rapport avec la compagnie d'assurance du Phénix pour le règlement du dommage, et un employé de la compagnie générale, M. Arragon, fut chargé de faire régler ce sinistre devant un tribunal arbitral. Les compagnies d'assurances ne tardèrent pas à élever des contestations.

« D'abord on prétendit que M. Ardisson n'avait pas droit à l'indemnité, et cela par un singulier motif, parce que M. Ardisson n'avait pas fait la déclaration de l'incendie devant le juge de paix, ainsi que l'exige la police d'assurances. Jamais ces déclarations ne se font devant un juge de paix, c'est toujours devant le commissaire de police qu'elles sont portées, lequel a autorité pour constater le sinistre. La déclaration de M. Ardisson au commissaire de police avait eu lieu au moment même de l'incendie. Les arbitres ont bientôt fait justice de cette contestation véritablement absurde, élevée par les compagnies. On a ordonné que puisqu'on l'exigeait, M. Ardisson porterait sa déclaration au juge de paix, à l'époque où l'on se trouvait.

« Ensuite les compagnies ont élevé des doutes sur la possibilité qu'un aussi grand nombre d'objets eussent pu être détruits dans le domicile de M. Ardisson, et par suite de cette prétention elles ont employé les manœuvres les plus coupables et les plus odieuses pour se soustraire aux obligations contractées.

« Le sieur Arragon, agent de la compagnie générale, chercha à corrompre les domestiques de M. Ardisson pour les amener à déposer contre leur maître. L'instruction a établi les rapports mystérieux qui ont existé entre le sieur Arragon et le nommé Casset, domestique de M. Ardisson, son cocher, et entre lui et la femme de ce même individu. Il n'a pas été prouvé jusqu'à l'évidence que Casset avait reçu de l'argent; cependant, lors d'une perquisition, on a trouvé chez les époux Casset une somme assez importante dont il leur a été impossible d'expliquer l'origine; M. Arragon lui-même est convenu que peut-être Casset et sa femme auraient conçu l'espérance d'obtenir de l'argent, seulement il dit que jamais il ne leur en a été donné.

« Des tentatives de même nature ont été faites auprès de la cuisinière de M. Ardisson. D'abord on a employé les menaces, on a cherché à effrayer cette pauvre femme; on lui a dit que son refus de parler ne l'empêcherait pas d'être condamnée aux galères comme complice de son maître. Puis la compagnie d'assurances fit compter à cette femme, par ce même individu, Casset, une somme de 200 francs. Cette femme, indignée de pareilles tentatives, en fit part à son maître, et s'empressa d'aller remettre elle-même entre les mains du commissaire de police du quartier cette somme de 200 francs qu'on lui avait donnée pour accuser son maître d'un crime qui pouvait le faire condamner à la peine capitale.... Des promesses bien plus importantes furent faites à cette femme : on lui dit qu'elle aurait 10,000 fr. pour dire la vérité, qu'avec 10,000 fr. elle aurait 500 fr. de rente, qu'elle pourrait se dispenser de servir.

« Les mêmes moyens de séduction eurent encore lieu auprès des pompiers qui avaient été appelés au moment du sinistre.

On promit des primes considérables s'ils voulaient dire la vérité. Les promesses ont été faites par d'anciens agents de la préfecture de police, qui, ont-ils dit, *travaillent* aujourd'hui pour la compagnie d'assurances.

« M. Ardisson a dénoncé, comme il le devait, tous ces faits au commissaire de police ; une instruction a eu lieu , qu'a-t-elle amené ? non-seulement la preuve de l'innocence de M. Ardisson , mais la preuve des tentatives de M. Arragon auprès des domestiques pour en obtenir de faux témoignages.

« Vous savez , messieurs , les troubles, les émeutes du mois d'avril 1834 , au sein de la capitale ; à ce moment, M. Ardisson fut dénoncé comme un conspirateur, comme un homme qui recélait dans sa maison de campagne un dépôt considérable d'armes de guerre , de barils de poudre. Sur cette déclaration, vingt-deux gendarmes assistés d'agents de police se transportèrent pendant la nuit à Marly-la-Ville , et se livrèrent aux perquisitions les plus sévères. La dénonciation faite à la police contre M. Ardisson était anonyme, M. Ardisson soutient qu'elle ne pouvait provenir que des agents de la compagnie générale. A cet égard , il faut reconnaître que s'il n'y a pas de preuves, il existe au moins des soupçons très-graves; car, lorsqu'il est établi au procès que la compagnie générale n'a pas craint d'employer les moyens de subornation de témoins , de corruption des domestiques de M. Ardisson , pour les engager à déposer contre leur maître , on peut croire qu'elle n'a pas été étrangère à ces moyens de délation pour provoquer des visites domiciliaires.

« Afin de prévenir les faits de la plainte de M. Ardisson, la compagnie d'assurances fit au mois de juillet 1834 une dénonciation dans laquelle on imputait à M. Ardisson d'avoir détourné une quantité considérable d'objets de son domicile. A cette dénonciation, on ajouta la note dont on vous a parlé, par laquelle M. Ardisson était accusé d'avoir mis volontairement le feu à sa maison. Il importe de rappeler le contenu de cette note, non pas dans son entier, mais ses principaux passages. Dans une affaire comme celle-ci, dont la décision repose sur des faits qui déjà ont été constatés par la justice criminelle, il est nécessaire de vous présenter quelques-unes des pièces de la procédure. D'ailleurs les compagnies d'assurances ne peuvent s'en plaindre, car cette instruction a été provoquée par l'une d'elles. Voilà ce que nous lisons dans cette note :

« Ardisson avait sans doute pensé que les objets par lui assu-
« rés se trouvaient par trop disséminés dans deux maisons et
« à quatre étages différents (rue de Cléry et rue du Sentier),
« il désirait un peu plus de concentration. Il y avait aussi trop
« de voisins intéressés à étouffer un incendie à sa naissance.

« A la fin de l'année 1833, Ardisson commença à prendre
« ses mesures pour exécuter son projet d'incendie. Il s'agis-
« sait de réunir sur un seul point, s'il était possible, beaucoup
« d'objets de la nature de ceux qui sont indiqués dans l'as-
« surance. Il fallait surtout qu'en peu de temps l'incendie
« parût avoir consumé beaucoup ; il importait aussi que l'in-
« cendie n'incommodât pas des voisins intéressés à l'éteindre
« de suite : les lieux et les circonstances se présentèrent à
« propos.

« Ardisson choisit la dernière pièce de son appartement pour
« l'exécution de son projet. Une voisine, qui avait jusque-là
« habité l'étage au-dessus, venait tout récemment de déména-
« ger ; ainsi l'incendie pouvait là se développer sans incom-
« moder personne, et rester même ignoré. . . . Vers les mois
« de septembre et octobre, Ardisson fit transporter au milieu
« de cette chambre de grands paniers d'osier, qu'il avait rem-
« plis de papiers de musique, livres et autres rebuts ; il avait
« fait placer ces paniers l'un sur l'autre. Autour de ces paniers,
« qui se trouvaient ainsi au milieu de la chambre, en pyra-
« mide, il avait fait poser çà et là et par terre une partie de
« ses tableaux (1).

(1) « L'information a fourni les éléments d'une exposition différente des

« Le 27 décembre, Ardisson rentra chez lui sur les neuf
« heures du soir (c'est son heure ordinaire de dîner); il était
« très-agité ; il prit un bougeoir en ferblanc dont il se servait
« habituellement, et traversa l'appartement. Arrivé dans la
« chambre à coucher, il posa le bougeoir allumé sur l'un des
« paniers, auprès de celui qui était placé dessus, il revint...
« L'incendie fut comprimé pendant toute la nuit ; pourtant,
« vers quatre heures du matin, la fumée pénétrait par les
« joints des portes dans tout l'appartement. L'incendie deve-
« nait menaçant. C'est alors qu'Ardisson pensa qu'il ne devait
« pas tarder davantage à divulguer l'incendie ; mais il ne vou-
« lait que se mettre à couvert. Dans ce but, il dit à sa ser-
« vante, avec laquelle seule il était, d'avertir le portier et le
« domestique que le feu était chez lui, en disant cependant
« que ce n'était qu'un feu de cheminée. La servante descendit
« en effet pour avertir d'un feu de cheminée, et dire au do-
« mestique d'aller chercher les pompiers pour un feu de che-
« minée. »

« Cependant la justification complète de M. Ardisson est
résultée de l'instruction. Aucune espèce de détournement de
sa part n'a été prouvée, et tous les témoins entendus ont rendu
hommage à sa probité, à sa franchise et à sa délicatesse; aucun soupçon ne s'est élevé contre lui d'avoir participé à l'incendie. Les dépositions de tous les pompiers s'accordent à reconnaître dans le langage et dans la conduite de M. Ardisson

mêmes faits. Avant le décès de la propriétaire, qui habitait en effet l'é-
tage supérieur, la grande chambre était déjà encombrée des collections
de tableaux, de musique et d'instruments, et on a vu plus haut l'objet
des arrangements signalés dans la note, et le rétablissement de l'ancien
état de choses après que cet objet avait été rempli. (c'est-à-dire la nécessité
de faire un passage pour montrer l'appartement aux futurs acquéreurs).
Aucune de ces dispositions ne semble avoir eu le caractère de clandesti-
nité et de fraude que la préméditation d'un crime leur aurait nécessairement imprimé. »   (*Ordonnance de non-lieu.*)

l'expression d'une douleur profonde. Les pompiers ont déposé que M. Ardisson excitait leur zèle, qu'il faisait tous ses efforts pour sauver de l'incendie les objets les plus précieux ; ils ont ajouté que c'était lui-même qui leur avait donné l'éveil de pratiquer dans le bâtiment, à la place qu'il leur avait indiquée, une tranchée pour établir une seconde pompe. La déposition du capitaine qui commandait les pompiers pendant l'incendie ne laisse aucun doute sur la sincérité de sa douleur (1).

« A la date *du* 9 *janvier* 1835, la chambre du conseil rendit une ordonnance déclarant qu'il n'y avait contre M. Ardisson aucune charge, ni d'avoir mis le feu, ni d'avoir détourné aucun des objets compris dans la police d'assurance. Quant à ce qui concerne la subornation de témoins, tentée par M. Arragon, la justice s'est trouvée désarmée, les faits ont été reconnus constants, et cependant ils n'ont pu être poursuivis, car vous le savez, il n'y a faux témoignage que lorsque les individus ont été entendus à l'audience. Or, les témoins subornés n'avaient été entendus que par le commissaire de police et le procureur du roi.

« M. Ardisson, qui avait été signalé tout à la fois comme un incendiaire et comme un voleur, a porté plainte à son tour. Vous savez qu'un jugement de police correctionnelle a condamné le sieur Arragon à 3,000 francs de dommages-intérêts. Vous savez que toutes les parties et le ministère public ont déféré cette sentence aux juges d'appel, que le jugement a été infirmé en ce que M. de Gourcuff, directeur-général de la compagnie d'assurances, n'avait pas été condamné, et que l'amende et les dommages-intérêts n'avait pas été élevés à une somme suffisante ; en conséquence, un arrêt de la Cour, à la date du 22 mai dernier, a condamné solidairement M. de Gourcuff, directeur-général, et le sieur Arragon, son agent principal, à

(1) *Voir* cette déposition ci dessus, pag : 83 ; note du mémoire.

1,000 fr. d'amende et à 10,000 fr. de dommages et intérêts envers M. Ardisson.

« C'est alors que les parties ont été jugées par les arbitres, qui depuis si long-temps étaient saisis de la contestation. A la date du 22 mai a été rendue, par Mes Dupin et Hocmelle, et par Me Auger, ancien agréé au tribunal de commerce, la sentence par laquelle les arbitres ont reconnu que l'existence de tous les objets compris dans l'assurance au moment de l'incendie et la valeur de ces objets étaient suffisamment établies, et en conséquence ont condamné les compagnies solidairement à payer à M. Ardisson la somme de 564,560 fr., montant de l'estimation des objets incendiés, déduction faite de ceux qui avaient été sauvés.

« C'est de cette sentence que les compagnies ont cru devoir interjeter appel, en reproduisant contre M. Ardisson le système d'accusation qui déjà, comme vous venez de le voir, a été repoussé par l'ordonnance de renvoi, par la sentence du tribunal de police correctionnelle et par l'arrêt de la Cour royale.

« La première question soulevée par cet appel est de savoir si l'incendie a été occasioné par la faute ou l'imprudence de M. Ardisson.

« En principe, le contrat d'assurance a pour but de réparer le dommage, lors même que le dommage provient de la faute de l'assuré. C'est la différence qui existe entre l'assurance terrestre et l'assurance maritime. Dans l'assurance maritime, le dommage causé par le fait et par la faute du propriétaire n'est jamais à la charge des assurances; telle est la disposition précise de l'art. 352 du Code de commerce. Mais l'assurance terrestre serait illusoire si elle ne garantissait que tout sinistre provenant d'une cause fortuite ou d'une cause de force majeure. Alors les risques sont si rares que véritablement la prime serait une donation faite aux compagnies. Cependant les auteurs admettent une distinction : s'il y a eu de la part des

assurés une faute grave, une faute impardonnable, s'ils ont
commis une imprudence qu'ils n'eussent point commise s'ils
n'avaient pas été assurés, alors ils doivent répondre de la faute
grave, impardonnable, supporter les conséquences du sinistre,
et dans ce cas seulement l'assureur cesse d'être responsable.

« En fait, y a-t-il faute grave, impardonnable, imprudence même de la part de M. Ardisson? Nous ne le pensons
pas.

« On avait dit d'abord pour les compagnies d'assurances
que l'imprudence de M. Ardisson était évidente, et voici le
fait duquel on la faisait résulter. Il aurait laissé un bougeoir
allumé sur un des paniers remplis de papiers déposés au milieu de sa chambre à coucher. Vous avez vu qu'il était dénoncé
dans la note que les pompiers avaient trouvé le bougeoir,
mais l'instruction a déclaré que cette allégation était mensongère. En effet, il eût été impossible de placer le bougeoir sur
les paniers. On a constaté dans l'instruction qu'il aurait fallu
prendre une échelle pour arriver au dernier panier formant
cette pyramide de livres et de cahiers de musique déposés dans
l'appartement; il a été constaté d'un autre côté qu'on n'avait
pas trouvé ce bougeoir dans l'appartement. Ainsi, d'une part,
impossibilité de déposer ce bougeoir sur les paniers. D'autre
part, il a été démontré que M. Ardisson ne se servait jamais de
bougeoir, qu'il avait la précaution de se servir d'une lampe
à main, entourée d'un tube de verre pour éviter les accidents;
qu'au moment de l'incendie, il n'était entré dans l'appartement qu'avec cette lampe, qu'en sortant de l'appartement il
l'avait remise à la cuisinière, que c'est même avec cette lampe
qu'on a éclairé les pompiers.

« Alors, messieurs, on change de système; on ne prétend
plus imputer à M. Ardisson d'avoir oublié le bougeoir ; c'est
un autre fait qui va motiver le reproche d'imprudence. M. Ardisson avait une quantité considérable de livres dans l'appartement dans lequel on faisait du feu, il aurait dû y laisser

quelqu'un pendant la nuit, voilà le dernier système. Il n'y a pas imprudence de la part de M. Ardisson, puisqu'il est constaté que le foyer de sa cheminée était muni d'abord d'un garde-cendres, et qu'indépendamment du garde-cendres, il avait un garde-feu garni d'une toile métallique de vingt pouces de hauteur. Il est difficile de pousser plus loin les pré-cautions. Tous les faits qui tendent à prouver qu'il n'y a pas eu d'imprudence de la part de M. Ardisson se trouvent énon-cés dans l'ordonnance du conseil. Voici ce que nous y lisons :

« Du 20 au 27 décembre, le sieur Ardisson alluma chaque
« jour du feu dans la cheminée de la grande chambre à cou-
« cher. Le devant de la cheminée était *garni d'un garde-cen-*
« *dres*, puis *d'un garde-feu qui s'élevait à vingt pouces au-dessus*
« *du niveau de l'âtre.* Chaque soir, à l'heure de son dîner ou
« de son coucher, le sieur Ardisson *allait éteindre ce qui restait*
« *de feu dans son foyer* : il s'éclairait d'une lampe portative,
« garnie d'un tube de verre ; après cette visite de précaution,
« nul ne pénétrait ni dans la chambre à coucher, ni dans le
« salon, qui étaient fermés, même le jour, aux domestiques, et
« où l'on ne pénétrait que dans la compagnie du maître qui
« en conservait les clés.

« Le 27 décembre, le sieur Ardisson ne rentra chez lui qu'à
« neuf heures ; avant de dîner, il fit la revue accoutumée de
« sa galerie, éteignit ou couvrit le feu de la grande chambre à
« coucher, ferma les volets et les portes, se mit à table et se
« coucha après son repas. »

« Dès lors il ne s'agit que d'un des accidents ordinaires de la vie pour lesquels les compagnies doivent garantir les assurés. Il faut donc écarter de la cause ce premier point, sur le-quel les compagnies d'assurance n'ont pas paru d'ailleurs in-sister fortement.

« Il en est de même de la question soulevée par l'appel de la compagnie, de l'aggravation des risques. On a dit que M Ar-disson avait aggravé les risques parce qu'il avait entassé dans une seule pièce les objets précieux ou du moins une grande quantité de livres, de partitions de musique; que s'il eût pris la précaution de diviser ces objets, le dommage aurait été moins considérable. Sur ce point il faut faire remarquer à la Cour que l'allégation n'est pas exacte. Il est bien vrai que la plus grande quantité des objets se trouvait dans la chambre à coucher, mais il y en avait une assez grande quantité encore dans le salon, dans la salle à manger. D'un autre côté, lorsque M. Ardisson a déclaré qu'il transportait son domicile dans la rue du Temple, les compagnies ne lui ont pas imposé l'obligation de répartir les objets assurés dans les diverses pièces de ses appartements, elles ne lui ont pas interdit la faculté de les réunir. Dès lors les arbitres ont décidé que M. Ardisson jouissait de la liberté qu'a toute personne de placer ses meubles comme elle l'entend, et qu'en usant de cette liberté, il n'avait pas aggravé les risques, qu'ainsi il n'y avait pas lieu de prononcer pour ce fait la résolution du contrat.

« La troisième question soulevée par l'appel de la compagnie d'assurances est celle de savoir si M. Ardisson justifie de l'existence des objets assurés au jour de l'incendie. D'abord, présenter cette question devant vous, c'est évidemment revenir sur ce qui a été jugé; car si les objets n'existaient pas au moment de l'incendie chez M. Ardisson, c'est qu'il les avait détournés, et si M. Ardisson a détourné une partie quelconque des objets assurés, il n'a pu le faire que dans la préméditation d'incendie, pour toucher le prix de l'assurance; or, c'est précisément le contraire qui a été décidé par l'ordonnance de la chambre du conseil et par la sentence de la Cour royale. Il a été jugé qu'il n'y avait aucune charge, aucun indice contre M. Ardisson, quant au détournement, ni quant à l'incendie volontaire.

« Ecartons néanmoins l'autorité de la chose jugée, et voyons s'il y a en outre preuve au procès que tous les effets existaient au domicile lors de l'incendie.

« En principe, l'assuré doit faire cette justification ; mais tous les auteurs enseignent qu'il faut aussi se contenter des preuves de nature à satisfaire tout homme raisonnable ; on conçoit en effet combien il serait rigoureux d'exiger d'un assuré qui vient d'éprouver un sinistre, la preuve qu'il avait en sa possession tous les objets assurés auparavant. L'art. 16 de la police de la compagnie d'assurances est conçu dans ces termes mêmes :

« Les désignations et évaluations contenues dans la police « ne pouvant être opposées comme une preuve de l'existence « et de la valeur des objets assurés au moment de l'incen- « die, l'assuré est tenu d'en justifier par tous les moyens en « son pouvoir. Il est également tenu de justifier de la réalité « et de la valeur du dommage. »

« En fait, M. Ardisson a-t-il prouvé l'existence des objets assurés par tous les moyens en son pouvoir ? Telle est la question que vous avez à examiner.

« Il a été dressé quatre inventaires des objets assurés ; ces différents objets ont été vus, visités, estimés, expertisés par les agents de l'assurance pendant quatorze mois consécutifs. Lors du transport du domicile rue du Temple, les mêmes agents ont surveillé le déménagement. Il est établi par l'instruction que les agents principaux de la compagnie ont encore vu tous les objets en la possession de M. Ardisson. Maintenant les compagnies prétendent qu'il y a eu détournement. L'instruction a eu lieu, toutes les perquisitions possibles ont été ordonnées, on n'a pu acquérir aucune preuve de détournement de la part de M. Ardisson. Tous les domestiques de sa maison ont été entendus, le portier aussi, qui était le plus à même de voir si des ballots, des tableaux ou d'autres objets sortaient de la maison. Mais ni les domestiques, ni le portier, ni aucun habitant de la maison n'ont pu déclarer avoir vu rien enlever. Cependant vous connaissez tous les moyens employés par M. Arragon pour tâcher de se procurer des témoins sur ce point.

« M. Ardisson avait loué, comme vous le savez, un appartement dans la rue du Jardin-du-Roi, où il n'avait pas été depuis quinze mois. Une perquisition y a été faite inopinément ; elle n'a donné lieu à aucune découverte. On y a trouvé une quantité assez considérable de meubles ; M. Ardisson a montré les factures constatant les dates de leur acquisition. On y a trouvé un corps de bibliothèque ; suivant M. Ardisson, il était destiné à renfermer les livres épars qui se trouvaient dans son domicile de la rue du Temple, et qui, plus tard, devaient être transportés dans une de ses maisons de campagne. Enfin, on y a trouvé vingt-cinq tableaux de valeur très-minime, et, à l'instant même, M. Ardisson a représenté la facture constatant qu'il avait acheté, à une époque assez reculée, vingt-neuf tableaux, au prix de 1,179 fr. Plusieurs témoins ont été entendus, ce sont des artistes, des personnes qui avaient visité la galerie de M. Ardisson ; ils ont déclaré qu'ils ne reconnaissaient aucun de ces tableaux pour en avoir fait partie ; ils ont même ajouté que ces tableaux, de très-peu de valeur, n'étaient pas dignes d'y figurer. On a nommé des experts pour examiner ces tableaux. Par une première expertise, trois hommes de l'art, et notamment M. Henry, ont reconnu qu'il n'existait aucune ressemblance, aucune parité entre ces tableaux et ceux portés au catalogue ; seulement M. Henry a cru reconnaître qu'il y avait, non pas identité, mais analogie entre l'un de ces tableaux, représentant une *Fête flamande*, et l'un des tableaux du catalogue. M. Henry a eu soin d'ajouter que l'auteur de ce tableau avait composé plusieurs fois le même sujet. Les experts de la compagnie d'assurance avaient d'abord signé le rapport de M. Henry, et avaient reconnu, comme lui, qu'il n'y avait analogie que pour ce tableau de *Fête flamande*. Mais, plus tard, ces mêmes experts changèrent d'avis. Il résultait de leur nouvelle opinion que trois ou quatre tableaux trouvés dans la maison de la rue du Jardin-du-Roi pouvaient présenter quelque analogie avec ceux du catalogue ; mais ils étaient, pris ensemble, d'une valeur de 250 à 300 fr. Ainsi, c'eût été pour arriver à ce résultat, pour

se procurer une somme de 250 à 300 fr., que M. Ardisson aurait transporté de son domicile de la rue du Temple dans son
appartement particulier ce petit nombre de tableaux, lorqu'il
payait en outre pour cet appartement un loyer de 200 francs
par an.

« Il est inutile, ce me semble, d'insister davantage sur ce
point en présence de pareils résultats. Mais il importe de faire
connaître la déposition de M. Henry relativement à l'estimation de ces tableaux. Vous savez que M. Henry était l'appréciateur de tableaux le plus distingué peut-être. Voici le
procès-verbal de son opération, en date du 8 août 1834 :

« 1° En ce qui concerne les quatre tableaux représentant les
« quatre saisons, qu'il y a identité dans la matière et dans les
« sujets, sauf la différence que le catalogue porte le mot inté-
« rieur au numéro 89, qui ne peut s'appliquer à aucune des
« quatre compositions, ce mot désignant un lieu fermé et cou-
« vert ; que d'ailleurs le sujet des quatre saisons a été traité de
« mille manières différentes ;

« 2° Qu'en ce qui concerne le tableau représentant la Vierge
« et l'Enfant-Jésus, il n'y a aucune ressemblance entre ce ta-
« bleau et ceux du peintre *Sébastien del Piombo* (numéro 84
« du catalogue) sous quelque rapport de l'art qu'on puisse
« l'envisager ;

« 3° Que le tableau représentant un vieillard tenant une
« tête de mort n'est point un saint Jérôme (numéro 87 du ca-
« talogue), suivant toutes les compositions historiques reçues ;

« Que les tableaux représentant les quatre saisons peuvent
« être estimés à la valeur de 60 fr. ensemble ; celui repré-
« sentant la Vierge, à la valeur de 20 fr. ; et celui du vieillard
« à la somme de 3 fr. »

« Voici, par le même expert, l'examen des autres tableaux
qui sont tous déclarés évidemment étrangers à l'assurance.

« 1° Qu'un tableau composé de tous les détails consignés
« dans le catalogue, numéro 86, présente une grande analogie,

« sauf que le personnage désigné dans le catalogue comme
« étant un enfant qui se dispose à monter sur un âne, est ici
« un homme debout, les jambes croisées, le bras droit appuyé
« sur le bât de l'âne et causant avec l'homme à cheval; que
« le dit tableau porte sur le derrière le nom de l'auteur Van-
« dercabel, tandis que celui porté au catalogue est désigné
« comme étant de Tivoli avec lequel il n'a pas de ressem-
« blance ;

« 2° Qu'il y a analogie complète dans un tableau repré-
« sentant une fête flamande avec celui porté au catalogue sous
« le numéro 88; que ce tableau est de Pierre Breughel, et
« qu'il est plusieurs fois arrivé à cet auteur de composer le
« même sujet;

« Que le premier de ces tableaux a une valeur de 30 fr., et
« que le second peut être estimé à 15 fr. »

« Ainsi, par cette déclaration, M. Henry établit qu'il n'y a
d'analogie que pour un seul tableau, et il ajoute que ce tableau était d'un maître qui avait l'habitude de se copier ; d'ailleurs il est d'un prix très-médiocre. Il n'y a donc pas eu détournement de tableaux.

« La compagnie prétendait, lors des premières visites, que
deux colonnes d'améthyste avaient disparu avant l'incendie,
et il y a peu de jours encore, l'un des mandataires de la compagnie a soutenu que différents fragments d'améthyste, qui se
trouvaient dans le magasin de la rue Meslay, étaient présentés pour la première fois par M. Ardisson. Sur ce point,
erreur complète ; car il est établi par l'instruction et par la
déclaration d'un homme dont la probité n'est pas moins reconnue que son talent, M. Chevalier, chimiste, que l'on a
trouvé dans les résidus des morceaux d'améthyste ; voici sa déclaration sur ce point : M. l'avocat-général en donne lecture (1).

(1) *Voir* cette déclaration ci-dessus, page 140 ; note du mémoire.

« Voilà une réponse catégorique.

« Il faut vous faire connaître une déclaration de M. Chevalier qui montre quelles étaient les dispositions des agents de
la compagnie : « Dans tout le cours des opérations, M. Ar-
« disson m'a toujours paru de bien bonne foi ; mais je ne
« pourrais pas en dire autant des agents de la compagnie. »

« Les compagnies ont aussi prétendu qu'il y avait eu détournement de la mosaïque qu'ils avaient assurée pour
50,000 fr., et que dans tous les cas cette mosaïque ne les valait
pas. Il a été établi dans l'instruction que, peu de jours avant
l'incendie, cette mosaïque extraordinaire avait été vue dans
l'appartement de M. Ardisson. Sur ce point, il faut vous citer
la déclaration de M. Guillaume Saint-Ange, commissaire-priseur, qui, ayant eu l'occasion de se rendre chez M. Ardisson
quelques jours avant l'incendie, a remarqué cette mosaïque.
Voici sa déposition :

« Je fus chez M. Ardisson pour le prier, huit jours avant
« son incendie, de déranger quelques objets dans son appar-
« tement, de manière qu'on pût le parcourir pour le faire voir.
« Il m'annonça qu'il avait prévu cela et que déjà il avait
« fait déplacer des caisses et des paniers pour faire un passage.
« Je n'ai pas remarqué s'il y avait des planches sur des tré-
« teaux dans la salle à manger et dans le salon, mais je sais
« que tout était encombré et sans ordre dans le salon ; il y avait
« cependant un commencement d'ordre, car il y avait de beaux
« tableaux d'accrochés. Je n'ai pas assez examiné la bibliothèque
« ce jour-là pour vous dire combien il y avait de livres à peu
« près. Ce jour-là, il me fit voir une très-belle mosaïque dont
« on ne voyait le travail qu'à l'aide d'une loupe, c'était une
« marine ; elle avait à peu près vingt-deux pouces de large sur

---

(2) *Voir* pareillement une autre déposition de M. de Saint-Ange, sur
le fait ci-dessus, page 118 ; note du mémoire.

« au moins quinze ou seize pouces de haut. Je recevais les
« loyers de M. Ardisson ; pendant cinq ans qu'il a été locataire
« dans cette maison, il a toujours très-exactement payé. »

« Ainsi voilà un témoin, homme fort honnête, qui atteste
que huit jours avant l'incendie il a examiné cette mosaïque
d'un travail remarquable, dont on ne pouvait voir le réseau
qu'à l'aide d'une loupe. C'est bien la désignation de cette
mosaïque dans l'inventaire ; mais ce n'est pas tout, elle existait au domicile de M. Ardisson au moment de l'incendie, car
on a retrouvé, après l'incendie, un fragment du cadre qui
l'avait renfermée, entouré d'une armure en fer qui annonce
que ce cadre n'était pas destiné à un tableau, mais à un objet
pesant. M. Belloni, directeur de la manufacture royale de mosaïque de Paris, a été entendu. On lui a demandé ce que l'on
aurait dû trouver dans les débris de l'incendie, — des émaux,
du silex, du carbonate de chaux. Vous devez vous rappeler la
déclaration de M. Chevalier, qui constate qu'on a trouvé
précisément les mêmes matières, « du carbonate de chaux,
« du silex, et une foule de petites pierres que nous n'avons
« pas cherché à décomposer, parce qu'on ne nous avait pas
« donné mission de le faire. »

« Voilà les faits nombreux qui démontrent que cette mosaïque de 50,000 fr. n'a pas été détournée par M. Ardisson
comme le prétendaient les agents de la compagnie, qu'elle
existait en sa possession, puisqu'elle a été vue par M. Guillaume Saint-Ange, et qu'enfin elle s'est trouvée comprise dans
l'incendie, puisque les matières trouvées dans les débris sont
celles indiquées par M. Belloni ; il n'y a pas eu plus détournement de la mosaïque que des tableaux, que des colonnes d'a-
méthyste.

« Quant à la collection musicale, son existence est prouvée
par la masse considérable des débris de partitions écrites, et
par la valeur de ces débris, qui a été fixée à la somme de
17,677 fr.

« Quant aux livres, leur existence est également prouvée par de nombreux témoignages, notamment par celui du général Varlet, ancien agent général de la compagnie, qui a déclaré avoir vu ces livres en la possession de M. Ardisson. De son côté, M. Ardisson a fourni des explications sur le nombre des volumes et sur les éditions. Les débris ont présenté une quantité considérable de charbon animal ne pouvant venir que des reliures ; on a retrouvé des fermoirs, des clous dorés qui évidemment avaient appartenu à ces riches reliures.

« Tous ces faits démontrent qu'au moment de l'incendie tous ces livres existaient dans la bibliothèque.

« On s'est étonné devant vous que tant de volumes aient pu brûler dans un appartement sansavoir laissé un grand nombre de feuilles. Sur ce point vous n'avez pas oublié que l'action du feu avait été si violente, que le corps de la bibliothèque avait été consumé ; non-seulement la bibliothèque a brûlé, mais une grande armoire à glace a disparu ; les glaces qui se trouvaient dans l'appartement ont été fondues, des médailles de bronze ont été entièrement perforées par l'action du feu. Les pompiers ont déclaré que jamais ils n'avaient ressenti une chaleur pareille. D'un autre côté, l'expert appelé par la compagnie d'assurances pour procéder à la visite des débris et des cendres, ne l'a fait que le 7 juin 1834, six mois après l'incendie ; remarquez que ces débris avaient été déposés dans la cour, avaient été exposés pendant six mois à la pluie, au vent, au passage continuel des locataires et des ouvriers. Il y a plus ; on avait procédé à un lavage de ces cendres, dix-sept tonneaux d'eau y avaient été répandus, et avaient dû avoir pour résultat d'en faire disparaître les parties les plus légères, c'est-à-dire le résidu des feuilles, des livres et des fragments de reliures. Dès lors il ne faut pas s'étonner que l'expert des compagnies d'assurances n'ait pu trouver de traces suffisantes, selon lui, des nombreux volumes de M. Ardisson.

« On a dit qu'il était impossible que six mille volumes eussent pu tenir dans la bibliothèque, il y a erreur sur le fait ;

jamais M. Ardisson n'a prétendu que sa bibliothèque contînt six mille volumes ; il a établi par la représentation des volumes sauvés, que la bibliothèque n'en renfermait que quatre mille cent, et que même ces quatre mille cent volumes n'étaient pas dans le corps de la bibliothèque, qu'une partie se trouvait entassée sur un lit de parade, lequel était entièrement couvert de livres précieux et de partitions de musique. D'ailleurs, l'instruction a établi qu'il était facile de faire tenir six mille volumes dans cette bibliothèque. Le juge d'instruction a entendu deux libraires de Paris à cet égard, et les déclarations importantes de ces deux témoins ont confirmé cette assertion (1).

« Un dernier argument a été proposé au nom de la compagnie d'assurances. Dans l'impuissance où elle s'est trouvée de prouver aucun détournement, on a insisté sur l'impossibilité qu'une telle masse d'objets, de tableaux, de livres, de partitions, ait pu tenir dans une seule chambre à coucher. D'abord, l'allégation n'est pas exacte, puisque une partie des objets était dans le salon et la salle à manger. Il faut vous rappeler que l'encombrement de la chambre à coucher était tel, qu'il fallut y frayer un passage pour que l'on pût visiter la maison qui était à vendre. Il a été établi que les murs de la chambre à coucher et du salon étaient couverts de tableaux, que la bibliothèque était pleine, que sur le lit était une grande quantité de musique ; que sur le parquet se trouvaient posés, les uns sur les autres, une grande quantité de tableaux ; qu'au milieu de l'appartement il y avait des pyramides de livres, de musique, tellement élevées, qu'il eût fallu une échelle pour atteindre le dernier panier. Vous trouverez dans l'instruction des renseignements précieux sur les habitudes où sont les possesseurs d'objets rares de mettre dans une seule pièce des valeurs de plusieurs millions, sur la manie de tout renfermer en une seule

(1) *Voir* page 150.

pièce, ce qui fait qu'il faut prendre beaucoup de précautions quand on pénètre dans ces appartements pour ne pas mutiler les nombreux objets qui se trouvent amoncelés autour de vous. Pour vous donner une idée de la possibilité d'entasser ainsi les meubles, les curiosités, dans un petit espace, je vous citerai un fait. Un sieur Montfort, marchand de curiosités, sur le quai Voltaire, est mort. Il n'avait qu'une petite boutique et une arrière-boutique pour renfermer tous ses objets d'arts. Les héritiers ont fait procéder à la vente de tous ces objets. Pendant plus de trois jours on a rempli entièrement la vaste salle de la rue de Cléry. Personne ne pouvait concevoir comment tous ces objets, tous ces vases, toutes ces statues pouvaient sortir de la petite boutique et de l'arrière-boutique de M. Montfort. Ainsi, on ne doit pas insister sur cette prétendue impossibilité. Il y a preuve au procès, aussi complète que possible, que les objets compris dans l'assurance existaient encore le jour de l'incendie, et comme le porte la sentence, les compagnies ne fournissent aucune preuve du contraire, malgré les efforts inouis qu'elles ont faits pour y parvenir, et malgré les coupables moyens qu'elles ont employés.

« En terminant il faut vous rappeler des considérations qu'a fait valoir M. Ardisson, considérations énoncées dans l'ordonnance du conseil. On l'accuse de détournement! Il a donné une preuve de sa bonne foi en représentant une tabatière comprise pour 25,000 fr. dans l'assurance, tabatière qu'il pouvait bien aisément mettre de côté, ainsi que beaucoup d'autres objets précieux. Cette circonstance seule n'exclut-elle pas l'accusation?

« On accuse M. Ardisson d'avoir mis le feu volontairement et pour réaliser le prix des assurances; car il faut aller jusquelà. N'est-il pas évident que cet artiste distingué aurait pu se procurer facilement des sommes importantes par la vente de quelques-uns de ses objets. On l'accuse d'avoir prémédité pendant six années entières cet incendie, et il aurait laissé dans son appartement deux tiers de ses richesses qui n'étaient pas assurées! Ce fait est très-important.

« On l'accuse d'avoir mis le feu volontairement. Il est établi qu'il avait dans son domicile pour plus d'un million, selon lui, de valeurs non assurées ; comment se livrer à l'idée qu'un homme a mis le feu volontairement à son domicile, sans avoir la précaution de rien détourner! Et cependant c'est là le système qu'on vous a présenté de la part des compagnies. Il est désormais évident que M. Ardisson, ainsi que la chambre du conseil, le tribunal de première instance de la Cour royale et la sentence des arbitres l'ont déclaré, n'a rien détourné des objets assurés.

« Nous arrivons à la quatrième et dernière question.

« La valeur des objets est-elle suffisamment établie? — Messieurs, les contestations élevées sur ce point par la compagnie d'assurances nous paraissent bien peu favorables. Des estimations ont été faites contradictoirement et avec le plus grand soin, elles ont duré quatorze mois, et si l'on en croit M. Ardisson, il aurait été obligé d'effacer les prix portés par la compagnie pour y substituer des prix moins élevés. Il donne une preuve de sa bonne foi en sommant les compagnies de représenter la minute des inventaires, sur laquelle on trouverait les traces de ces diminutions à côté des évaluations supérieures proposées par la compagnie ; la compagnie n'a jamais répondu à ces sommations. Elle a touché pendant sept ans la prime de 8 à 900 fr., déterminée par la police et par l'inventaire; et aujourd'hui, parce qu'il y a un sinistre, elle vient prétendre qu'il y a exagération dans la fixation des prix, qu'elle ne peut par conséquent être tenue de payer le montant des objets assurés! Messieurs, les compagnies d'assurances prétendent qu'elles sont journellement victimes de la part des assurés : il faut reconnaître que s'il y a des fraudes, les compagnies d'assurances en sont complices, parce que dans leur intérêt particulier elles favorisent journellement ces fraudes et ces exagérations. Si l'on a si souvent à déplorer des incendies volontaires, il faut l'attribuer en partie à cette complicité de fraude, à cette facilité avec laquelle les compagnies d'assurances se prêtent à l'exagération des valeurs mobilières et immobilières, que l'on fait assurer.

« Cependant, dans toutes les polices, on exige que tous les assurés justifient de la valeur des objets assurés, au moment du sinistre, et la compagnie du Phénix est elle-même dans cet usage, ainsi que vous l'avez vu dans l'article 16 de la police, que je vous ai déjà cité. Telle est, messieurs, la règle ordinaire, mais ici les parties ont dérogé par des conditions écrites à cette règle. En effet, à la suite de la police imprimée, on trouve des conditions écrites parmi lesquelles est celle-ci :

« Il est d'ailleurs convenu qu'en cas d'incendie le domma-
« ge sera réglé, pour les objets détruits, d'après le prix porté
« aux divers inventaires ci-annexés et non autrement. »

« C'est là une convention légalement arrêtée, qui fait la loi des parties, et quand les compagnies viennent demander la réduction du prix porté à l'inventaire lors de l'assurance, elles violent ouvertement l'engagement qu'elles ont contracté de restituer à l'assuré la valeur des objets telle qu'elle est fixée; il existe donc contre les prétentions des compagnies une fin de non-recevoir insurmontable, résultat de cette convention faite au moment même de l'assurance.

« Nous pourrions nous arrêter là; il nous semble impossible de répondre pour la compagnie d'assurance à cette fin de non-recevoir; oui, il vous est impossible de revenir sur la convention régulière et légale formée entre vous et M. Ardisson. Entrons cependant dans un examen rapide.

« Les livres! Ils étaient composés d'éditions précieuses qui ont été indiquées. Parmi les ouvrages devenus la proie de l'incendie se trouvaient le grand ouvrage sur l'Égypte et une quantité considérable d'autres ouvrages très-chers. Il importe de faire remarquer à la Cour qu'il ne peut y avoir de confusion entre les livres rares et précieux renfermés dans la biblio-thèque, et d'autres livres qui se trouvaient au milieu de la grande pièce et dans d'autres appartements de M. Ardisson, et qu'il destinait à sa maison de campagne de Marly.

« Les partitions musicales! Si les avis des experts ont été partagés, des hommes de l'art ont attesté la supériorité de cette collection, le nombre et le grand prix des partitions auto-graphes. Selon ces témoins la collection de M. Ardisson était supérieure à la collection de notre Conservatoire de musique et même à celle du conservatoire de Vienne. On peut lire sur ce point le rapport d'un expert, de M. Simon Richaud, édi-teur de musique (1).

« Les compagnies ont reconnu elles-mêmes dans l'inventaire l'importance des collections musicales de M. Ardisson ; voici ce que nous y trouvons :

« Collection la plus considérable et la plus rare qui existe « incontestablement en Europe dans ce genre. » Il y est dit en outre que « l'estimation est faite au-dessous des quatre cin-« quièmes au moins de la valeur réelle. »

« Ceci est signé par le directeur-général de la compagnie d'assurances, qui reconnaît que la collection de M. Ardisson est incontestablement la plus considérable et la plus rare qui existe, et cependant on élève la prétention, malgré l'obli-gation contractée par l'inventaire, d'obtenir une réduction sur le prix coté sur ces mêmes inventaires.... Quant à la mosaïque, M. Belloni a dit qu'il était impossible d'estimer ces objets quand on ne les voyait pas. Il a déclaré qu'il avait es-timé pour le roi Charles X deux mosaïques extrêmement pe-tites, à la somme de 30,000 fr. ; que suivant que la mosaïque de M. Ardisson était antique ou moderne, d'un travail plus ou moins fini, elle pouvait valoir de 600 fr. à 50,000 fr.

« L'estimation des tableaux est un point qui doit principa-lement appeler votre attention. Dix-neuf tableaux ont été

(1) *Voyez* ce rapport, page 161.

sauvés de l'incendie, ils ont été représentés à M. Henry et aux experts de la compagnie d'assurances ; les experts se sont accordés sur ce point, que la valeur de ces dix-neuf tableaux échappés à l'incendie n'était pas exagérée, que si l'un d'eux était porté à une somme supérieure à sa valeur, d'autres avaient été estimés au-dessous. En résumé, les experts ont prouvé que la valeur donnée à ces tableaux n'avait rien d'exagéré. On a représenté à ces mêmes experts le catalogue des tableaux de M. Ardisson, ils ont attesté que si les ouvrages y énoncés étaient en bon état de conservation de la part de M. Ardisson, il y avait balance dans l'appréciation qui en avait été faite au catalogue.

« Ainsi, messieurs, il est impossible de démontrer d'une manière plus complète que M. Ardisson n'a pas exagéré la valeur des tableaux assurés, par cette estimation des tableaux échappés à l'incendie ; mais cette exagération existât-elle, que la compagnie ne devrait pas moins payer le sinistre d'après les inventaires : c'est le résultat de la convention. La sentence a fort bien fait remarquer qu'autrement, ce serait donner aux compagnies un moyen de leurrer les assurés, en ce qu'on pourrait substituer après coup au prix convenu une appréciation approximative qui n'aurait aucune base fixe.

« On ne peut reprocher à M. Ardisson aucun acte d'imprudence, de nature à délier les compagnies d'assurances de leurs obligations ; leur prétention ne repose que sur des détournements supposés, cette prétention a été plusieurs fois repoussée ; il y a à cet égard autorité de la chose jugée. M. Ardisson a donc droit d'obtenir la juste réparation du dommage qu'il a éprouvé, et dans leur intérêt bien entendu, les compagnies d'assurances n'auraient jamais dû la refuser ; nous pensons qu'il y a lieu de confirmer la sentence.

« De nouvelles conclusions ont été présentées, on a demandé à la Cour l'autorisation de faire procéder à une exper-

tise pour connaître la valeur des objets sauvés de l'incendie;
notamment la valeur de la tabatière. Nous pensons que ces
conclusions nouvelles doivent être rejetées, parce qu'en fait,
il n'y a pas lieu de procéder à une nouvelle visite, à une nouvelle estimation, en présence de l'obligation contractée dans
les inventaires, dans les polices d'assurances, du moins par la
compagnie d'assurances avec laquelle il a été contracté.

« Elle s'est engagée à payer à M. Ardisson, en cas d'incendie, la valeur portée sur les inventaires? C'est donc vainement aujourd'hui que les compagnies viennent solliciter
une nouvelle expertise des objets assurés, puisqu'elles ont contracté l'engagement de payer d'après les prix fixés; c'est une
somme à laquelle elles doivent être condamnées par la Cour
comme elles l'ont été par la sentence.

« Le second point des conclusions prises devant vous a pour
objet la suppression des mémoires publiés par M. Ardisson,
dans lesquels on énonce que les compagnies ont eu recours
à l'espionnage et à la délation pour obtenir gain de cause; ces
différents points reprochés à la compagnie d'assurances par
M. Ardisson sont établis par les diverses déclarations des
témoins consignées dans l'instruction écrite que nous avons eu
l'honneur de vous lire. Mais, dit-on de la part de la compagnie du Phénix, le procès de police correctionnelle a eu lieu
sur la plainte portée par la compagnie d'Assurances générales
seulement; jamais la compagnie du Phénix n'a figuré dans
le procès correctionnel ou criminel. C'est vrai. La compagnie
du Phénix n'a pas dénoncé, comme la compagnie générale,
M. Ardisson; mais il est évident que la compagnie du Phénix
avait le même intérêt que la compagnie générale, qu'elle a eu
connaissance de tout ce qui s'est passé, que jamais il ne s'est
élevé de sa part aucune opposition, aucune réclamation, relativement aux mesures d'espionnage, de poursuite, de délation
et de dénonciations employées par la compagnie d'Assurances
générales.

« Ici, messieurs, toutes les parties sont en présence. M. Ardisson a à lutter devant vous, non-seulement devant la Com-

pagnie générale, mais contre la compagnie du Phénix, qui se joint à l'autre compagnie pour vous présenter M. Ardisson comme un homme ayant détourné des objets assurés, dans le but de s'en faire frauduleusement attribuer le prix de l'assurance ; pour présenter indirectement devant vous M. Ardisson comme ayant mis le feu volontairement à son domicile. Lorsque, pour la quatrième fois, M. Ardisson est attaqué devant la justice comme voleur, comme incendiaire, il lui a bien été permis de répondre à toutes les compagnies par des accusations vraies, prouvées au procès, de délation, subornation de faux témoins. Nous ne pensons pas qu'il y ait lieu de faire droit à la demande des conclusions nouvelles qui vous ont été soumises, et nous estimons qu'il convient, sans s'arrêter aux nouvelles conclusions, de confirmer la sentence. »

IX. ARRET.

La Cour se retire dans la chambre du conseil; après une longue délibération, elle rentre, et M. le président prononce l'arrêt suivant, devant un public nombreux :

« La Cour,

« Après avoir entendu en leurs demandes, fins, conclusions et plaidoiries respectives, en ses audiences des 25 février dernier et 3 mars présent mois, Delangle, avocat, assisté de Caron, avoué de la compagnie du Phénix, appelante ; — Frémery, avocat, assisté de Lobgeois, avoué de la compagnie d'Assurances générales, appelante ; — et Chaix-d'Est-Ange, assisté de Massot, avoué d'Ardisson, intimé ; — ensemble à l'audience de ce jour, M. Pécourt, avocat-général, en ses conclusions ; — avoir examiné les pièces en la chambre du conseil, et en avoir délibéré conformément à la loi ;

« Statuant sur les appels interjetés par les compagnies d'Assurances générales et du Phénix d'une sentence arbitrale du 23 mai dernier, rendue exécutoire par ordonnance de M. le président du tribunal civil de la Seine, le 26 du même mois ;

« En ce qui touche les conclusions principales et subsidiaires des appelants, adoptant les motifs des premiers juges ;

« En ce qui touche les conclusions de la compagnie d'Assurances générales, tendant à faire estimer par experts les objets préservés de l'incendie, et notamment la tabatière estimée dans l'inventaire joint à la police d'assurance à la somme de 25,000 fr. ;

« Considérant que la valeur des objets d'arts compris dans la police n'est point une valeur vénale que des experts puissent déterminer d'après les prix ordinaires que des objets pareils auraient dans le commerce ; — que ces productions de l'art avaient pour Ardisson une valeur d'opinion qu'elles tiraient soit de leur réunion, soit de leur origine, soit même des difficultés que les propriétaires avaient éprouvées pour les acquérir;

« Que la compagnie du Phénix avait incontestablement, au moment de l'assurance, le droit de débattre avec l'assuré le prix qu'il donnait arbitrairement à sa collection ; mais qu'en acceptant son évaluation et en consentant à ce que cette appréciation servit de base au paiement du sinistre, la compagnie d'assurance a fait elle-même la loi qui doit régir le contrat ; — qu'ainsi l'expertise demandée par les appelants serait sans utilité pour la décision du procès;

« En ce qui touche les conclusions de la compagnie du Phénix, tendantes à la suppression d'un mémoire publié devant la Cour par Ardisson ; — et celles d'Ardisson à fin de suppression du mémoire de la compagnie du Phénix;

« Considérant que les imputations que contient le mémoire d'Ardisson sont fondées sur des faits établis par l'instruction à laquelle a donné lieu la plainte en diffamation rendue par l'intimé ; — Que d'ailleurs les expressions dont s'est servi Ardisson n'excèdent point les bornes d'une légitime défense;

« Considérant, d'une autre part, que la discussion des prétentions de l'intimé constitue l'exercice d'un droit que les

assureurs tirent des clauses mêmes de la police d'assurance ;
— Que le mémoire de la compagnie ne renferme point l'imputation d'incendie volontaire, et ne saurait porter atteinte à
l'honneur d'Ardisson, ni altérer en aucune façon sa réputation
de probité et de bonne foi ;

« Sans s'arrêter ni avoir égard aux conclusions subsidiaires
de la compagnie d'Assurances générales non plus qu'à celles de
la compagnie du Phénix et à celles d'Ardisson, à fin de suppression de mémoires dont ils sont respectivement déboutés ;

« A mis et met l'appellation au néant ; — Ordonne que la
sentence arbitrale sortira son plein et entier effet ; — Condamne les appelants en l'amende de leurs appels et aux dépens,
dont distraction est faite au profit de Massot, avoué, qui l'a
requise sous l'affirmation de droit.

« Fait et prononcé en la Cour royale de Paris, le jeudi,
10 mars 1836, en l'audience publique de la deuxième chambre où étaient présents et siégeaient : M. HARDOIN, *président ;*
MM. LESCHASSIER, MONTMERQUÉ, CRESPIN, CRESTIEN de POLY,
ESPIVENT, CAUCHY, de CHARNACHÉE, de VERGÈS, MOREAU,
TAILLANDIER, *conseillers ;* MM. DUPAYRAT et TERRAY, *conseillers
auditeurs, ayant voix délibérative ;* en présence de M. PÉCOURT,
avocat-général ; tenant la plume M⁰ COULON, *greffier.* »

X. TAUX DE L'INTÉRÊT DU PAR LES COMPAGNIES.

Les compagnies ayant été condamnées à payer les intérêts à
compter du jour de la demande, une difficulté s'est élevée sur
le taux de cet intérêt, les compagnies ne voulant payer que 5
p. 100, la partie gagnante réclamant d'autre part l'intérêt commercial de 6 p. 100. La deuxième chambre du tribunal civil,
devant laquelle a été portée cette contestation, a décidé que
l'intérêt devait être payé à 6 p. 100.

XI. INVENTAIRES DES OBJETS ASSURÉS
ET JOINTS A LA POLICE D'ASSURANCE.

Nous croyons devoir joindre à tous les éléments de ce vaste procès les inventaires dressés contradictoirement entre les compagnies et M. Ardisson à l'époque de l'assurance. Ils résument cet amas de richesses en objets d'arts, qu'on peut dire avoir été unique par le nombre, la variété, la nature et la valeur des collections, et sous ce rapport ils n'offrent pas moins d'intérêt aux auteurs de notices historiques et statistiques sur les objets d'arts, qu'à la curiosité des amateurs.

On a vu dans le cours des débats que quinze mois avaient été employés tant au classement qu'aux évaluations portées par ces inventaires, et que M. Ardisson avait constamment tenu à réduire les prix fixés par les représentants de la compagnie du Phénix, ne voulant faire assurer ses tableaux et ses précieux objets d'arts que que pour une partie importante, mais non pour le montant de leur valeur réelle. De cette diminution volontaire il est donc résulté, comme perte pour M. Ardisson, la différence sensible entre la valeur réelle de la totalité des objets assurés et le remboursement qui en a été fait par les compagnies aux taux du contrat d'assurance. Cette différence, d'après les évaluations indiquées dans un état détaillé et faites plusieurs années avant l'assurance de 1828 par des experts et des connaisseurs français et étrangers, s'élèverait à la somme de 458,746 fr., auxquels on devrait ajouter 921,500 fr. de valeurs non assurées (1), pour avoir le chiffre de la perte qu'a fait éprouver à M. Ardisson, en dehors de toute indemnité, le désastre de l'incendie.

(1) *Voyez* plus loin le tableau de ces objets.

Différence entre la valeur réelle et les prix portés dans la police d'assurance. . . . . 458,746 fr.

Valeur des objets non assurés et détruits par le feu. . 921,500

Total de la perte. . 1,380,246 fr.

1. CATALOGUE DES TABLEAUX

Appartenant à M. Ardisson, propriétaire; la désignation des sujets, leurs maîtres et leurs prix.

La mort d'Adonis, grand tableau, par Sébastien del Piombo.	4,000 fr.
Deux grands tableaux représentant, l'un Jésus-Christ et l'autre saint Jean-Baptiste; chacune des figures environnée de fruits, par Michel Angiolo Delle Battaglie, et les figures par Nicolas Poussin.	3,000
Paysage et chevaux de labour, avec figures, par Salmon et Leprince.	150
Paysage, groupe de femmes et de vaches, un homme portant du bois, par Guaspro-Poussin.	600
Vieille femme vidant un broc de vin dans un tonneau, par Terburg.	900
Trois têtes d'enfants, par Vandick.	350
Un grand tableau, figures et paysage, représentant saint Jean prêchant dans le désert; parmi les figures sont un homme à cheval et deux femmes assises par terre, tenant leurs enfants dans leurs bras, par le Dominiquin.	1,000
Chute d'eau, par Vertigen, avec figures. . .	300
Hercule entre le Vice et la Vertu, par Schidoni.	400
Intérieur de tabagie, avec figures, par Absoven.	500
Petit paysage de Vinants, moutons paissant et maison dans le lointain.	300
Intérieur, un fumeur et un autre portant un broc, par Brauwer.	100
Deux tableaux représentant un joueur de vielle et une vieille femme qui file, par Terburg. . .	1,000

A reporter. . . . . 12,600 fr.

Report. . . . 12,600 fr.

Grand paysage représentant une fête flamande, avec une grande table servie à droite et des paysans dansant, par Van-Ostad. 4,500

Paysage représentant une femme suivie de vaches et de moutons, par Bruandais. 200

Intérieur de maison, figures et enfant au maillot, par Krasbec. 500

Paysage, figures et chevaux à ferrer, par Vanfalens. 100

Combat d'animaux, par Schneider. 600

Grand tableau représentant Sapho tenant sa lyre, école française. 350

Marine et pêcheurs, par Augustin Tassi, maître de Claude Lorrain. 600

Paysage, des enfants nus dansant et d'autres buvant, école française. 250

Paysage, des enfans et une cage d'où s'échappent des oiseaux, école française. 250

Paysage, pâtre assis au milieu d'un troupeau et des chèvres traversant un torrent, par Salvator Rosa. 500

La cène, grand tableau, par Paul Véronèse. 4,000

Titien, grand tableau représentant Jésus-Christ et un homme du peuple lui donnant une pièce de monnaie. 25,000

Un Berghem, paysage, deux femmes, une à cheval, et l'autre portant un agneau, des vaches passant l'eau. 1,000

Très-beau Sébastien Bourdon, Sainte-Famille. 500

Intérieur, par Droling. 400

Tableau, David Téniers fils, représentant un

A reporter. . . . . 51,350 fr.

Report. . . . 51,350 fr.

vieux caressant une servante, quatre figures, grand
intérieur. 9,500

Un Both d'Italie, paysans assis et vaches. . . 400

Marché aux chevaux, par Vouvermans. . . 1,500

Table chargée de légumes et de fruits, poules
par terre, Jésus-Christ chez sainte Marthe, par Ge-
rardow. 500

Un Jean Miel. Groupe buvant, un homme caressant une femme. 250

Paysage, par Demarne, moulin à vent, figures
et animaux. 900

Beau clair de lune, par Hue. 300

Beau paysage, par Breugl de Velours, figures,
pâtre gardant des moutons, Mercure en l'air, in-
diquant aux femmes portant des fleurs, un temple. 500

Une treille sous laquelle un fumeur cajole une
femme tenant un enfant, par Snave. 80

Le Coucher et le Lever, deux jolis tableaux représentant une mère couchant ses enfants, et leur
donnant des fruits le matin, par Lagrenée. . . 300

Petite fille faisant des bulles de savon, par
Mieris. 250

Jupiter recevant la coupe d'Hébé, par Carlo
Mola. 900

Mars chaussant Vénus, l'Amour sur son genou,
par Annibal Carrache. 1,800

Intérieur, groupe de figures, un paysan lisant
une lettre, une vieille femme derrière lui, par
David Téniers fils. 3,400

Paris et Hélène, tableau peint par David. . . 10,000

Guerrier avec sa lance, par Rembrand. . . 1,800

A reporter. . . . 83,730 fr.

Report. . . .	83,730 fr.
Deux tableaux : Vénus demandant une armure à Vulcain, et Bacchus invitant Vénus à monter dans l'Olympe, tous deux avec plusieurs figures, par l'Albane.	3,400
Intérieur : jeune femme qui joue et servante qui dérobe la bourse à un jeune homme, par Palamède.	400
Pâtre qui conduit ses vaches, beau soleil couchant et rivière, par Claude Lorrain.	6,000
Intérieur d'un temple, par Péternef, avec figures.	150
Paysage, femme à cheval, avec un homme qui la conduit, par Jean Miel.	450
Paysage, femme à cheval, moutons, et un homme dont on ferre le cheval, par Vanfalens.	850
Berger qui garde ses moutons, par Vander Doez.	100
Diane et l'Amour lui redemandant son arc, grand et beau tableau de Lebrun.	3,000
Portrait de femme tenant une lyre, par Girodet.	1,800
Une dame marchandant des légumes et deux paysannes, par Momersc.	100
Beau tableau de Claude Lorrain, représentant un coucher du soleil avec une tour, figures, vue de mer, etc.	8,500
Tableau de Vynants, deux hommes, dont un assis avec son chien, et un autre marchant. . .	800
Etéocle et Polynice mourants, environnés de leur famille, par Girodet.	2,500
Beau paysage, forêt, un homme tenant par la bride un cheval pour lui faire passer un ravin, par Decker.	1,000
Marine hollandaise, par Vangoyen.	150
A reporter. . . .	112,930 fr.

Report. . . . 112,930 fr.

Une femme à la croisée, tenant une grappe de
raisin, par Léonard de Vinci.   3,000

L'Amour voulant lancer une flèche à l'Inno-
cence qui dort, une femme le retient, par Gérard.   1,800

Très-belle Vierge , les mains jointes sur la
poitrine et les yeux levés vers le ciel, par Carlo
Dolce.   5,000

Une jeune personne pinçant de la guitare , par
Vanderneer.   300

Paysage avec fontaine, pyramide, vaches et
moutons se reposant, bergers se lavant les mains,
et plusieurs figures, par Paul Poter.   1,900

Vierge tenant un livre ouvert à la main, par
Carlo Maratte.   2,800

Deux tableaux de Salvator Rosa, ruines, rochers
et figures.   1,500

Vue du Louvre avec figures; femme assise, tenant un enfant sur ses genoux, ouvriers, chevaux,
par Machi.   200

Paysage. Deux jeunes filles passant un fleuve,
suivies de deux vaches; plus loin, d'autres filles
sont occupées à traire des vaches, par Huysum. .   180

Tableau représentant un intérieur rempli de
singes, dont les uns jouent aux cartes, d'autres au
tric-trac, d'autres mangent, et deux font tourner
un broche, par David Téniers fils.   7,500

Un tableau, paysage par Poterse, représentant
un vieillard et une petite fille mangeant des moules
devant des paysans qui la regardent.   900

Deux marines hollandaises, dont l'une représentant une tempête et l'autre plusieurs bâtiments

A reporter. . . . 138,010 fr.

Report. . . . 138,010 fr.

pavoisés ; sur le devant d'un tableau est un bac
d'où descendent des vaches, des moutons conduits
par un pâtre. 3,000

Grand paysage, par Moncheron, représentant
une chute d'eau ; sur le devant du tableau est une
femme chargée d'un sac, et un homme, tous deux
assis ; plus loin, un cheval de tir, guidé par un
homme ; sur le pont plusieurs figures. . . . 300

Deux batailles, par Salvator. 600

Buveur, par Romanelli, intérieur. 130

Intérieur, plusieurs figures, femme qui fait aller
un rouet, par Metzn. 660

Joli paysage, par Hobema, avec des figures qui
semblent causer. 450

Femme faisant cuire des beignets, et un rustaud
qui se brûle en les mangeant, par Bilde-Macher. 225

Neige, diverses maisons à gauche, un patineur
sur le devant, deux hommes portant du bois, par
Vandenvelden. 650

Paysage représentant une rivière, moulin, un
grand pont, figures parmi lesquelles deux pèlerins,
dont l'un assis et l'autre marchant, par Broun. . 200

Un intérieur représentant des hommes et des
femmes à table, deux hommes jouant à la *mora*,
par Terburg. 900

Belle bataille, par Salvator Rosa, représentant
une mêlée, sur le devant est un guerrier blessé à
mort, confessé par un capucin lui présentant un
Christ ; plus loin, le général, sur un cheval blanc,
donnant ses ordres. 1,500

Un intérieur, des fumeurs, un homme tenant

A reporter. . . . 146,625 fr.

Report. . . .	146,625 fr.
un violon, un autre buvant et une femme écoutant les mains sur un chaise, par Van Ostad. . . .	1,500
Paysage, par le baron Fougère Allemand, grande touffe d'arbres ; à gauche un homme et une femme assis ; plus loin, une charrette portant du fourrage et conduite par un homme à cheval. .	200
Vierge tenant dans ses bras l'Enfant-Jésus, par Sébastien del Piombo.	550
Marine, par Vandercabel, plusieurs barques tirées à terre ; plusieurs figures, parmi lesquelles des pêcheurs.	100
Paysage et ruines, chevaux et chèvres, un paysan monté sur un cheval, et un enfant prêt à monter sur un âne, par Tivoli.	200
Un saint Jérôme tenant une tête de mort. . .	125
Une fête flamande. Des paysans jouent de la musette, à droite deux personnages distingués voient danser les paysans.	200
Quatre tableaux représentant les quatre saisons, sur cuivre, paysages, intérieurs et beaucoup de figures.	260
Jules César à cheval, le sabre à la main, avant de passer le Rubicon ; par Polidoro de Caravagio.	600
Philosophe lisant un manuscrit grec ; sur une table sont des couleurs, par Morillos.	3,000
Total. . . .	153,360 fr.

Visé et approuvé le présent catalogue, pour, conjointement avec la police, régler les droits respectifs des parties.

Paris, ce 8 juillet 1828.

Signé, ARDISSON.

Le directeur-général,
Signé, JOLIAT.

2. INVENTAIRE DES OBJETS PRÉCIEUX ET RARES

*Formant une partie du cabinet de M. ARDISSON, propriétaire,
à Paris.*

Un grand tableau en mosaïque perfectionnée, de deux pieds quatre pouces de long, sur un pied huit pouces de haut, représentant une marine, avec trente-deux figures; plusieurs barques naviguant ou amarrées. Les figures représentent des Turcs, des hommes ou des femmes italiens.

A droite est un rocher très-élevé, sur lequel deux personnages turcs sont à la découverte de l'arrivage d'autres bâtiments.

Ce tableau, d'un fini et d'un travail immense par ses détails, est considéré comme la plus belle production qui ait jamais paru en Italie dans ce genre. . . . . 50,000 fr.

Un buste de Sapho en marbre. 2,000

Un buste d'une princesse moderne, en marbre. 1,500

Deux bustes en marbre, un d'un enfant et l'autre représentant un personnage du siècle de Louis XV, d'un beau fini. 400

Une petite statue antique en agate, d'un seul morceau, représentant une Diane nue, tenant une main sur la tête de son chien. 3,000

Une grande soucoupe antique entourée d'un treillage et de fleurs qui se détachent de la soucoupe; le tout en pierre très-rare et très-fine, d'un seul morceau. 2,000

Une boîte d'une seule pièce en améthyste, garnie en or, sur le couvercle de laquelle est une cor-

A reporter. . . . 58,900 fr.

Report. . . . .   58,900 fr.

beille en relief pleine de fruits et de fleurs, le
tout en pierres précieuses imitant la nature, travail le plus fini qui ait été fait dans ce genre, par
Ciurly.   25,000

Deux colonnes de l'améthyste la plus rare, dite
vulgairement ruche à miel, de   de
hauteur, sur   pouces d'épaisseur,
dont le piédestal est en spath fluor.   12,000

Une belle urne d'une pièce, en améthyste, dite
ruche à miel plus foncée, dont le piédestal est une
belle agate antique.   1,200

Une urne en vert marin, *deto imperiale*, avec
son couvercle.   800

Une tasse en pierre rare, à cannelures, couleur
foncée, travail riche et garnitures.   1,200

Une grande tasse avec un couvercle fermant à
vis, en lave du Vésuve, antique.   100

Un très-joli coffre antique, fond écaille blonde,
avec des arabesques de prix.   500

Un autre coffre avec des arabesques plus modernes.   150

Une très-grande boîte à compartiments, toute
en nacre, richement travaillée et très-ancienne. .   500

Deux riches piédestaux du XIe siècle, avec de
très-beaux arabesques, garnis en bronze doré. .   2,000

Manuscrits.

Deux volumes écrits de la main de Bourdaloue,
sur les *Psaumes*, non encore imprimés, confrontés avec les manuscrits de cet orateur à la Bibliothèque..   3,500

A reporter. . . .   105,850 fr.

Report. . . . 105,850 fr.

Un volume. La vie de Pierre Corneille, manuscrit inédit. ·   600

Deux volumes manuscrits sur l'Egypte, en français, travail immense et complet, traitant de l'E-
gypte ancienne et de la moderne; un très-gros volume in-folio, et un autre de dessins, par Sarden.   6,000

Six volumes manuscrits de musique la plus ancienne, de chant, sans accompagnement, à quatre,
cinq et six parties, écrite sur parchemin superfin, et
dont chaque morceau, dans toutes les parties, commence par des lettres initiales d'un travail si précieux et si riche, qu'aucun artiste vivant ne pourrait en faire de semblables.   25,000

Un Virgile, écrit en caractères gothiques, avec
des notes en marge, de la main du père Peraldi,
célèbre bénédictin. . . . . - . .   1,200

Total. 138,650

Fait en triple expédition, le 24 juin 1828.

Visé et approuvé le présent inventaire, pour, conjointement
avec la police, régler les droits respectifs des parties.

Paris, ce 8 juillet 1828.

Signé, ARDISSON.

Le directeur-général,

Signé, JOLIAT.

3. INVENTAIRE DES DIVERSES COLLECTIONS MUSICALES

*Formant la grande bibliothèque musicale de M. Ardisson, pro-
priétaire, à Paris.*

Deux mille quatre cent sept grandes partitions
entièrement complètes d'opéras italiens, allemands
et français, d'oratorii italiens, latins, et de messes,
dont six cent cinquante partitions n'existent pas au
Conservatoire de France ; divisées ainsi qu'il suit :

1° Dix-sept cents partitions complètes d'opéras,
oratorii, et de messes manuscrites, dont sept cent
quatre originales de la main des compositeurs, à
une moyenne de 75 fr. l'une. . . . . 127,500 f.

2° Sept cent quatre grandes partitions complètes
d'opéras, d'oratorii, et de messes gravées, tant italiennes que françaises et allemandes, à une
moyenne de 40 fr. l'une. 28,160

Huit mille cent vingt-deux morceaux de chant
séparés, tant profanes que sacrés, dont plus de sept
mille cinq cents sont manuscrits, tels que duos,
airs, trios, quatuors, finales d'opéras même, à
une moyenne de 2 fr. pièce. 16,244

Huit collections complètes de quatuors et quintetti, gravées, reliées richement ou cartonnées,
parmi lesquelles celles de Sphor, Fesca, Haydn,
Mozard, Bocherini, Bethoven, Haensel, etc., à une
moyenne de 100 fr. 800

Cinq mille sept cent vingt-trois œuvres de musique gravée ou copiée, comprenant tous les autres quatuors, quintetti, sextuors, septuors, nonetti et symphonies, concertos, duos, trios, airs

A reporter. . . . 172,704 fr.

Report. . . . 172,704 fr.

variés pour instruments à cordes, pour piano ou
harmonie, qui ont paru jusqu'ici, tant en Allemagne qu'en France et en Italie, de Krommer, Hum-
mel, Riez, Radicati, Onzlow, Éberl, André et Bernard Romberg, Reicha, Schneider, Benincori,
Kreutzer, Viotti, Rolla, Borehr frères, Baillot,
Maurer, Sphor, Lafond, Mayseder, Pestyacheek,
Bohm, Wolf, Winter, Jadin, Blondeau, Hertz,
Pixis, Kalprener, Clementi, Lambert, Cramer,
Pleyel, Hertz, Schlosser, Adam, etc., etc., à une
moyenne de 2 fr. l'une. 11,446

Trois mille quatre cent soixante-et-dix-sept
morceaux de musique instrumentale en *partitions*,
tels que quatuors, quintetti, sextuors, septuors,
octuors, concertos, trios, suites d'harmonie de
toute espèce, symphonies concertantes, symphonies à grand orchestre, dont plus de trois mille
trois cent cinquante partitions copiées, tant pour
les instruments à cordes, le piano avec instruments, que pour les instruments à vent, collection la plus considérable et la plus rare qui existe
incontestablement en Europe dans ce genre, à une
moyenne de 6 fr. le morceau complet. . . . 20,862

Vingt-sept méthodes complètes pour toute sorte
d'instruments, tant à cordes qu'à vent, telles que
méthodes pour le piano, d'Adam, de Clementi,
d'Adam et Lachnity, de Riéger, etc., etc. ; pour
les autres instruments, de Baillot, Cartier, Duport,
Stianski, Henry, etc., etc., ; pour les instruments
à vent, Dominich, Panto, Dauprat (en trois gros
volumes), Vanderbrock, Garnier, Ozi, Devienne,

A reporter. . . . 205,012 fr.

Report. . . . 205,012 fr.

Berbignier, Hugot, etc., etc., à une moyenne de
10 fr. chacune.   270

Quinze méthodes de chant, solféges du Conservatoire et autres, dont plusieurs manuscrits, à
une moyenne de 12 fr. pièce.   180

Cinquante-cinq traités théoriques ou pratiques
d'harmonie, de composition ou de haute composition, tels que le père Martini, Testori, Paolucci,
Choron, Reicha, Berardi, Zarlino, Albress,
Berghr, Marpurg, Catel, Langlois, Rameau, l'abbé
Roussier, Richler, le père Mathei, Troestter, Bo-
nancini, Fétis, Fux, Kircher, Berton, Rey, Mo-
migny, Sabattini, Tartini, Galeazi, le père Valotti,
Asioli, Sala, Fenaroly, etc., etc., à une moyenne
de 15 fr. l'une.   825

Trente-sept études diverses et complètes de Cor-
relli, Libon, Rode, Kreutzer, Vignetti, Gaviniès,
Rolla, Tartitini, Pugnani, Campagnoli, Lolli, Fo-
rillo, Weitcher, Alday, Rodolphe Chall, Pellicia,
Polledro, Blasius, Paganini, Monara, Durand,
Henry, Aruni, Brumenthal, Porpora, Clémenti,
Bach, Scarlati, Cramer, Kalprener, etc., etc., à
une moyenné de 5 fr. pièce.   185

Total. . . . . 206,472 f.

Fait en triple expédition, à Paris, le 24 juin 1828.

Visé et approuvé le présent inventaire, pour, conjointement avec la police, régler les droits respectifs des parties.

Paris, ce 8 juillet 1828.   *Signé,* ARDISSON.

Le directeur-général.   *Signé,* JOLIAT.

4. INVENTAIRE DES INSTRUMENTS DE MUSIQUE

Formant la collection de M. ARDISSON, *propriétaire ; les noms des maîtres et leurs prix.*

VIOLONS DE MAITRES.

Deux Stradivarius, dont l'un ayant un fond d'une seule pièce, et l'autre de deux, estimés 3,000 fr. chaque.	6,000 fr.
Un superbe Stradivarius, dont le fond est d'une seule pièce, très-bien conservé, et dont on a souvent refusé 6,000 fr.	5,000
Deux Joseph Guarnerius, grands patrons. . .	5,200
Un Joseph Guarnerius, petit patron. . . .	1,200
Un Pierre Guarnerius, moyen patron. . . .	1,800
Deux Amati, grands patrons, bien conservés. .	3,800
Un Amati, petit patron.	1,200
Un autre Amati, petit patron, dont la table d'harmonie a quelques fentes.	600
Un Bergonzi, très-grand patron, d'une superbe facture, portant l'inscription de Stradivarius, mais n'appartenant qu'à Bergonzi	1,200
Deux violons de Rugeri, un, grand patron, bien conservé, et l'autre, moyen patron.	2,300
Quatre violons de Guadagnini ; l'un dans l'autre, 600 fr.	2,400

ALTOS DE MAITRES.

Deux altos d'Amati, dont l'un d'une très-grande forme, et l'autre recoupé à la moderne. . . .	2,100
Un alto d'André Guarnerius.	1,000
Un alto de Pierre Guarnerius..	800
Deux altos, un de Ruger, et l'autre de Magini.	1,000
Deux altos de Guadagnini, dont l'un est par-	
A reporter. . . .	35,600 fr,

Report. . . . 35,600 fr.

faitement intact, et l'autre plus grand et plus
vieux.   900

VIOLONCELLES DE MAITRES.

Un violoncelle de Joseph Guarnerius. . . .   3,000

Un violoncelle d'André Guarnerius, bien conservé.   2,600

Un violoncelle d'auteur italien, du troisième
ordre.   600

ARCHETS DE MAITRES.

Sept beaux archets de Tourte, à 80 fr. l'un dans
l'autre.   560

Un archet riche, fait par Tourte, pour Charles IV,
roi d'Espagne.   300

Un archet de Tourte, avec des ornements. . .   120

Deux archets de violoncelles, par Tourte. . .   240

Un archet de violoncelle, de Tourte aîné. . .   50

Quinze archets moins beaux, de divers maîtres,
à 30 fr. pièce.   450

PIANOS.

Un piano carré.   900

Un petit piano d'Erard, dit piano de compositeur.   400

Un autre petit piano de compositeur. . . .   200

Une lyre dont la forme est unique, et d'un travail extraordinaire.   600

Total. 46,520

Vu et approuvé le présent inventaire, pour, conjointement
avec la police, régler les droits des parties.

Paris, ce 8 juillet 1828.   *Signé,* ARDISSON.

Le directeur-général.   *Signé,* JOLIAT.

XII. OBJETS NON ASSURÉS.

Nos lecteurs auront sans doute remarqué dans les conclusions de M. l'avocat-général Pécourt le paragraphe suivant :

« On accuse M. Ardisson d'avoir mis le feu volontairement
« et pour réaliser le prix des assurances ; car il faut aller jus-
« que·là. N'est-il pas évident que cet artiste distingué aurait
« pu se procurer facilement des sommes importantes par la
« vente de quelques-uns de ses objets. On l'accuse d'avoir
« prémédité pendant six années entières cet incendie, et il
« aurait laissé dans son appartement deux tiers de ses richesses
« qui n'étaient pas assurées ! Ce fait est très-important. »

Selon notre habitude de compléter autant qu'il dépend de nous une cause par tous les documents accessoires, nous reproduisons ici l'extrait de la police qui constate les exceptions, et nous plaçons à la suite l'état détaillé des objets indiqués seulement en masse par cette clause exceptionnelle.

1. EXTRAIT DE LA POLICE D'ASSURANCE.

« Sont formellement exceptés de la présente assurance tous
« les objets qui ne sont pas portés dans les dits inventaires, et
« notamment, savoir : — Une table de Donatello très-antique,
« et autres objets rares et précieux tels que toute espèce de
« médailles en or et argent et bronze, tant anciennes que mo-
« dernes. — Plusieurs portefeuilles de gravures. — Environ
« trois mille pièces de théâtre séparées dites brochures, tant
« françaises qu'espagnoles et italiennes. — Toutes les armes
« de chasse, de cour et de combat. — Environ deux mille
« cinq cents grandes planches d'étain pour musique, tant gra-
« vées que non gravées. — Tous les exemplaires de la musique
« composée par M. Ardisson, quel que en puisse être le nombre.
« — Tous les ouvrages en littérature et sur l'art musical qu'il
« se propose de faire imprimer bientôt. — Ses manuscrits tant
« littéraires que musicaux. — Plusieurs pièces de bronze an-
« tique, la plupart trouvées dans les ruines d'Herculanum et

« de Pompéïa, dans les fouilles faites à Marianna, ancienne
« capitale de l'île de Corse. — Une assez belle collection de
« camées de toute espèce. — Et enfin tous les objets d'arts
« non mentionnés dans les dits catalogues. »

2. ÉTAT DES OBJETS D'ARTS

En tableaux, en bustes et bas-reliefs en marbre, colonnes, can-
délabres idem ; en manuscrits, dessins originaux des premiers
maîtres, et grands portefeuilles de dessins originaux et de gra-
vures détruits par l'incendie, qui n'étaient pas assurés *ni par*
la compagnie du Phénix, *ni* par aucune compagnie.

— Tableaux principaux :

Deux Ruysdaller.	12,000 f.
Un Corrége	30,000
Un Léonard de Vinci.	10,000
Deux Morillos, tels qu'ils furent achetés, non encore encadrés	30,000
Deux Van Ostad	14,000
Un beau Claude Lorrain.	17,000
Un Carlo Dolce.	9,600
Un Pol Poter	4,500
	127,100

— DESSINS ORIGINAUX :

Trois grands portefeuilles de dessins *originaux*
des premiers maîtres italiens, français, flamands et
hollandais, etc. ; de gravures anciennes les plus
rares, et une infinité *avant la lettre*, collection des
plus intéressantes. 65,000

— MANUSCRITS :

Trois cent deux manuscrits sur parchemin des
IX°, X°, XI°, XII° et XIII° siècles, dont une partie à *lettres et vignettes* au pourtour des pages,

A reporter. . . . . 192,100 fr.

Report. . . . 192,100 fr.

incrustées en or et *outremer*, à grandes majuscules, formant *des dessins ou arabesques*, la plus grande partie ornés de figures et de tableaux, etc., et partie à simples majuscules; — parmi lesquels on remarquait *un de Galilée*, confronté avec les manuscrits de ce savant à la bibliothèque de Florence; plusieurs de différents *savants bénédictins*, et autres sur *l'histoire, les sciences* et *les lettres*, estimés approximativement l'un dans l'autre à 2,000 fr. 604,000

— AUTOGRAPHES :

Lettres autographes de divers grands personnages de France, d'Angleterre, d'Italie, d'Espagne, de Portugal et d'Allemagne, parmi lesquelles on remarquait des lettres de Pascal, de saint François de Paule, de Sulli, de Fénélon, de Mme de Maintenon, de Scudéry, de Quinault, de Racine père et Racine fils, Scarron, Bussy-Rabutin, de Rabelais, de Montaigne, de Voltaire, de Bayle, du président du Harlay, du duc de Guise, de l'intendant Fouquet, de Fléchier, du petit père André, du pape Sixte-Quint, du Tasse, du Camoëns, d'Alphonse II, de Salvator Rosa, de François Ier, de Henri VIII, roi d'Angleterre, de lord Mortimer, de la reine Élizabeth, d'Adisson, de Pope, de Bacon, de Cromwell, de Christine, reine de Suède, de Jacques II, de Fra Bartholomeo, du président de Montesquiou, de l'auteur de *la Secchia Rapita*, Tassoni, poète italien; de Doria, grand amiral; de Schiller, Thompson, de La Motte Le Vayer, de Pic de la Mirandole, de Bourdaloue, de Mascaron, de Mirabeau, de Saliéri, de Beaumarchais; deux très-gros et très-forts volumes. 30,000

A reporter. . . . 826,100 fr.

Report. . . . 826,100 fr.

— OBJETS D'ARTS :

Une petite table sculptée par le célèbre Donatello, *exceptée par la police d'assurance du Phénix.*   20,000

Un bas-relief sculpté par Jean Goujon, sur bois.   3,000

Six tableaux ovales et carrés sculptés sur ivoire par Donatello.   6,000

— INSTRUMENTS DE MUSIQUES :

Un très-beau piano organisé.   2,500

Une belle basse de *Stradivarius,* bien conservée.   6,000

Un alto de Stradivarius ; *objet très-rare, l'auteur en ayant fait très-peu.*   4,000

— OBJETS D'ARTS en bronze, en or ou argent, en marbre, décomposés ou en débris.

Un superbe bas-relief antique en marbre, représentant une tête de Cérès.   5,000

Un beau buste de femme, en marbre, antique, de grandeur naturelle   4,000

Une colonne torse antique, en marbre, d'une très-belle facture.   1,200

Un candélabre en marbre, d'un très-beau fini.   1,000

Une très-petite Vierge, bas-relief en marbre. .   300

Divers autres objets, parmi lesquels *una Vergine dei fiori,* grand tableau ; un François Ier, tableau ; et dix-neuf grands tableaux peints *sur glaces,* à sujets pittoresques des environs de Rome ; sujets historiques, chasses, vues d'Allemagne, et divers autres petits objets sculptés.   12,400

Bustes en bronze et médailles en bronze, or ou argent ; celles en bronze percées à jour, et d'autres fondues, ne laissent aucune trace des traits ni d'inscriptions   30,000

TOTAL des objets perdus et *non assurés.* . .   921,500 fr.

FIN.

XIII. APPENDICE A L'AFFAIRE ARDISSON.

Nous n'avons fait qu'indiquer une question d'ailleurs fort accessoire, soulevée par une compagnie pour l'exécution de l'arrêt, celle de savoir si elle devait tenir compte de l'intérêt à raison de 5 p. 100, ou de 6 p. 100, suivant le taux commercial ; cette différence en formait une de 10 à 12,000 francs quant au résultat. La nouveauté de cette question, qui n'a peut-être été agitée que dans cette seule occasion, nous engage à retracer sommairement les moyens présentés à l'appui de la prétention des compagnies, et ceux par lesquels on l'a repoussée.

1. PROCÈS SUR LE TAUX DE L'INTÉRÊT.

(Tribunal civil de la Seine, deuxième chambre. — Présidence de M. de Baudicourt, audience du 4 juin.)

Mᶜ Delangle reconnaît d'abord que la société d'assurances du Phénix étant une société anonyme à primes, est une société commerciale : « mais, dit-il, ce n'est pas la nature de la société qu'il faut envisager, mais bien la nature du contrat passé entre la compagnie du Phénix et M. Ardisson. Le contrat passé entre l'assureur et l'assuré est un contrat purement civil, il n'a rien de commercial ; les objets sur lesquels porte l'assurance l'indiquent assez ; ils ne sont pas dans le commerce.

« En se faisant assurer, M. Ardisson n'a pas fait un acte de commerce, la compagnie n'en a pas fait davantage. D'un autre côté le Code civil et le Code de commerce s'expliquent sur la nature des contrats d'assurances ; en rangeant parmi les actes de commerce les assurances maritimes, et en ne s'occupant pas des assurances terrestres, qui alors étaient déjà connues, les auteurs de ces codes ont nécessairement laissé les assurances terrestres dans le droit commun, puisqu'ils ne les ont pas rangées parmi les contrats commerciaux. Enfin, ajoute Mᵉ Delangle, c'est au président du tribunal civil qu'on a demandé

l'ordonnance d'*exequatur* de la sentence arbitrale, c'est le président du tribunal civil qui l'a rendue ; les arbitres ne peuvent
donc être considérés comme ayant jugé commercialement,
l'esprit et les termes de la sentence démontrent que les arbitres n'ont voulu prononcer que la condamnation à des intérêts civils. »

M⁰ Desaulis , avocat de M. Ardisson , repousse avec talent
et énergie le système de la compagnie du Phénix : « Point de
doute qu'une société d'assurances à prime contre l'incendie ne
soit une société commerciale , les actes qu'elle fait dans le but
de son organisation sont donc des actes de commerce ? Si ces
sortes de sociétés sont établies pour faire des assurances, la
conséquence est que ces assurances sont de leur part des actes
de commerce. Que M. Ardisson n'ait pas fait de commerce ,
cela est vrai ; mais un acte peut être commercial à l'égard
d'une partie, et non commercial à l'égard de l'autre. Ainsi, si le
contrat d'assurances ne constitue pas de notre part un contrat
commercial, ce n'est pas une raison pour qu'il ne vous oblige
pas commercialement. M. Ardisson n'est pas commerçant,
cela est encore vrai , mais M. Ardisson est le créancier et non
le débiteur, c'est lui qui est poursuivant et non pas poursuivi,
c'est donc votre qualité et vos engagements qui doivent déterminer le tribunal, et non la qualité ni les engagements de
M. Ardisson. Les objets incendiés n'étaient pas, dit-on, dans
le commerce ? Mais qu'importe ? est-ce que le caractère du
contrat d'assurance se détermine ou change suivant la nature
des objets assurés. L'art. 1964 du Code civil s'occupe du contrat d'assurance et renvoie cet objet aux lois maritimes. Le
Code de commerce ne traite que d'assurances maritimes.
Pourquoi ce silence du Code de commerce ? c'est qu'alors ,
quoi qu'en dise la compagnie, les assurances terrestres contre
l'incendie n'étaient pas connues , et encore moins les sociétés
qui avaient pour objet ces assurances. Mais il y a une analogie, une identité parfaite entre les assurances maritimes et les
assurances terrestres , le but et la nature en sont les mêmes ,
le caractère doit en être également le même. Les assurances

maritimes étant des actes de commerce, il en doit être ainsi des assurances terrestres. L'analogie se manifeste encore par la police même, qui est l'ouvrage et la loi de la compagnie. Plusieurs articles de cette police ne sont que la reproduction d'articles du Code de commerce au titre des assurances, et les art. 12 et 21 spécialement sont les articles 348 et 369 du même code. »

Me Desanlis s'attache ensuite à chercher le sens de la sentence dans la sentence même : « Les arbitres ont-ils jugé commercialement ? Point de doute, cela résulte des questions posées et des considérants de la sentence ; ainsi, sur la sixième question, à savoir si les défendeurs devaient être condamnés par corps, la sentence porte qu'aux termes des art. 31 et 32 du Code de commerce, les administrateurs d'une société anonyme ne sont que des mandataires qui ne sont point responsables de l'exécution du mandat qu'ils ont reçu, et qu'ils ne contractent à raison de leur gestion aucune obligation personnelle ; que par conséquent les sieurs Pallard et de Gourcuff ne peuvent être condamnés par corps, même personnellement, mais seulement ès-noms et qualités qu'ils procèdent, et dans les proportions de responsabilité qu'ils ont encourues.

« Les arbitres s'appuient sur le Code de commerce ; s'ils n'admettent pas la contrainte par corps, ce n'est pas parce qu'il ne s'agit pas d'une affaire commerciale, mais à cause de la position spéciale des défendeurs, qui, administrateurs d'une société anonyme, n'en sont que les mandataires.

« Ainsi encore, sur la huitième question, relative à l'exécution provisoire, les arbitres l'ordonnent par les motifs *qu'en matière commerciale* les juges peuvent, aux termes de l'art. 439 du Code de procédure, ordonner l'exécution provisoire de leurs jugements nonobstant l'appel et sans caution, lorsqu'il y a titre non attaqué ; que dans l'espèce le titre, c'est-à-dire la police d'assurance, n'est point attaqué.

« Les arbitres ont donc jugé en matière commerciale, car cela résulte et des expressions et de l'esprit de la sentence. Les intérêts dus à M. Ardisson sont donc des intérêts commerciaux. »

Me Desanlis insiste enfin sur l'opinion des auteurs et sur ce qu'a de favorable la position de M. Ardisson.

JUGEMENT.

« LE TRIBUNAL, — Après avoir entendu en leurs conclusions et plaidoiries respectives Me Delangle, avocat, assisté de Me Cassagnet, avoué de la compagnie d'assurances dite du Phénix ; et Me Desanlis, avocat, assisté de Me Charpillon, avoué du sieur Ardisson, et après en avoir délibéré conformément à la loi, jugeant en premier ressort :

« Attendu que le tribunal n'a pas à juger si les intérêts devront être fixés au taux civil ou commercial, qu'il doit seulement interpréter l'intention des arbitres à cet égard ;

« Attendu qu'il résulte des motifs énoncés dans la sentence que les arbitres ont considéré l'affaire comme commerciale ; que dès lors ils ont eu l'intention d'accorder des intérêts au taux de 6 p. 100 ;

« Par ces motifs, rejette la demande de la compagnie du Phénix contre le sieur Ardisson, et la condamne aux dépens. »

Juges : MM. *Colette de Baudicourt, Piquerel* et *Rigal.*

2. DERNIÈRES OBSERVATIONS SUR L'ENSEMBLE DE LA CAUSE.

Après avoir soumis aux investigations du lecteur les documents étendus qui viennent de passer sous ses yeux, nous sommes ramenés par un dernier aperçu de l'ensemble de cette cause à insister sur les observations dont nous l'avons fait précéder, c'est-à-dire sur l'urgence de l'intervention législative pour régulariser tout ce qui est relatif aux assurances terrestres.

Évidemment, dans l'état actuel, en vertu des conditions appliquées sans contrôle de l'autorité, et par la nature des clauses générales insérées dans les diverses polices, tout incendié, par le fait de son désastre, tombe sous deux natures de prévention, savoir : devant la juridiction criminelle, sous la prévention d'incendie volontaire et de détournement, et devant la juiidiction civile , sous la prévention de déclarations dolosives et d'exagération des valeurs assurées, nonobstant les expertises contradictoires des compagnies et leur adhésion corroborée par l'encaissement des primes.

Ainsi, un assuré, au moment où les flammes envahissent son domicile, n'a plus à trembler seulement pour sa propriété , il faut qu'il tremble aussi pour sa tête et tout au moins pour son honneur.

Dans les procès intentés à M. Ardisson , la persistance acharnée dans ces deux voies contre l'évidence de toutes les présomptions, de tous les témoignages et de toutes les preuves , cette persistance, disons-nous, et la nature des moyens mis en œuvre et que les paroles du ministère public non moins que les décisions de la justice ont frappée d'une si éclatante réprobation, ne pourraient s'expliquer ce nous semble que par deux motifs.

Soit par l'idée exagérée que les conseils de ces administrations se seraient faite de la responsabilité qui leur est imposée envers les actionnaires par la survenance d'un sinistre considérable. Mais qu'importe la quotité du remboursement pour l'injustice du refus qu'on oppose à une réclamation légitime? Les actionnaires n'ont-ils à défendre que des intérêts d'argent? Ne doivent-ils pas vouloir qu'on s'abstienne de tout ce qui peut compromettre la position morale de la compagnie ? Et s'ils tiennent compte même d'un excès de zèle, n'a-t-on pas à craindre qu'ils ne se récrient contre des résultats devenus bien autrement onéreux que ne l'eussent été l'accomplissement direct des engagements loyalement contractés ?

Soit par l'inconvénient attaché à toutes les polices inquisitoriales , dont la nature est de se rendre nécessaires, de constater l'utilité de leur existence, d'empirer conséquemment le résultat de toutes les informations, de grossir les moindres rapports , et de tromper ainsi ceux qui s'en servent dans leur intérêt personnel, ne fût-ce que par esprit de métier.

Une plus longue pratique et des règlements d'ordre public amèneront nécessairement des idées plus justes.

Quoi qu'il en soit , M. Ardisson a été mis à de telles épreuves , que peu d'hommes , et nous entendons des plus fermes et des plus probes, auraient pu les traverser avec tant de constance et de courage.

Les faits, il faut le dire , parlaient d'eux-mêmes, et les magistrats ont su les comprendre : l'ordonnance de non-lieu a proclamé son innocence et sa bonne foi ; le jugement et l'arrêt criminels ont vengé les attaques à sa réputation ; la sentence arbitrale et l'arrêt de la Cour royale ont confirmé la justice exacte et rigoureuse de ses prétentions. En un mot , demeuré sous le coup de pertes matérielles considérables et sous l'accablement de peines morales difficiles à guérir , M. Ardisson a obtenu du moins toutes les satisfactions judiciaires qu'il pouvait réclamer.

L'opinion publique possède désormais tous les éléments nécessaires pour former sa conviction sur une affaire d'une aussi haute importance.

ERRATA.

Pages 12 et 36. — Il est dit à tort que M. le préfet de police avait donné un mandat de perquisition ; M. le préfet avait ordonné simplement de prendre des renseignements , ce qui rendait, en l'absence d'un mandat du procureur du roi, cette perquisition tout-à-fait illégale.

Page 185. — La perte des objets non assurés est évaluée à 891,000 fr.; on avait oublié d'y comprendre les bustes et médailles pour une somme de 30,000 francs, qui portent cette somme à 921,500 francs, comme on le voit page 268; et on a encore oublié , dans cette addition, de porter la valeur des *camées* compris dans les exceptions de la police.

Page 263. — On a omis de reproduire une énonciation importante mise en tête de l'inventaire des collections musicales, où il est dit que l'estimation est faite *au-dessous des quatre cinquièmes* AU MOINS *de la valeur réelle.*

NOTA. Indépendamment de la signature du directeur, la police d'assurances de même que les inventaires portent encore celle de l'administrateur de service.

TABLE DES MATIÈRES

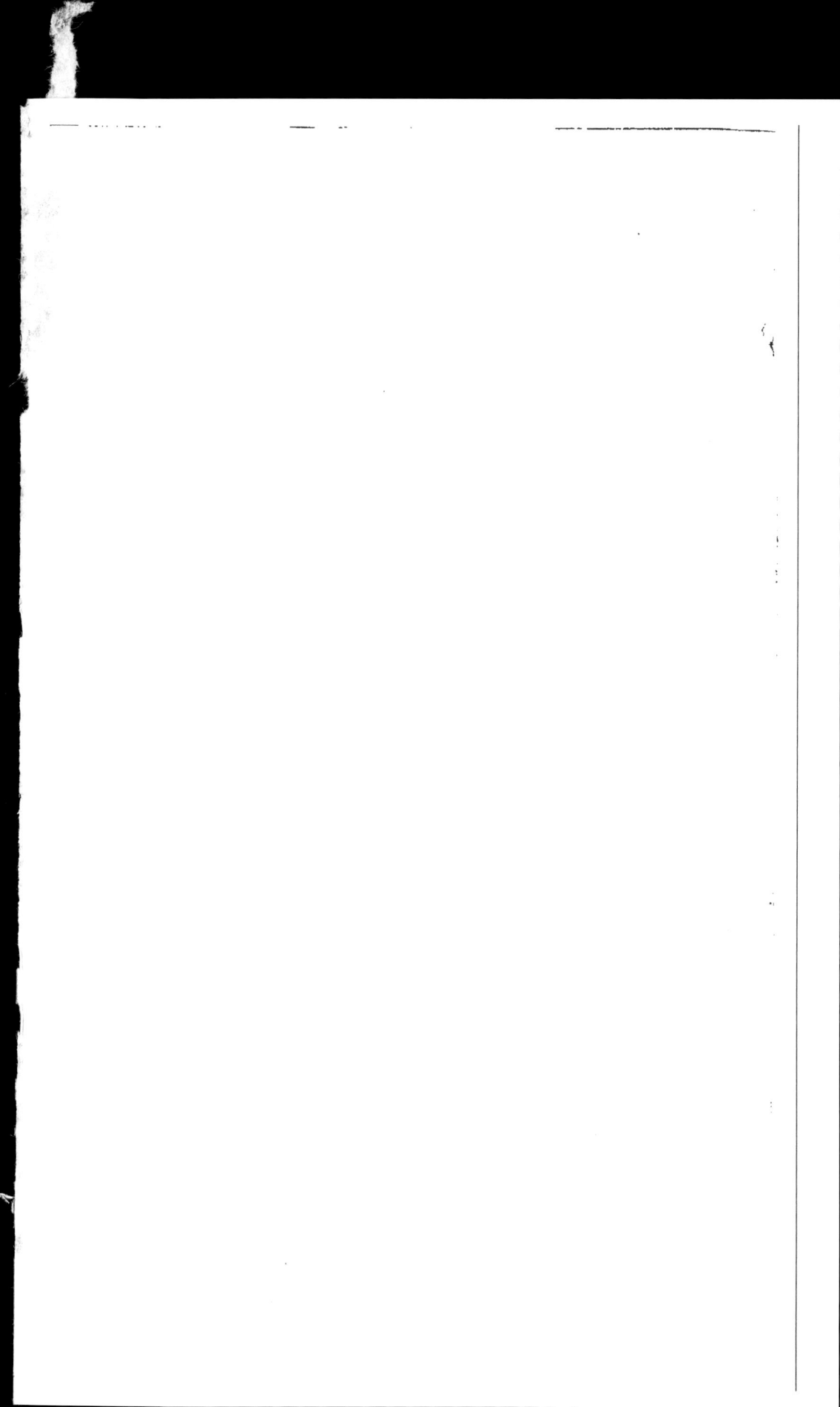

www.ingramcontent.com/pod-product-compliance
Lightning Source LLC
Chambersburg PA
CBHW070258200326
41518CB00010B/1824